古典文獻研究輯刊

三八編

潘美月・杜潔祥 主編

第 14 冊

文天祥研究資料集・朝鮮編(上)

孫衛國 編著

國家圖書館出版品預行編目資料

文天祥研究資料集・朝鮮編（上）／孫衛國 編著 -- 初版 --
新北市：花木蘭文化事業有限公司，2024〔民 113〕
序 2+ 目 12+220 面；19×26 公分
（古典文獻研究輯刊 三八編；第 14 冊）
ISBN 978-626-344-717-2（精裝）
1.CST：（宋）文天祥 2.CST：傳記 3.CST：史料 4.CST：韓國
011.08   112022588

ISBN-978-626-344-717-2

9 786263 447172

古典文獻研究輯刊
三八編　第十四冊   ISBN：978-626-344-717-2

文天祥研究資料集・朝鮮編（上）

作　　者　孫衛國（編著）
主　　編　潘美月、杜潔祥
總 編 輯　杜潔祥
副總編輯　楊嘉樂
編輯主任　許郁翎
編　　輯　潘玟靜、蔡正宣　美術編輯　陳逸婷
出　　版　花木蘭文化事業有限公司
發 行 人　高小娟
聯絡地址　235 新北市中和區中安街七二號十三樓
　　　　　電話：02-2923-1455 ／傳真：02-2923-1452
網　　址　http://www.huamulan.tw 信箱 service@huamulans.com
印　　刷　普羅文化出版廣告事業
初　　版　2024 年 3 月
定　　價　三八編 60 冊（精裝）新台幣 156,000 元

文天祥研究資料集·朝鮮編(上)

孫衛國 編著

作者簡介

孫衛國，男，湖南衡東人。南開大學歷史學博士、香港科技大學哲學博士，現為南開大學歷史學院教授。先後為高麗大學、哈佛燕京學社、香港城市大學、臺灣大學、國際日本文化研究中心、北京大學等訪問學者或客座教授。主要研究近世東亞文化交流史、中韓關係史、中國史學史、明清史。刊有《大明旗號與小中華意識：朝鮮王朝尊周思明問題研究（1637～1800）》《從「尊明」到「奉清」：朝鮮王朝對清意識的嬗變（1627～1910）》《「再造藩邦」之師：萬曆抗倭援朝明軍將士群體研究》《王世貞史學研究》《明清時期中國史學對朝鮮的影響》等專著；譯著《中華人民共和國的明清史研究》（魏斐德等著）、《世鑒：中國傳統史學》（伍祖安與王晴佳著）等；整理編著《鄭天挺明史講義》《鄭天挺歷史地理學講義》《鄭天挺文集》《鄭天挺先生學行錄》等。在海內外發表中外文論文百餘篇。

提　　要

　　文天祥是中國歷史上的忠義人物，在朝鮮王朝亦備受推崇，留下了豐富的資料。本書分為四篇：以正祖大王《御定宋史筌・文天祥傳》和洪啟禧所編《文山先生詳傳》列為第一編。第二編朝鮮王朝官修史書中文天祥資料，包括《朝鮮王朝實錄》《承政院日記》《日省錄》等史籍中文天祥資料；第三編朝鮮王朝私修中國史書中文天祥資料，如李恆老《宋元華東史合編綱目》、金宇顒《續資治通鑒綱目》、林象鼎《林氏歷代史統》、申應朝編《綱目集要》等。第二、三編按照編年順序排列。第四編為朝鮮王朝有關文天祥的詩文資料，共六類：以文天祥為對象之吟詠詩歌、文章、史傳；以與文天祥相關之人物、事件、地理為中心之詩文；拜謁崇祀文天祥廟宇之詩文；以相當篇幅提及文天祥之詩文；讀文天祥集有感而作之詩文；模仿文天祥詩文之作品，如《集杜詩》、以文天祥詩韻為韻之詩歌等，全都收錄。此書系統而全面包括朝鮮王朝有關文天祥的資料，對中國學術界文天祥研究，宋、元史研究以及中韓關係史研究，皆有所補益。

本書係國家社科基金重大項目
「韓國漢文史部文獻編年與專題研究」
（項目編號：21&ZD242）的階段性成果

自　序

　　文天祥（1236～1283）是中國歷史上的忠義人物，也是中國古代忠義的象徵，有關他的資料非常豐富。從宋末到清末，受到普遍關注，留下了數十篇文天祥傳記、年譜、像贊等詩文，被劉文源編為《文天祥研究資料集》（中國社會科學出版社 1991 年版）一書。此書《凡例》說：「本書收錄宋以後迄於『五四』的有關文天祥的評述資料，包括正史、野史、文集、筆記、詩話、詞話及譜牒、方志等。以求全為目標，資料不分巨細、異同，盡所見而錄之。」全書分為「家世籍貫、生平事蹟，師友部曲、散佚作品」等四編，不僅包括文天祥本人的資料，還兼及其家庭、師友、交遊、著述，相當全面。但稍覺得遺憾的是，本書只關注中國歷史上的資料，沒有涉及周邊各國的歷史資料。文天祥作為忠義代表，不僅在中國歷史上有相當重要的影響，在朝鮮、日本、越南等亦受到廣泛關注，有相當重要的影響，但至今少有關注。其實，在二十世紀之前，有關文天祥生平最長篇幅的傳記，並非中國人所寫，而是朝鮮王朝英祖年間（1724～1776）洪啟禧所編的三卷本《文山先生詳傳》。從篇幅上來說，此書逾十萬字，是中國古代歷史上任何一篇文天祥傳都無法比擬的，此書至今仍不被學界所知。

　　此書之外，朝鮮王朝有關文天祥的資料還有不少，如宣祖重臣尹斗壽將鄭夢周與文天祥的忠義事蹟，編為《成仁錄》一書，大加褒揚。正祖大王《御定宋史筌·文天祥傳》等。與此同時，朝鮮王朝每年派遣前往明朝的朝天使和前往清朝的燕行使，在北京等地瞻仰三忠祠、文丞相祠，留下了不少詩文。英祖年間，朝鮮將文天祥的畫像安置於平安道永柔縣的臥龍祠中，使之變成了三忠

祠，成為朝鮮王朝崇祀諸葛亮、岳飛、文天祥之聖地。同時，也有不少文人用漢文寫過與文天祥相關的詩文，有上百篇之多；在《朝鮮王朝實錄》《承政院日記》等官方史書以及朝鮮史家所編中國史書中也有不少涉及文天祥的資料，這些都是文天祥研究的重要資料。有助於推進對文天祥的研究和認識，故而有必要將其整理刊出。

此書係編者所主持的國家社科基金重大項目「韓國漢文史部文獻編年與專題研究」之階段性成果。本書的出版，相信對中國學術界文天祥研究與宋、元史研究，以及中朝關係史研究，皆將有重要的補充和參考作用。

孫衛國

2023 年 3 月 1 日

文天祥畫像一

文天祥畫像二

洪啟禧《文山先生詳傳》兩種版本書影

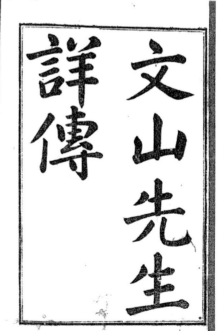

兩種版本《文山先生詳傳》書前所附之「文山先生小影」

《成仁錄》書中所附文天祥畫像

朝鮮平安道永柔縣三忠祠

（引自韓國《東亞日報》1939 年 12 月 6 日）

凡　例

　　一、文天祥係中國歷史上的忠義人物，在朝鮮半島歷史上也頗受推崇。高麗王朝（918～1392）鮮見提及文天祥，朝鮮王朝（1392～1910）則留下大量資料。本書為朝鮮王朝時期有關文天祥及其親人、作品的資料彙編。資料主要來自於韓國首爾大學圖書館、哈佛燕京圖書館等以及相關數據庫，資料全部用漢文書寫。本書前刊錄編者兩篇研究論文，希望有助於讀者了解本書價值。

　　二、本書所輯錄朝鮮有關文天祥的研究資料，摘自朝鮮王朝官方史籍、私修中國史書，以及文人詩賦、雜文、劄記、序跋、像贊、史料筆記、詩話等，資料不分巨細，力求全面，一概收錄。

　　全書分為四編。正祖大王《御定宋史筌・文天祥傳》和洪啟禧所編《文山先生詳傳》兩種文天祥傳，尤為令人矚目，列為第一編。第二編朝鮮王朝官修史書中文天祥資料，包括《朝鮮王朝實錄》《承政院日記》《日省錄》等史籍中文天祥資料；第三編朝鮮王朝私修中國史書中文天祥資料，如李恆老《宋元華東史合編綱目》、金宇顒《續資治通鑒綱目》、林象鼎《林氏歷代史統》、申應朝編《綱目集要》等。第二、三編按照編年順序排列。第四編為朝鮮王朝有關文天祥的詩文資料。

　　三、第四編內容較繁雜，稍加說明。《成仁錄》原來雖係單獨刊行之書籍，因全書以詩文為主，篇幅不大，故編為第四編之首。其它詩文資料主要來自《影印標點韓國文集叢刊》《韓國歷代文集叢書》《燕行錄全集》《燕行錄全集續集》《燕行錄全集日本所藏編》等。具體而言，分為數類：

　　第一類，以文天祥為對象之吟詠詩歌、文章、史傳；

第二類，以與文天祥相關之人物、事件、地理為中心之詩文；

第三類，拜謁文天祥廟宇之詩文；

第四類，以相當篇幅提及文天祥之詩文；

第五類，讀文天祥集有感而作之詩文；

第六類，模仿文天祥詩文之作品，如《集杜詩》、以文天祥詩韻為韻之詩歌等，全都錄入。

各篇以作者生年為序；生年不詳者，以卒年為序；生卒不詳者，以成文年代為序；依次排列。故在著者首次出現時標明其生卒年，以後則不再重複。

四、本書對所輯錄資料都注明出處，文集版本較多，則不著錄版本；出自《燕行錄》者，說明其具體來源書籍，但不標頁碼，力求簡明。在抄錄、點校資料時，遇有可疑處，亦參校其他資料，予以校正。個別摘錄史料，由編者加上標題，並加注釋說明。

五、為方便文獻整理與研究者使用，本書採用繁體橫排形式編排。

忠義與正統：朝鮮王朝對文天祥的認知與崇祀

孫衛國

　　中國古代文化對朝鮮半島有著深遠影響，不僅體現在漢字、書籍、政治制度等方面，成為朝鮮學習和模仿的對象，也體現在思想文化認同，甚至英雄人物崇拜上。古代朝鮮王朝不僅學習儒、釋、道思想，也對中國歷史上所崇拜的英雄人物，予以接納和尊崇。即如文天祥（1236～1283）係中國歷史上備受推崇的忠義人物，在朝鮮王朝（1392～1910）也頗受尊奉。朝鮮王朝在「尊周思明」的氛圍下，不僅刊出了洪啟禧所編三卷本《文山先生詳傳》，[註1] 此傳較之中國宋、元、明、清所刊行的任何一部文天祥傳，部頭更大，份量更重，宣揚文天祥的英勇事蹟；且將文天祥畫像，置於永柔縣三忠祠中，與諸葛亮、岳飛一道，歲時祭奠。文天祥崇祀，被納入朝鮮王朝尊奉先賢體系之中，[註2]

[註1] 孫衛國：《歷史書寫與現實訴求：朝鮮王朝洪啟禧〈文山先生詳傳〉考釋》，《世界歷史》2022 年第 2 期。

[註2] 白新良主編《中朝關係史：明清時期》（北京：世界知識出版社，2002 年），提過英祖年間，朝鮮燕行使從中國得到文天祥畫像，配享永柔臥龍祠之事。陳功林《文天祥形象的塑造與演變》（江西師範大學 2016 年碩士論文），比較全面討論了文天祥的事蹟以及從宋到清，文天祥形象塑造的問題，也旁及國外情況，簡單提過朝鮮將文天祥配享永柔臥龍祠。朴現奎《韓國諸葛亮廟宇的由來和現況》（《重慶理工大學學報》（社會科學版），2015 年第 2 期），在討論諸葛亮廟的同時，提過朝鮮崇拜文天祥之問題。趙士第、徐添：《朝鮮君臣的文天祥記憶（1401～1887）》（《國際漢學》2022 年第 1 期，第 103～109 頁），主要以《燕行錄》中的材料，討論朝鮮王朝對文天祥的認知及其意圖。韓國方面的研究，參見：安章利：《鄭夢周와 文天祥의 忠臣像비교》，《圃隱學研究》2013 年第 12 輯，第 199～228 頁。金成奎：《岳飛와 文天祥 小傳》，《건지인문학》

成為他們日常政治文化中非常重要的一環。考察這個問題的來龍去脈，不僅有助於理解朝鮮王朝後期政治文化特色，深入認識朝鮮王朝正統觀的思想內涵，也從一個甚少關注的視角，深化對明清中朝關係史的認識。

一、元明清對文天祥的尊奉

　　文天祥，初名雲孫，字宋瑞，又字履善，號文山，吉州廬陵人。宋理宗寶祐四年（1256），中進士第一，為狀元。入仕不久，得罪宦官董宋臣和權相賈似道，三十七歲時自請致仕。不久，元軍南下，文天祥招募士卒勤王，率師北上，升任右丞相兼樞密使，與元軍議和，卻被元帥伯顏拘留，被押解北上。途中逃脫，九死一生，終得南歸。與張世傑、陸秀夫在福州擁立益王趙昰稱帝，隨後轉戰南劍、江西、廣東。祥興元年（1278），在廣東五嶺坡被俘，再度被押往大都，被囚三年，堅貞不屈，遂被殺害。〔註3〕

　　自從他就義以後，就一直被書寫，「友人如王炎午祭之以《文》，汪元量招之以《歌》，謝翱哭之以《記》，皆為千古傳誦之作。至如公柩之返葬，夫人之南歸，郡縣之祠公學宮，鄉人之梓公文集，以及順天柴市之立祠，文山舊居之建廟，明時之追贈諡號，清代之入祀文廟，皆與公之事蹟有關……至其他郡縣所建公祠，後人弔公之詩文，則所在多有，記不勝記……」〔註4〕時光荏苒，他的事蹟被一代又一代追憶，他的精神不斷被頌揚，他的形象也不斷被詮釋和建構，終成為中國歷史上忠義楷模，甚至是民族英雄。

　　事實上，從宋末開始，對於文天祥的認識，就離不開道學的影響；而文天祥之忠義事蹟，恰恰為道學性的歷史書寫提供了一個典範事例。程朱理學自宋

2014 年第 11 輯，第 27～85 頁。安淳台：《조선조文天祥의 충절에 대한 논의 연구》，《遯巖語文學》2021 年第 39 輯，第 35～79 頁。李炫植：《「文丞相祠堂記」，북학의 논리와 대비의 미학》，《古典文化研究》2002 年第 21 輯，第 95～127 頁。主要從文學、祭祀等方面，討論文天祥的問題，也有將文天祥跟岳飛進行對比研究，其實真正討論文天祥祭祀的只有安淳台的文章，李炫植則特別討論朝鮮人所撰的《文丞相祠堂記》一文，關涉文天祥的崇祀問題。中韓學術成果，只是注意到了朝鮮崇祀文天祥的事情，對於朝鮮為何要崇祀文天祥，怎樣崇祀的，其中發生過怎樣的糾葛，並無探討，本文即以此為契機，詳細探究其來龍去脈，並分析其根源，從而深化對朝鮮王朝後期史以及清代中朝關係史的認識。

〔註3〕文天祥生平研究，參見修曉波：《文天祥評傳》，南京大學出版社，2002 年；俞兆鵬、俞暉：《文天祥研究》，人民出版社，2008 年。

〔註4〕楊德恩：《文天祥年譜·例言》，商務印書館，1939 年，第 2 頁。

代形成以來，對於中國政治、社會等各個方面的影響日益深遠，歷史編纂也深受影響。誠如蔡涵墨所言：「宋代最後的百年裡，朝廷歷史的撰寫一直控制在以某種方式與道學運動保持關聯的學者手中。」〔註5〕朱熹《資治通鑑綱目》所創立的「綱目體」，高舉道德評判的大旗，創立「教學型史學」，「宋史綱目體三部曲的現存刊本、鈔本，表現為宋代史學從『記錄型史學』向『教學型史學』演變的一個顯著實例。這個演變與十三世紀各層面——國家、地方與個人——的政治史緊密相連。」〔註6〕這種道學理念直接左右著文天祥傳記的書寫。文天祥身上特有的氣質，「在傳統『夷夏之辨』的語境下，成為中國歷史上抵抗異族侵略的重要記憶。」〔註7〕莫里斯・哈布瓦赫認為，瞭解過去，主要應通過象徵符號、儀式研究以及史志和傳記，〔註8〕這也為我們考察文天祥形象的演變指明了方向。

最早撰寫文天祥傳記的，都是文天祥同時代人，甚至是其知交好友，即如鄧光薦、王幼孫等，他們代表著宋末元初南宋遺民的想法。鄧光薦（1232～1303），初名剡，盧陵人，係文天祥同鄉好友。進士及第後，隨即隱居。文天祥起兵抗元，他舉家追隨。崖山海戰時被俘，與文天祥一道被押往大都。一路上，他與文天祥詩賦唱和，留傳下來甚多。走到金陵時，因他身患重病，無法再行，只得滯留金陵治病。文天祥就義後，鄧光薦寫了很多詩文，以表懷念。〔註9〕他可以說是文天祥忠義事蹟第一位見證人和書寫者，他的詩文也成為研究文天祥極其寶貴的第一手資料。王幼孫（1223～1298），盧陵人，也係文天祥同鄉，跟文天祥交往甚密。文天祥被俘後，儘管他非常傷心，但在文天祥被押往大都後，一直沒有聽說文天祥就義的消息，在道學思想影響下，文天祥的

〔註5〕〔美〕蔡涵墨：《歷史的嚴妝：解讀道學陰影下的南宋史學》，北京：中華書局，2016年，第6頁。

〔註6〕〔美〕蔡涵墨：《歷史的嚴妝：解讀道學陰影下的南宋史學》，第329頁。

〔註7〕郭輝、李百姓：《歷史記憶與社會動員：抗戰動員中的「文天祥」記憶》，《福建論壇・人文社會科學版》，2018年第6期。第68頁。

〔註8〕〔法〕莫里斯・哈布瓦赫：《論集體記憶》，畢然、郭金華譯，上海人民出版社，2002年。

〔註9〕鄧光薦與文天祥路途中所寫詩文如：《酹江月・驛中言別》《送行三首》《哭文丞相》《挽文信公詩》。《文天祥集》中也收錄了文天祥與鄧光薦的唱和詩文，如《酹江月・和〈驛中言別〉》《懷中甫》《鄧禮部第一百三十七序》《東海集序》。文天祥就義後，鄧光薦又寫了不少，如：《文信國公墓誌銘》《信國公像贊》《宋丞相文公北行遺書友人》《文丞相傳》《文丞相督府忠義傳》《哭文丞相》《挽文信公》，以表懷念。

死，當時已被賦予一種大義精神；死，似乎是文天祥唯一的選擇。於是他就寫了《生祭文丞相信國公文》，以「勸慰」文天祥儘快就義，以慰南宋遺民之心。文天祥被殺後，他又寫過《祭文丞相信國公歸葬文》《信國公像贊》等文章，大肆宣揚文天祥的英雄事蹟，這也正是宋朝以來道學書寫「教化史學」的體現。鄭思肖（1241～1318）《心史》，書稿完成後，封緘於鐵函之中，沉於蘇州承天寺一深井之中，故又稱《鐵函心史》。直到崇禎十一年（1638）冬，因天旱井枯，才被發現，方得重見天日，隨即刻印問世。〔註10〕書中「不僅把文天祥看成宋代忠臣義士的英雄榜樣，而且還期望自己成為像文天祥一樣活躍的勇士」。〔註11〕鄧光薦、王幼孫、鄭思肖係宋末遺民代表，他們盡可能挖掘文天祥的忠義事蹟，一方面寄託著追思和崇敬，另一方面也表達著對現實的不滿。為後世塑造文天祥的形象，提供第一手資料，也為後世對文天祥形象的認識塗上了「忠義」的底色。值得注意的是，在這些宋末遺民筆下，有關文天祥的敘事，並沒有被置於明顯的華夷觀主導的話語體系中，主導書寫的仍然是儒家政治倫理所確定的忠臣典範。

元朝官方決定著文天祥的生死，也對後世文天祥形象的塑造起著至關重要的影響。最初俘獲文天祥之時，元廷極力勸降，輪番派人規勸，如留夢炎、宋帝瀛國公、阿合馬、孛羅等，但文天祥不為所動。元廷遂對文天祥不聞不問，採取冷處理的辦法，收效亦微。至元十九年（1282），忽必烈親自出面勸降，文天祥依然不為所動，只得下令處死文天祥。對於元廷為何要處死文天祥，學術界已有很多探討。溫海清梳理了各種說法。《元史‧世祖本紀》交代元廷殺文天祥之因由曰：「（至元十九年十二月）乙未……以中山薛保住上匿名書告變，殺宋丞相文天祥。」〔註12〕儘管非常簡單，但把文天祥被殺的直接原因點出來了，「即將文天祥見殺，歸咎於匿名書之告變事。」〔註13〕並得到鄭思肖《文丞相敘》的輔證，成為元初所載文天祥死因的一般說法。進入元中期，出現了新說法。劉岳申《文丞相傳》言：「會受述丁參知政事。受述丁者，嘗開省江西，親見天祥出師震動，每倡言不如殺之便。自是，上與宰相每欲釋之，

〔註10〕參見馬強：《鄭思肖與〈心史〉》，《讀書》，1982年第1期。

〔註11〕〔美〕田浩：《因「亂」而導致的心理創傷：漢族士人對蒙古人入侵回應之研究》，第84頁。

〔註12〕《元史》卷十二《世祖本紀》，北京：中華書局，1985年，第248頁。

〔註13〕溫海清：《文天祥之死與元對故宋問題處置之相關史事釋證》，《文史》2015年第1輯，第85頁。

輒不果。至元壬辰十二月八日，召天祥至殿中。天祥長揖不拜……明日，有奏天祥不願歸附，當如其請，賜之死。受述丁力贊其決，遂可其奏。」〔註14〕溫海清以為劉岳申為文天祥作傳「應是得到元廷官方授意或認可的」，「有故意隱晦之嫌」，「當日朝廷若僅僅因為匿名信事件而遽然處死文天祥，顯然於元廷形象有損。」〔註15〕所以才故意加上這個原因的。某種意義上，這也可以看作元朝官方的說法。元朝雖然殺了文天祥，但對於他的忠義也並不否認。《宋史·文天祥傳》論之曰：「觀其從容伏質，就死如歸，是其所欲有甚於生者，可不謂之『仁』哉！宋三百餘年，取士之科，莫盛于進士，進士莫盛倫魁。自天祥死，世之好為高論者，謂科目不足以得偉人，豈其然乎！」〔註16〕稱頌文天祥殺身成仁，係一偉人。

明朝以程朱理學立國，尤其重視道德教化，從明太祖開始，就十分推崇文天祥。明代儒士們不斷追敘文天祥的故事，重寫他的傳記。哈布瓦赫說：「集體記憶可用以重建關於過去的意象。」〔註17〕文天祥的形象在明代重新從記憶深處被挖掘出來，並加以建構。朱元璋立國之初，在南京建廟，歲時祭祀文天祥；同時敕封文天祥為天下都城隍之神。永樂年間，廟得以重修。永樂十四年（1416），大學士胡廣參照元人劉岳申《文丞相傳》和《宋史》本傳，作《丞相傳》曰：「廣竊觀二《傳》詳略不同，不能無憾，因參互考訂，合二為一。中主岳申之說為多，並取證於丞相文集，芟其繁複，正其訛舛，庶幾全備，使人無惑。」〔註18〕明英宗時期，文天祥被追封諡號為「忠烈」。〔註19〕正德六年（1511），尹直為敕建文天祥等勇士螺山忠義廟，撰寫廟碑。文曰：「肆我太祖高皇帝，統一區宇之後，即祀公就義之所……一時台省忠良，奉揚休命。賢愚歆慕，益知人臣死忠，彌久彌彰，而感激之心勃勃如也。」〔註20〕明朝之所

〔註14〕〔明〕劉岳申：《文丞相傳》，參見劉文源編《文天祥研究資料集》，北京：中國社會科學出版社，1991年，第94～95頁。

〔註15〕溫海清：《文天祥之死與元對故宋問題處置之相關史事釋證》，《文史》2015年第1輯，第87頁。

〔註16〕《宋史》卷四百一十八《文天祥傳》，第12533頁。

〔註17〕〔法〕哈布瓦赫：《論集體記憶》，畢然、郭金華譯，第71頁。

〔註18〕〔明〕胡廣：《丞相傳》，參見劉文源編《文天祥研究資料集》，第114頁。

〔註19〕《明英宗實錄》卷二百七十，景泰七年九月乙未，南港：中研院歷史語言研究所，1984年，第5735頁。

〔註20〕〔明〕尹直：《敕建螺山忠義廟碑》，參見劉文源《文天祥研究資料集》，第177頁。

以如此重視褒獎文天祥，「目的當然是為了激發士大夫的忠誠孝義，為現實人臣和民眾樹立一座道德教化豐碑和人格典範，以便為公共道德和政治秩序服務。」〔註21〕宣揚的依然是他的「忠義」精神。

清初頒佈薙髮令，激起江南漢族士人的反抗，他們將髮膚與文明禮儀結合起來，視同文明的象徵，他們反復傳誦中國古代忠臣義士的詩文，或自比，或自勉，文天祥則是反復被提及的。黃道周為南京弘光朝尚書，其曰：「磊磊軒天地、旗古今，則必以文信國為正焉！」絕命詞曰：「乾坤有半壁，何忍道文山！」〔註22〕複社領袖楊廷樞言：「余自幼讀書，慕文信國先生之為人，今日之事，乃其志也！」仿文天祥《正氣歌》作絕命詩十二首，第一首就是：「人生自古誰無死，留取丹心照汗青。正氣千秋應不散，於今重複有斯人。」〔註23〕「文天祥成為抗清諸士的一致選擇」，乃因為當時南宋帝后皆已投降，文天祥所效忠的不再是帝王，而是「華夏中國」，〔註24〕南明諸臣有幾乎相似的歷史處境，故皆自比文天祥。清廷雖然同樣也重視文天祥，對文天祥也給予很高地位，康、雍、乾三帝都對文天祥有過褒揚之詞。道光年間，文天祥被從祀文廟。清朝官方強調的是他的忠義形象。〔註25〕二十世紀初，文天祥被賦予現代新的意義，在清末民初的革命運動中，在傳統華夷之別的基礎上，他又被視作民族英雄。整個清代，除在南明（清初）和清末特殊政治環境中，文天祥形象仍然延續此前的主流敘事，在君臣關係的範疇而非民族維度中被視作忠義代表而推崇。但恰恰是南明那種忠於「中華」，反抗「夷狄」的文天祥形象，雖為清廷官方所摒棄，卻在朝鮮王朝大講特講，成為朝鮮王朝尊崇文天祥的一個鮮明特點。

綜上所述，元、明、清以來，無論是官方還是民間，都非常重視文天祥形象的塑造，文天祥本身的英勇事蹟，加上道學主導的歷史書寫，使他成為中國歷史上不斷被賦予新意義的忠義人物，為歷朝歷代所尊奉、推崇。中國

〔註21〕顧寶林、歐陽明亮：《明代對歷史人物風範的記憶與建構》，《河北學刊》2014年第1期。第243頁。

〔註22〕〔清〕計六奇：《明季南略》卷八《黃道周志傳》，任道斌、魏得良點校，北京：中華書局，1984年，第314頁。

〔註23〕〔清〕計六奇：《明季南略》卷四《楊廷樞血書並詩》，第256～257頁。

〔註24〕高嵐：《「忠臣」與「烈士」：清王朝的治國方略與漢族認同》，《廣西民族大學學報》2008年第5期。

〔註25〕參見陳功林：《文天祥形象的塑造與演變》，江西師範大學2016年碩士學位論文。

自宋末以來，元、明、清三代不斷塑造文天祥的形象，對他進行多重認識，其中由儒家政治倫理所規訓的忠臣意象，則是後世關於其記憶最主要的標識。朝鮮王朝對於文天祥形象的建構處於完全不同的時空之下，他們對於文天祥的歷史記憶，是建於元修《宋史》《文天祥全集》以及宋元明清對於文天祥多重塑造的基礎之上，同時深受朝鮮本國現實政治及中朝關係的影響，從而被賦予「尊華攘夷」的象徵意義，形成一個類似於中國又富有鮮明特徵文天祥形象。

二、朝鮮君臣對文天祥忠義形象的認知

作為中國的藩屬國，朝鮮王朝對於明朝，誠心事大，極為恭順；對於清朝儘管缺乏政治文化認同，但也謹盡藩國義務。〔註26〕朝鮮使臣每年都來北京，時常瞻仰文天祥祠、三忠祠等，留下不少詩文，表達著對文天祥的崇敬之情，也寄託著對現實的某種關懷。〔註27〕隨著《宋史》《文天祥全集》等相關典籍傳入朝鮮半島，朝鮮君臣也越來越熟知文天祥的生平事蹟。在朝鮮王廷經筵日講中，他們經常討論文天祥的傳奇經歷；越到後期，他們對於文天祥的事蹟也越熟悉，不僅常將朝鮮人物，如鄭夢周、李舜臣、姜沆、趙憲等比附文天祥，每每借文天祥說事；且將文天祥這位中國歷史人物，逐步融入他們認知範疇，最終接納他為朝鮮所尊奉的忠臣先賢，賦予新的象徵意義。

（一）朝鮮王朝對文天祥全方位的認知

燕行使在北京時常瞻仰文丞相祠，留下不少詩文。在朝鮮王朝君臣日常政治生活中，中國歷史人物時常被議論，文天祥也常常出現在他們的討論之中。朝鮮君臣對於中國歷史並不陌生，對於文天祥生平事蹟，也相當熟悉。

首先，一代又一代朝天使來到明朝首都北京，瞻仰文丞相祠與三忠祠，表達著崇敬之情；而進入清朝以後，燕行使則更多表達悲涼之意。早在弘治十一年（燕山君四年，1498年），朝天使曹偉拜謁文丞相祠後，一口氣連寫五首詩，題為《謁文丞相廟》，第一首曰：「丞相祠堂何處尋，天街北畔鳳城陰。清風蕭蕭廟庭邃，遺像堂堂歲月深。去國肯搖蘇武節，存劉不愧孔明心。百年忠義留

〔註26〕 參見孫衛國：《從「尊明」到「奉清」：朝鮮王朝對清意識的嬗變（1627～1910）》，臺灣大學出版部，2018年。
〔註27〕 趙士第、徐添：《朝鮮君臣的文天祥記憶（1401～1887）》，《國際漢學》2022年第1期。

天地，烈日秋霜照古今。」〔註28〕對文天祥忠義大節，表達著深深的敬意。

進入清朝，尤其是乾隆中期以後，隨著會同館門禁的解除，朝鮮燕行使外出拜謁的機會就更多了，即如蔡濟恭、洪良浩、金昌集、金昌業、洪大容、朴趾源、趙顯命、金景善、朴思浩等都留下了拜謁文丞相祠或三忠祠的詩文。燕行使們一方面不厭其煩地重複介紹北京文丞相祠、三忠祠的沿革，另一方面在表達崇敬之餘，面對祠廟的破敗，時常表達一種悲涼心境。如1712年，金昌業瞻仰三忠祠後寫道：「廟宇荒涼，可知其香火之疏，令人尤傷心。」〔註29〕1778年，蔡濟恭寫道：「中州淪沒古今傷，文相祠堂草木荒。惟有年年東國使，拜瞻遺像一焚香。」〔註30〕1811年，李鼎受特別寫了《柴市悲》：「悲莫悲兮柴市，忠莫忠兮文山！三年燕獄萬事閑，南向再拜報國身。風晦雷霽固有神，《正氣歌》《衣帶贊》，不獨柴市過者盡沾巾！君不見辟雍南牌樓北，數間荒祠杜宇春。」〔註31〕1822年權復仁感歎道：「燕中叢神，淫祠在在，崇奉像設炫耀，唯岳廟、文祠荒寂坵廢。余謂西山可夷也，琉璃廠可碎也，五龍亭、雍和宮可拆也，武穆、信國二祠，將歸然獨存，與天壤同弊也！」〔註32〕上文提到，道光年間，文天祥被清朝官方崇祀文廟，清廷並沒有放棄崇祀文天祥，但朝鮮燕行使們似乎看不到這點，他們所見的文丞相祠與三忠祠破敗不堪，似乎文天祥早已被拋棄了，或許是他們潛意識中「尊周攘夷」思想的一種外化，某種意義上，增添了朝鮮英祖年間建立三忠祠的必要性與使命感。

其次，《文天祥全集》由朝鮮王朝官方多次刊印，成為他們日常必讀之書。《文天祥全集》最初係文天祥孫文富在元朝時的編刊本，但傳世極少。元貞二年（1296）文天祥故里刻成三十二卷本，大德元年（1297）再刻《後集》七卷，世稱道體堂本。明朝以後，刻本甚多，景泰、嘉靖年間皆有刻本。明清之際，有關文天祥詩文刊本多達二十餘種。〔註33〕

〔註28〕〔朝鮮王朝〕曹偉：《燕行錄》之《謁文丞相廟》，林基中編：《燕行錄全集》卷二，第171頁。

〔註29〕〔朝鮮王朝〕金昌業：《稼齋燕行錄》，林基中編：《燕行錄全集》卷三十三，第47頁。

〔註30〕〔朝鮮王朝〕蔡濟恭：《含忍錄》，林基中編：《燕行錄全集》卷四十，頁379。

〔註31〕〔朝鮮王朝〕李鼎受：《游燕錄》卷三《柴市悲》，林基中編：《燕行錄續集》卷一百二十三，頁334～335。

〔註32〕〔朝鮮王朝〕權復仁：《隨槎閒筆》，林基中編：《燕行錄續集》卷一百二十八，頁108～109。

〔註33〕〔日〕近藤一成：《文天祥的「自述」與「他述」：以〈文天祥全集〉的編纂為中心》，尤東進譯，《暨南學報》2018年第10期。

　　《文天祥全集》最早何時傳入朝鮮，現今並不清楚。在朝鮮諸家目錄書中，時有介紹《文山集》者。徐命膺所編之《奎章閣總目》曰：「《文山集》十本，宋丞相廬陵文天祥著。詩文十卷，《指南錄》三卷，《集杜詩》一卷，附錄一卷，並目錄總十七卷。吳銓《序》云：『《指南》二錄，血淚為枯；《正氣》一歌，川原動色。』歷今五百年，而今人讀之，凜然猶有生氣。」〔註34〕推崇備至。洪奭周之《洪氏讀書錄》記錄《文山集》最詳，其曰：「《文山集》二十五卷，信國公文天祥之文也。公之文章皆忠義所發，不容以高下論。然或多駢儷工致，語皮日休謂宋廣平鐵心石腸；及賦梅花，乃清新妍麗，不類其為人，觀于公尤信。至其歌詩，沉鬱悲壯，而濟之以才格，殆南渡二百年所未嘗有。欲觀公者，讀其詩與《指南錄》三卷足矣。」〔註35〕從朝鮮時代所流傳下來的書目來看，《文山集》有十七卷、十六卷和二十五卷三種版本，十七卷本包括目錄一卷，疑與十六卷本同。

　　《朝鮮王朝實錄》中，朝鮮君臣討論《文天祥全集》，最早記載於朝鮮成宗二十四年（1493）正月。當時，侍讀官俞好仁啟曰：「《文天祥集》，忠憤激烈，實為詩史，使人讀之，自有感慨之心，印頒何如？」〔註36〕此本很可能就是景泰刻本。俞好仁建議得到批准，於是朝鮮翻印《文天祥全集》，以廣其傳，成為朝鮮士人日常閱讀的典籍。至少從成宗年間開始，《文天祥全集》就已是朝鮮君臣閱讀的書籍。後來在宣祖、仁祖、英祖年間，朝鮮君臣都討論過《文天祥全集》刊行問題，最終都付諸實施。可見，此書一直在他們的閱讀範疇之內，加上《宋史》等史書也逐漸傳入朝鮮，客觀上為朝鮮君臣瞭解文天祥生平事蹟，提供了文獻基礎。文天祥也由此作為一項重要的政治文化符號，被引入朝鮮王朝的日常政治生活之中。

　　再次，朝鮮君臣在閱讀有關文天祥典籍的基礎上，時常援引其事蹟，為其政治主張提供合法性依據。成宗七年（1476）八月十三日，都承旨玄碩圭言：「節義國家之大防也，古之人臣如文天祥者，世不多有。」侍講官李孟賢曰：「以唐、宋二代觀之，唐享國三百餘年，及其亡也，無一人盡節而死。宋

〔註34〕〔朝鮮王朝〕徐命膺編：《奎章閣總目》，張伯偉編：《朝鮮時代書目叢刊》第1冊，中華書局，2004年，第368頁。

〔註35〕〔朝鮮王朝〕洪奭周：《洪氏讀書錄》，張伯偉編：《朝鮮時代書目叢刊》第8冊，第4330～4331頁。

〔註36〕《朝鮮成宗實錄》卷二百七十三，成宗二十四年正月丁丑，東國文化社，1961年，《朝鮮王朝實錄》影印本第12冊，第268頁。

朝享國四百餘年，及其亡也，僻處一隅，衰亂極矣。如文天祥、張世傑，皆以忠義自奮，至於殺身而不顧，忠臣之多，莫過於宋。此豈一朝一夕所能致哉……願殿下修名教，以培養士風。」〔註37〕在朝鮮人看來，文天祥是士人節義的化身，大臣向國王進言，希望國王宣導，以形成儒生崇尚節義、殺身成仁的士風。

中宗九年（1514），經筵夕講《宋鑒》，大臣許碔勸諫國王應該崇獎節義，以培植國家之元氣，認為宋代之所以出現像文天祥、陸秀夫這樣的節義之士，乃是歷代宋朝皇帝「仁厚之德」所養成的。〔註38〕幾天以後，二月二日，講到文天祥至燕京，許碔曰：「文天祥在元，則乃敵國之臣也，嘉尚節義，供張甚盛。大抵人君必崇獎節義，扶植綱常，然後大防立而人心定矣。」〔註39〕事實上，在這期間，朝鮮君臣就「崇尚節義」之事，展開過熱烈討論，君臣一致認為當學習宋朝，「褒獎節義」。

英祖君臣經常討論中國歷史，宋末這段歷史就是他們經常討論的話題。英祖二年（1726）十二月十五日，經筵讀《宋鑒》，英祖與侍讀官諸臣討論宋末史實。英祖君臣認為，宋末忠臣義士多，以文天祥、陸秀夫為最，乃是宋代文教，尤其是濂、洛、關、閩之學大盛的結果，也就是程朱理學的影響。如果宋末諸帝早用文天祥、陸秀夫等人，或許宋朝國事不至於此，早就能夠尋找到救國之策。但文天祥也不被時人所知，陸秀夫的史實也未能寫入《三綱行實》之中。忠臣事蹟湮沒不聞，是歷史上經常發生的憾事。〔註40〕第二天，講《宋鑒》元世祖、成宗卷，金龍慶再次指出文天祥這種忠臣的出現，是「宋三百年培養之效」，〔註41〕強調文教的重要性。英祖七年（1731）十月二十七日，大司憲趙觀彬向英祖表示宋末會出現文天祥、陸秀夫這樣的節義之士，最重要的原因是他們受到朱熹理學的薰陶，係宋代朱子學宣導義理之結果，且他自稱是當代的文天祥。〔註42〕

可見，朝鮮君臣經筵之時，經常討論中國歷史人物，文天祥是經常被提及

〔註37〕《朝鮮成宗實錄》卷七十，成宗七年八月癸未，第9冊第373頁。
〔註38〕《朝鮮中宗實錄》卷十九，中宗九年正月壬辰，第14冊第707頁。
〔註39〕《朝鮮中宗實錄》卷二十，中宗九年二月丙申，第15冊第2頁。
〔註40〕《承政院日記》628冊（脫草本34冊），奎章閣原本，英祖二年十二月壬申，原書無頁碼。
〔註41〕《承政院日記》629冊（脫草本34冊），英祖二年十二月己酉。
〔註42〕《承政院日記》733冊（脫草本40冊），英祖七年十月丁巳。

的人物。或以其經歷說事，多強調他的忠義精神。尤以英祖時期為著，也正是在英祖年間，發生了將文天祥畫像入三忠祠之事，而文天祥的形象又增添了新的意義。下文再論。

最後，朝鮮王朝不僅刊印由中國傳入的《文天祥全集》，英祖年間洪啟禧還編成了三卷本《文山先生詳傳》，較之中國現代以前任何一種文天祥傳，部頭更大，份量更重。

文天祥三十七歲時，因為得罪權臣，自請致仕，也成為朝鮮諸臣經常比附的一件事。朝鮮史書中，對於文天祥未滿四十即致仕，但國事日亂之時，又出山救國，每每稱頌。有曰：「人臣事君，富貴，雖有難進之操；臨亂，必無退避之意。故宋臣文天祥年未四十而致仕，若將終身于田野。見其宗社將危，國事已去，則志決扶顛，竭心殫誠，死而後已。」〔註43〕國難之時，毅然出山，迎難而上，這種精神每每為朝鮮君臣所稱道。朝鮮國運多艱，壬辰倭亂、丙子胡亂、丁酉胡亂，戰亂不斷，在此危難之時，文天祥的精神常常為他們所推崇，成為他們尊崇的楷模與比附的對象。

對於文天祥全方位的敘述，莫過於英祖時重臣洪啟禧所撰成的三卷本《文山先生詳傳》。書前有《文山先生詳傳序》，落款為「崇禎之三壬申（1752）日南至南陽洪啟禧謹序」，此書完成於1752年。書前有「文山先生小影」，附鄧光薦、王幼孫贊辭。然後是《續資治通鑒綱目所書文山先生事》，接著分「天、地、人」三卷，敘述文天祥的生平事蹟。序文將文天祥視作宋代儒賢三百年培養的結晶與代表，是宋代儒士忠義最傑出的代表；同時強調文天祥既然忍受非人的折磨，體現其盡「人臣之義理」，並非繫一代之興亡，而為「萬世」之標杆、「為人臣者之標準」，可與諸葛亮並稱，共同作為忠義的典範。〔註44〕此書綜合了《文天祥全集》《宋史》以及中國宋元明清各種文天祥傳記資料而編成的，具有極為重要的學術價值。〔註45〕

（二）朝鮮儒士對「黃冠之對」的辯說

所謂「黃冠之對」，出自《宋史·文天祥傳》。據載，文天祥羈押大都之時，忽必烈派王積翁去勸說文天祥投降，文天祥表示，如果釋放他回家，他願以「黃

〔註43〕《承政院日記》74 冊（脫草本第 4 冊），仁祖十八年五月壬辰。

〔註44〕（朝鮮王朝）洪啟禧：《文山先生詳傳·序》，朝鮮英祖間刊本。

〔註45〕孫衛國：《歷史書寫與現實訴求：朝鮮王朝洪啟禧〈文山先生詳傳〉考釋》，《世界歷史》2022 年第 2 期。

冠」歸故鄉，也就是成為道士，且可以為元廷「備顧問」。〔註46〕此論在中朝史上都引起很大爭論，是影響評判文天祥忠義精神的關鍵問題，故而單獨討論。

明人解縉辯駁曰：「蓋《宋史》作于元盛時，故于丞相事特誣陋。至云丞相求為黃冠等語，欺罔尤甚！顧豈足為丞相輕重哉！然恐相襲訛謬，不可不辨也。」〔註47〕特別指出是元官修《宋史》的污蔑之詞，強烈表示文天祥不可能說出這樣的話。王世貞也說：「凡閩僧之告『星變』，『中山狂人』之欲『起兵』，與詔使之『不及止』，皆所以成信公也。『方外備顧問』之言，毋亦餒乎？然此非公之志也。留夢炎之不請釋公，雖以害公，其為知公者矣。即不殺公而公竟以黃冠終，不可也。即公不以黃冠終而有所為，必敗；敗而死于盜賊之手，以殲其宗，而夷趙氏之裸將，亦未可也。然則公之為宋盡矣，其亦可以死矣。」〔註48〕也強調所謂「黃冠之對」，是根本不可能發生的事情，根本不可能是文天祥的自我敘述。

對於文天祥的生死觀，英祖君臣有過討論。英祖十三年（1737）九月二十四日，國王與大臣讀《宋元綱目》，談到文天祥最後時刻的生死抉擇。對於文天祥在元大都羈押三年不死，而遭人非議之事，朝鮮君臣以為這是完全不瞭解文天祥心思；文天祥絕食八天後沒死，而再進食，並非文天祥捨不得死，而是他順應天命，另有心志，也並非能隨意揣測的。並進一步解釋宋亡元興的原因，認為宋朝雖有文天祥、陸秀夫這樣的忠臣義士，最終還是被元朝滅亡，是因為宋朝有忠臣而不用，卻用小人；元朝雖為夷狄王朝，但善用人才，故能戰勝宋軍。〔註49〕這實際上是借討論文天祥等宋末史事，表達重用忠臣之重要性。

朝鮮儒士對「黃冠之對」，有專文辯駁。他們不相信《宋史》的說法，更不相信文天祥會有這樣的想法。有人擔心朝鮮儒士們對此有誤會，特地撰文解釋，認為文天祥這麼說是有深意的。肅宗時期著名學者金春澤特作一篇史論，詳細分析文天祥「黃冠之對」的說法。他認為，忽必烈派王積翁勸降文天祥，文天祥說：「倘蒙寬假，得以黃冠歸故鄉，他日以方外備顧問可也。」所以王

〔註46〕《宋史》卷四百一十八《文天祥傳》，第12539頁。
〔註47〕〔明〕解縉：《肖文琬父子督餉于空坑》，劉文源編：《文天祥研究資料集》，第217頁。
〔註48〕〔明〕王世貞：《弇州山人四部稿》卷一百一十《文天祥》，偉文圖書出版有限公司《明代論著叢刊》，1976年，第5198～5199。
〔註49〕《承政院日記》857冊（脫草本47冊），英祖十三年九月己酉。

積溫勸忽必烈釋放文天祥，讓他出家為道士。但作者以為即便忽必烈釋放了文天祥，「吾知天祥必以為吾既不能死于國亡之日，萬一得脫而歸者，當求趙氏兒于民間。糾烏合之眾，勵尺寸之兵，以圖興復而已。雖知勢之不成，或冀天之助順，不成則死，是又吾事也云耳。」文天祥只要活著出去，他的目標就是要興復趙氏江山。留夢炎頗瞭解文天祥的心思，故而勸忽必烈殺了他。作者特別強調：文天祥早就置生死於度外，他曾作詩「妻兮莫望夫，子兮莫望父」，「是其捐性命與家族也素矣」。〔註50〕因為擔心有朝鮮人會誤解文天祥之意，所以特別為文天祥辯解。

英祖時期著名儒士徐宗華則另有解釋，認為文天祥有「惡死之心」和「號召遺民而圖恢復」的說法，「二言皆非知文公者」，不足為據，而另立它說。「自戊寅被執，至燕獄五年之間，無非求死之日，而終不得死，其為惡死者耶？」而所謂以「黃冠之身」，圖恢復之意，時移世易，宋室早已消亡，「四體已冷，天意人心，蓋可見知」，故亦非其意。既然如此，為何會有「黃冠之對」呢？他以為文天祥乃效仿微子、箕子，期待元主「變夷為華」，既不怕死，也不一味求死，「安于時，順於義」也。〔註51〕可見，朝鮮文臣的兩種解說，都是為文天祥所謂「黃冠之對」辯護，無論是尋趙氏後裔以復國，還是期待元主「變夷為華」，都是朝鮮儒生的美好想像。這樣的解說在中國明清並未見到，也顯示出朝鮮對於文天祥的忠義形象有更加美好的寄託。〔註52〕

〔註50〕〔朝鮮王朝〕金春澤：《北軒集》卷九《初年錄·史論·文天祥（黃冠之對）》，韓國民族文化推進會編刊《影印標點韓國文集叢刊》第185冊，1997年，第128～129頁。

〔註51〕〔朝鮮王朝〕徐宗華：《藥軒遺集》卷八《文山願以黃冠備顧問論》，韓國民族文化推進會編刊《影印標點韓國文集叢刊續集》第76冊，2009年，第338頁。

〔註52〕溫海清在《文天祥之死與元對故宋問題處置之相關史事釋證》（《文史》2015年第1輯）中推論：至元十五年（1278）十二月二十日，文天祥被執於廣東五嶺坡，不久被北解，次年十月一日抵達大都。至元十九年（1282）十二月被賜死，被拘於燕獄三年零兩個月。文天祥從被執之時，尋求速死，到最終只求一死，歷經一段心路歷程。文天祥被關第一年，為求速死；第二年心境發生了變化，詩詞之中「死」字少見。隨後有「黃冠歸故鄉」「方外備顧問」之事，論道：「他（文天祥）與道教之間的深密關係，當日社會輿論所形成的某種壓力，以及忠宋之士們面對死生之事時的不同選擇立場，凡此種種，均提示我們無法排除文天祥或曾有過『皇冠歸故里』『方外備顧問』想法的可能。」姚大力在《中國歷史上的族群和國家觀念》（《文匯報》2015年10月9日）也認為：文天祥的死並非必然的選擇，也不要給文天祥戴上當代民族主義的高帽。所謂「黃冠之對」，作為道士或者一介平民，對於文天祥來

（三）把朝鮮大臣比附文天祥

在朝鮮君臣不斷建構文天祥形象的同時，他們也經常將本朝歷史人物，如鄭夢周、趙憲、姜沆、宋時烈、金尚憲等比作文天祥，〔註53〕因為這些人物都被視作朝鮮忠義的化身。太宗元年（1401）正月十四日，參贊門下府事權近應詔上書，其中第五條「褒節義」曰：「自古有國家者，必褒節義之士，所以固萬世之綱常也……竊見前朝侍中鄭夢周……其心豈不欲厚報於太上！且以才識之明，豈不知天命人心之所歸！豈不知王氏危亡之勢！豈不知其身之不保！然猶專心所事，不貳其操，以至殞命，是所謂臨大節而不可奪者也……文天祥死于宋，而元世祖亦追贈之。夢周死於高麗，獨不可追贈於今日乎？」〔註54〕儘管鄭夢周是因為忠於高麗而死，但其忠君報國的節義精神理應得到弘揚，故權近勸太宗效法元世祖追贈文天祥的做法，以追贈鄭夢周。此後，朝鮮君臣就經常將鄭夢周比作文天祥。

宣祖重臣尹斗壽特作《成仁錄》一書，將鄭夢周與文天祥的忠義事蹟，編為一書，大肆褒揚。〔註55〕《成仁錄序》中，將二人對比，謳歌其殺身成仁、捨生取義之精神。以為他們生於宋末與麗末，時代相似，都處於風雨飄搖的王朝末世，但是他們為了「萬世之綱常」，歷經苦難，最終捐軀報國；二人貞忠大節，若合符契，共同留名節于萬世。〔註56〕此書影響很大，朝鮮性理學大師李珥為其添上鄭夢周畫像，因鄭夢周後人鄭俊一對英祖說：「臣之十二代祖與文天祥同節，故合為一冊矣。臣家亦有梅竹帖，皆是名臣碩輔畫像也。」〔註57〕可見，從朝鮮初年開始，朝鮮君臣就將鄭夢周比附文天祥，成為朝鮮儒生的一致看法，看重的正是他們忠貞節義精神，大加宣揚。

說是可以接受的，元廷卻不給他這樣的選擇，要不成為元朝官員，要不就是死，不可能將文天祥放回為平民的。這也就造成了文天祥被羈押三年之後被處死的命運。

〔註53〕韓國學者涉獵過此問題，參見安章利：《鄭夢周와 文天祥의 忠臣像비교》，《圃隱學研究》2013 年第 12 輯。〔韓〕金成奎：《岳飛와 文天祥小傳》，《건지인문학》2014 年第 11 輯。

〔註54〕《朝鮮太宗實錄》卷一，太宗元年正月甲戌，第 1 冊第 191 頁。

〔註55〕〔韓〕安章利在《鄭夢周와 文天祥의 忠臣像비교》（《圃隱學研究》2013 年第 12 輯）文中，重點討論了《成仁錄》中，對於鄭夢周與文天祥忠義形象塑造的異同。

〔註56〕〔朝鮮王朝〕宋秉璿：《淵齋先生文集》卷二十四《成仁錄序》，韓國民族文化推進會編刊《影印標點韓國文集叢刊》第 329 冊，2004 年，第 433 頁。

〔註57〕《承政院日記》第 949 冊（脫草本 51 冊），英祖十八年九月甲戌。

　　壬辰倭亂之時，朝鮮刑曹左郎姜沆被日軍俘獲，帶往日本。姜沆想方設法逃回朝鮮，上書國王請罪。對於自己被日軍俘虜一事，姜沆自比文天祥，認為被俘不可怕，即便像文天祥這樣的忠臣義士也難逃被俘的命運，其「忠誠」之義，一絲一毫也不比他差。姜沆自比文天祥，不僅為當朝君臣所信服，也為後世所稱頌。〔註58〕《朝鮮顯宗實錄》言：「倭人盛稱其節義，至比之于蘇武、文天祥。」〔註59〕比附文天祥，這對於被比之朝臣來說，是莫大之榮耀。孝宗三年（1652）六月二十五日，議政府左議政金尚憲卒。《朝鮮孝宗實錄》論之曰：「古人謂：文天祥收宋三百年正氣，世之論者以為天祥之後，東方唯尚憲一人而已。」〔註60〕把金尚憲比作文天祥，且言東方一人而已，評價之高，前無古人。英祖三十三年（1757）正月十六日，英祖召見諸大臣議事，有朝臣因為地名相同，提議將文天祥追配趙憲祠，英祖當場反駁「文天祥豈可配享于趙憲耶」！〔註61〕這句反問，有相當豐富的內涵。文天祥作為宋末忠臣，係上國的忠烈典範，在朝鮮只能作為崇奉的對象，是朝鮮諸臣效仿的楷模，焉能反過來將他的牌位追配於朝鮮先賢趙憲的祠中呢！事實上，朝鮮君臣每每將趙憲比作文天祥，但不能反其道而行之。君臣禮儀，主次分明，決不能隨心所欲亂來。

　　綜上所述，朝鮮燕行使常在北京拜謁文丞相祠和三忠祠，君臣不僅十分熟悉文天祥的生平事蹟，成為經筵之中時常討論的話題，也編出了近代之前篇幅最大的《文山先生詳傳》。朝鮮儒士對於歷史上有所爭議的「黃冠之對」，也有非同一般的解說，以維護文天祥的忠義形象。朝鮮君臣十分尊崇文天祥，將朝鮮王朝忠義人物都比附文天祥，一方面對於被比附之人是一種莫大榮幸，另一方面也表明在朝鮮人看來，文天祥是忠義人物標杆，是他們學習的對象、頂禮膜拜的楷模。這種忠義形象的認知跟中國元明清的認知類似，正體現同為儒家文化的中國與朝鮮，同樣看重朝臣的忠誠。當然也有不同，即如對於文天祥「黃冠之對」的解釋，無論說是要尋趙氏之後、復大宋江山，還是說要「勸夷為華」，都是朝鮮士人所寄予的不同想像，有著深深的朝鮮烙印。但英祖年間，朝鮮燕行使購來文天祥畫像之後，朝鮮將文天祥納入崇祀的物件，則更增添了一種「尊華攘夷」新的正統象徵意義。

〔註58〕 《朝鮮宣祖實錄》卷一百一十一，宣祖三十二年四月甲子，第 23 冊第 598 頁。
〔註59〕 《朝鮮顯宗改修實錄》卷八，顯宗九年四月辛巳，第 37 冊第 607 頁。
〔註60〕 《朝鮮孝宗實錄》卷八，孝宗三年六月乙丑，第 35 冊第 562 頁。
〔註61〕 《承政院日記》1140 冊（脫草本 63 冊），英祖三十三年正月戊申。

三、英祖君臣對文天祥畫像入祀之爭論

朝鮮王朝崇祀文天祥，發生在當政在位時間最長的英祖國王（1724～1776）時期，也是朝鮮王朝後期宣導「尊周思明」最為熱衷的時期。當時朝鮮臣服清朝百餘年，朝鮮君臣以為「胡無百年之運」，時常擔心大禍臨頭。英祖國王在宮中擴建大報壇，將原本只崇祀明神宗的大報壇，推及明太祖和崇禎帝，儘管受到朝臣激烈反對，英祖國王強力推行，最終如願。恰在此後不久，朝鮮燕行使從北京購來文天祥畫像，由此又激起英祖國王強烈的崇祀欲望，因為文天祥畫像為其宣導「尊周」思想，增添了一個新的象徵符號。

誠如前面提到，自 1637 年臣服清朝，成為清朝藩國後，朝鮮每年都派燕行使前往北京。乾隆中期以後，使行人員可自由遊覽北京城，他們常拜謁文天祥祠，寫詩文紀念。即如朴思浩《文丞相祠堂記》，描述北京文天祥祠的情形，包括地理位置、格局大小、塑像形貌，並特意記錄祠位元版及匾額上的文字，凸顯祠堂本意在於強調文天祥的忠義精神；末引《大興縣志》，說明文天祥就義情形以及祠廟修築經過，褒揚有加。〔註62〕也有關於北京三忠祠的記錄，「三忠祠即諸葛武侯亮、岳武穆飛、文文山天祥，三塑像妥靈之所。」〔註63〕朝鮮王朝英祖年間，仿效北京三忠祠，將諸葛亮、岳飛、文天祥神位置於一廟之中，將臥龍祠改為三忠祠，這樣朝鮮半島也就有了崇祀文天祥的廟宇。

朝鮮王朝宣祖年間，在平安道永柔縣建造了臥龍祠。宣祖二十五年（1592），豐臣秀吉侵略朝鮮，三個月內，朝鮮三京陷落。宣祖只得北狩，從漢城，到平壤，最後落腳義州。1593 年正月，明軍收復了平壤，宣祖搬到永柔，駐留數月。宣祖獲悉永柔縣有臥龍山，當即聯想到諸葛亮，即有意建廟。1594 年，平安道監司遂在永柔臥龍山修建武侯廟，並立碑。一則表達宣祖國王在壬辰倭亂時期，想求像諸葛亮一般英勇善戰的股肱之臣；二則也表彰對永柔縣民的忠誠，弘揚忠義精神。〔註64〕肅宗年間，在講求「尊周思明」的氛圍

〔註62〕〔朝鮮王朝〕朴思浩：《心田稿》之《留館雜錄‧文丞相祠堂記》，林基中編：《燕行錄全集》第 85 冊，韓國東國大學出版部，2008 年，第 459～460 頁。

〔註63〕〔朝鮮王朝〕李尚吉：《朝天日記》，林基中編：《燕行錄全集》卷九，第 210 頁。

〔註64〕《漢丞相諸葛忠武侯廟碑碑記》，藏書閣拓本 K2-4935。據朴現奎《韓國諸葛亮廟宇的由來和現況》（《重慶理工大學學報》（社會科學），2015 年第 2 期）載：英祖時期，文天祥同祭於此，武侯祠遂變成了三忠祠。1871 年，興宣大院君拆毀全國書院，全國只留下 47 所書院。永柔武侯廟因係奉宣祖之命而建，得以保留。據《東亞日報》1927 年 7 月 10 日報導，1902 年，供奉在三忠祠

下，岳飛牌位被移入其中。而將文天祥畫像，置入臥龍祠中，乃因有燕行使臣
從北京帶回了文天祥畫像。英祖二十六年（1750）正月二十八日，燕行使趙顯
命向國王稟報，他從北京得到文天祥畫像。《承政院日記》曰：「（趙）顯命曰：
『文丞相畫像，臣得來矣。』上曰：『印來乎？』顯命曰：『印來一件矣。』」
〔註65〕文天祥畫像是由燕行使趙顯命從中國印回來的，如何將其妥善處理，則
成為朝中日常政治中的一件大事，君臣之間由此展開了一場權力博弈。

　　二月三日，英祖與諸大臣討論安置文天祥畫像的辦法。英祖最初提議在北
境五國城附近，建造一廟，以崇祀文天祥，以陸秀夫配享。所謂五國城，據《遼
史‧地理志》載，實際上是在中國遼東松花江地區，「靖康之難」，宋徽宗、欽
宗二帝被俘，被押往遼東，後被囚於依蘭五國城頭，徽宗死在那裡。〔註66〕朝
鮮卻風聞五國城在咸鏡道內，大概也是根據這個傳說。英祖選中此地建廟崇
祀，正是想借該傳說附著的政治意義，進一步凸顯君臣之間的政治倫理，「今
於此處，建宇祀兩人，使二帝，無臣而有臣，二忠百代之下，可以依君」。但
這一提議，遭到左議政金若魯、行副司直趙榮國和禮曹判書徐宗伋一致反對，
他們強調五國城本無據可考，在此建祠，根本無從談起。在此情形下，英祖只
得暫緩討論，由此提出第二個建議，問是否可以配享於諸葛亮廟。金若魯、洪
鳳漢皆表示贊同。英祖再提議，能否將陸秀夫一同崇祀於諸葛亮廟，諸臣又都
反對，認為「大臣所達誠是矣，推而廣之，則漸至太多矣」。〔註67〕在當天討
論中，英祖事先已有設想，他更為急迫地想要為文天祥建祠崇祀，選址於更能
彰顯君臣之義的五國城，在崇祀文天祥畫像過程中，國王比大臣們更為熱心，
目的性也更強。但英祖卻處於大臣掣肘、步步退讓的窘境。

　　第二天，英祖與另一批大臣，再次商議文天祥畫像安置之事，英祖提出同
樣的問題。趙顯命乃是將文天祥畫像從北京模印回來的，跟其他大臣回答一
樣，也不同意在五國城附近為文天祥建祠，而認可將文天祥畫像安置在諸葛亮

　　的諸葛亮、岳飛、文天祥的畫像和肅宗賜的影幀都被盜走了。1927年三忠祠
　　殿閣只供奉著牌位和留下的三塊碑石。每年端午節，男女老少會去三忠祠，歡
　　樂數天。

〔註65〕《承政院日記》1052冊（脫草本57冊），英祖二十六年正月壬申。

〔註66〕有關五國城的研究，參見劉文生、張泰湘：《五國城與五國國名的破譯》，《東
　　北史地》，2006年第1期；于慶東：《五國城通考》，《黑龍江民族叢刊》，2005
　　年第3期。周喜峰：《五國城：父子皇帝「坐井觀天」》，《中國文化報》2009年
　　7月5日第3版。

〔註67〕《承政院日記》1053冊（脫草本57冊），英祖二十六年二月丙子。

廟中崇祀的辦法，但也不認同將陸秀夫牌位，與文天祥一同置於諸葛亮廟中崇祀，認為不能推得太廣。〔註68〕兩天兩批大臣，幾乎像是事先商量過似的，意見完全一樣。國王沒有辦法，只得擴大徵詢意見的範疇。

二月四日晚上，同副承旨南泰耆與修撰金陽澤贊同在五國城附近修建祠廟，崇奉文天祥畫像，對於陸秀夫同祀，則沒有表示態度。〔註69〕英祖似乎受到鼓勵，遂再擴大徵詢範圍，爭取得到更多支持。二月十九日，「其令禮官問于時原任大臣、儒臣，稟處事。」〔註70〕幾乎所有被問到的朝臣皆反對英祖的兩個提議，理由如前：第一，所謂皇帝陵五國城，只是一個傳說，並無實據，不能當真，在五國城附近建祠缺乏依據；第二，可以將文天祥畫像安置在諸葛亮祠中，但不宜將陸秀夫的牌位也置於其中，以免過於擴大。

英祖國王既然在朝中無法尋求到支持，再徵詢致仕鄉居大臣的意見，以尋求支持。同年三月十四日派遣禮官將此事原委徵求致仕家居的在外儒臣。外地儒臣大體上兩類回復：一類，跟在朝諸臣一樣，直接反對國王提議，認為建祠於五國城不妥；另一類以年老體衰，早就不問政事為由，既不支持，也不反對，乾脆採取一種不予表態的辦法。〔註71〕致仕諸臣幾乎沒有贊同國王提議的。下面試將朝鮮諸臣對於英祖提議的意見，列表如下。

表1　朝鮮諸臣對於英祖崇祀文天祥、陸秀夫提議意見表

序號	官職與姓名	於五國城處建祠的態度	崇祀陸秀夫的態度	提議解決辦法	備　註
1	英祖國王	倡議建祠	倡議文、陸同祀		二十六年正月廿八日趙顯命獻文天祥畫像
2	領中樞府事左議政金若魯	無依據，反對	擔心同類過多。反對	配享諸葛武侯祠	二月三日經筵第一次徵求意見
3	行副司直趙榮國	無可據，反對	贊同立祠並享		
4	禮曹判書徐宗伋	無依據，難援例			

〔註68〕《承政院日記》1053 冊（脫草本 57 冊），英祖二十六年二月丁丑。
〔註69〕《承政院日記》1053 冊（脫草本 57 冊），英祖二十六年二月丁丑。
〔註70〕《承政院日記》1053 冊（脫草本 57 冊），英祖二十六年二月壬辰。
〔註71〕《承政院日記》1054 冊（脫草本 57 冊），英祖二十六年三月壬丁巳。

5	禮曹參判洪鳳漢	反對	反對	配享諸葛武侯祠	
6	領敦寧趙顯命	無可據的證，不可援例	反對	配享諸葛武侯祠	二月四日晝經筵第二次徵求意見
7	都提調閔應洙	同上	同上	同上	
8	副提調鄭必寧	同上	同上		
9	同副承旨南泰耆	無處不可，贊同			二月四日夜經筵第三次徵求意見
10	修撰金陽澤	贊同			
11	領中樞府事左議政金若魯	第 2 次被徵求意見，依然反對	反對	配祀諸葛武侯祠	二月十九日第四次徵求意見
12	領敦寧府事趙顯命	與經筵時意見相同			第 2 次
13	判中樞府事閔應洙	與經筵時意見相同			第 2 次
14	右議政鄭羽良			配祀夷齊廟	
15	奉朝賀金興慶	以神識昏迷，未置可否			
16	行副護軍朴弼傅	恐未合當	不予表態	於武侯祠處建祠同祀	三月十四日第五次徵求外地儒臣意見
17	祭酒沈錥	叮囑鄭重	未表態		
18	進善尹鳳九	五國城處邊檄之地，不妥	反對	京城外擇地建祠	
19	和順縣監李養源	不置可否	未表態		
20	副護軍韓元震	同上	同上		
21	副護軍申暻	同上	同上		
22	工曹參議閔遇洙	同上	同上		
23	諮議宋明欽	同上	同上		
24	前掌令宋能相	同上	同上		

　　從上表可知，英祖國王對於文天祥畫像的安置，從一月二十八日到三月十四日，先後五次徵求朝臣意見，綜合而論，英祖對於文天祥畫像的安置相當重

視，他在經筵之時，首先提出來既然北道發現宋代皇帝陵五國城，且和《宋史》記載相合，文天祥是宋末忠臣，應該在五國城附近建祠崇祀。同時，因為陸秀夫跟文天祥齊名，也係宋末忠臣，一旦祠廟建成，應該將陸秀夫與文天祥一併崇祀。英祖分批徵求朝臣意見。前三批借經筵之時，徵求侍講官看法。經筵侍講官都是朝中重臣，位高權重。但從左議政金若魯開始，就明確反對。認為所謂皇帝陵五國城完全沒有根據，像陸秀夫這樣的宋末忠臣很多，為何一定要把陸秀夫與文天祥同祀？不如把文天祥畫像放入永柔臥龍祠，跟諸葛亮、岳飛同祀一廟。隨之幾乎每位侍講大臣皆是這樣的意見。只有第三次徵求意見時，同副承旨南泰耆和修撰金陽澤贊同英祖看法。英祖見到有人支持時，第四次再問金若魯、趙顯命等人，沒想到他們依然堅持原來看法，沒有絲毫改變。為了爭取更多支持，英祖特別派禮曹官員前往各地，徵詢致仕家居的老臣們的意見，但只有一人提議如果要建祠也不用那麼遠，直接在漢城外建祠即可。其餘八人全都不置可否，故意不答。既不表示反對，也不表示贊同。實際上明顯不支持他的提議。在此情形下，英祖知道再爭無益，只得順從大臣們的意見，將文天祥畫像安置於臥龍祠中。

經過與朝臣多番博弈，英祖最終也無法按照自己的心願去崇祀文天祥畫像，只得妥協。二十六年（1750）三月十六日，英祖召見諸臣，最終決定文天祥畫像安置在永柔臥龍祠。英祖命承旨書傳教文，向群臣表示：一是諸葛亮、岳飛、文天祥具有忠誠節義的品質，是忠臣志士效法的楷模，肯定三者同享一祠的作法；二是繼續強調當初建祠於五國城，實際具有深意，同時表達對於陸秀夫未能入祠的遺憾；三是明確同意將文天祥同配於臥龍祠，三忠共同崇祀，並要親制祭文與文天祥畫像一道置於祠中。〔註72〕由此，君臣之間關於文天祥入祠的爭論，因英祖的妥協，得以告一段落。

可見，從正月二十八日，趙顯命從北京出使回來覆命，進獻文天祥畫像，到三月十六日，最終將文天祥畫像安置於永柔臥龍祠，乃是英祖國王跟朝臣博弈的結果。表面上看，似乎諸大臣在乎五國城之真偽，實際上從這種分歧中可見很多問題。試析之如下：

第一，文天祥係宋末忠臣，朝鮮君臣都認同這點，但對於忠臣的認知是否完全由國王說了算，則未必如此。朝鮮諸臣不認同英祖崇祀的地點和一併崇祀陸秀夫的建議，說明朝臣未必認同英祖國王的標準，朝鮮諸臣希望保持他們對

〔註72〕《承政院日記》1054 冊（脫草本 57 冊），英祖二十六年三月壬己未。

於忠臣義士看法的相對獨立性。

第二，英祖時期是極力宣導尊周思明的時期，就在前一年，因為朝臣黃景源從《明史》中發現，丙子胡亂之時，崇禎帝責令登萊巡撫陳洪範救援朝鮮，但明軍尚未出發，朝鮮已經投降清朝了，英祖國王經過多次商議，最終強行將大報壇崇祀，由肅宗時期的獨祀明神宗，進而擴展到明太祖和明崇禎皇帝。〔註73〕這件事發生之時，大報壇擴展討論僅係半年前的事情，朝鮮諸臣記憶猶新，他們非常擔心英祖國王會像擴建大報壇一樣，由明神宗皇帝擴展到明太祖、崇禎帝；他們也擔心一旦贊同英祖將陸秀夫納入崇祀對象，說不定又會引發其他大臣被援例進來，以至於難以招架。這或許是他們反對將陸秀夫與文天祥同祀的原因。

第三，將文天祥與諸葛亮、岳飛同祀臥龍祠中，實有深意焉。一方面他們都是中國的忠臣，也是朝鮮朝臣效仿的對象，表達宣揚忠義精神；另一方面，宣祖是在壬辰倭亂時期建造臥龍祠的，臥龍祠本身就表達一種捍衛領土、抗擊敵寇的象徵意味，而時當英祖國王極力宣導「尊周攘夷」的時代，他之所以如此熱切地想另建祠廟，就是希望凸顯這樣的用意，使之成為另一個「尊華」的象徵。如果說大報壇的崇祀是承繼明朝的中華正統，那麼臥龍祠崇祀諸葛亮、岳飛和文天祥，本身就是中華正統的象徵。他們忠於王朝，忠於皇帝，忠於中華，也在一定意義上強化了其象徵意義，暗示朝鮮高舉中華正統的意義。

四、文天祥畫像入三忠祠與朝鮮之崇祀

誠如前面提到，臥龍祠正是宣祖年間所建。最初修建臥龍祠，以崇祀諸葛亮，後來又將岳飛牌位置於其中，一同崇祀。今將文天祥畫像置入此廟中，因為他們三人皆係忠臣，將諸葛亮、岳飛、文天祥視作「三忠」，這也是當時中朝約定俗成的說法，因為北京的三忠祠就是崇祀他們三人的。英祖也說過：「諸葛、岳武穆、文文山三人，謂之三忠。」〔註74〕臥龍祠就變成了朝鮮的「三忠祠」。對於此祠的情況，英祖曾言：「癸卯（宣祖三十六年，1603）建祠，戊申（宣祖四十一年，1608）賜額，而乙亥（肅宗二十一年，1695）配享岳武穆，庚午（英祖二十六年，1750）配享文文山矣。」〔註75〕清晰地呈現了由臥龍祠

〔註73〕 參見孫衛國：《大明旗號與小中華意識：朝鮮王朝尊周思明問題研究（1637～1800）》第二章《尊周思明與大報壇崇祀》，第134～144頁。

〔註74〕 《承政院日記》1018冊（脫草本55冊），英祖二十三年七月戊卯。

〔註75〕 《承政院日記》1307冊（脫草本73冊），英祖四十六年七月己丑。

變成三忠祠的重要時間節點。

既然決定追配文天祥畫像於臥龍祠，英祖遂指令承旨寫祭文，同時給諸葛亮、岳飛也寫祭文，「先制祭武侯文，次制祭武穆文，次制祭信國文，各四字二十句。」〔註76〕兩個月後，朝鮮君臣商議文天祥畫像，安置於臥龍祠中的具體辦法。左議政金若魯曰：「當此癘疫熾盛之時，役民一節，不可不念，姑令待秋舉行無妨矣。」禮曹判書申晚跟國王討論崇祀文天祥畫像的具體辦法，主要討論了一些崇祀的細節：當初追配岳飛之時，立了碑，但沒有祭文，今當將岳飛與文天祥同撰祭文。金若魯覺得時當春疫氾濫之時，不如秋成之際再做，得到國王批准。同時，因為聽當地官員講，臥龍祠相當寬敞，崇祀諸葛亮和岳飛，空間很大，為文天祥追加一個牌位，綽綽有餘，故祠廟無需擴建。文天祥畫像追享之時，依從崇祀諸葛亮和岳飛的辦法，「以位版奉安」，「畫像則別為藏置」。規定一年春、秋兩祭，統一格式。〔註77〕從牌位、祭祀方式、具體陳設情況等等方面，文天祥的牌位跟諸葛亮和岳飛一樣，「三忠」一視同仁。

建祠地點與方式商量好後，無需重新建祠，也不需要擴建臥龍祠，只是在祠中擺上文天祥的牌位即可。最後批准，文天祥畫像的奉安致祭日為六月初二日〔註78〕，由左副承旨洪益山去完成。一個月後，英祖二十六年（1750）七月二日，洪益山回來覆命。英祖詳細詢問其情況，包括既有臥龍祠整體情形，其閣制大小與新舊等；也有具體細節，如畫像、御筆是否安置妥當等；洪益山一一作答。〔註79〕從中可見，臥龍祠很大，有三間廟舍，諸葛亮、岳飛、文天祥各占一間，從左到右排列，諸葛亮居左，岳飛居中，文天祥居右，臥龍祠重新粉刷一新。英祖細緻詢問大小事宜，可謂相當重視，對他而言，也算完成了一件大事。

既然將文天祥與諸葛亮、岳飛，一同安置在三忠祠中，英祖就經常派大臣前往祭奠。英祖三十九年（1763）十一月二十四日，英祖召見致祭承旨鄭尚淳入侍，特別詢問祠廟情況：「上曰：『臥龍祠大乎？丹雘如何？』尚淳曰：『不甚大而皆畫像，諸葛武侯則綸巾羽扇，而文丞相在西，岳武穆處東矣。』上曰：『注書出去，持臥龍祠致祭祭文以來。』臣承命出去，奉祭文入來，上命尚淳讀之。上曰：『不覺垂涕矣！祭物如何？』尚淳曰：『有羊、豕，而無牛矣。』

〔註76〕《承政院日記》1054冊（脫草本57冊），英祖二十六年三月己未。
〔註77〕《承政院日記》1056冊（脫草本58冊），英祖二十六年五月戊午。
〔註78〕《承政院日記》1056冊（脫草本58冊），英祖二十六年五月庚申。
〔註79〕《承政院日記》1058冊（脫草本58冊），英祖二十六年七月壬寅。

上曰：『懸板已懸之乎？』尚淳曰：『自監營往懸之矣。』上曰：『此後三忠祠致祭時祭文，稱『有漢』、『有宋』，頭辭『維歲次』下，只書某年干支事，定式施行。』〔註80〕從中可見臥龍祠的規模以及祭祀情況。鄭尚淳的彙報跟十幾年前洪益山的彙報有些不同，規模不甚大，而三忠牌位的安排也不同，鄭尚淳只介紹了畫像。祭品有羊、豬，無牛。英祖特別提出祭文中的正朔，稱「有漢」「有宋」，沒提「有清」，也不用清朝年號，只書干支，以凸顯在「尊周攘夷」氛圍之下三忠祠的中華正統象徵意義。

英祖四十六（1770）年七月九日，英祖因閱讀與武侯祠相關的文獻，由此生發一番感慨，遂發教文曰：

> 今日因筵中所奏，初則欲問臥龍祠故事，因此知本事，癸卯創建，乙亥合享，庚午同祔，次第詳知。嗚呼猗歟！兩朝盛事，其敢繼述？儒武互爭，非所可論。聞其先即武，此後縣儒，因此其若復起，非予今日詳問之意，政院知悉。雖有此事，切勿捧章，以息其鬧。此事今止於此，而嗣服後，三次親製致祭，執事互爭，亦無可論。義州聚勝堂、永柔梨花亭、海州芙蓉堂，皆追慕，而前後親書揭板，此亦少伸微忱，亦何復諭？因此聞永柔前參奉金璽，再次陳章，奉聞御批，憶昔萬倍，不覺掩抑。嗚呼！其時若是勤懇，今乃聞焉，而莫知後孫之有無，此豈憶昔之道乎？金璽縣令、道臣訪問以聞，況至於終當更巡，必與此道父老，共置一酌以敘之御教，不覺望穆陵而飲涕。

> 嗚呼！此後十六年禮陟！嗚呼！永柔之民！於戲！不忘之心若何？民猶若此，況予心乎？因臥龍祠，近八聞此，是豈偶然？嗚呼，戊申二月，尚御慶運宮也，聞此豈可曠日？再明日當詣慶運宮，永柔文、蔭、儒、武在京者，曾任永柔縣令者，依宣醞例，令度支賜饌，予亦體昔教之未遂，依今春同食堂之例，同食以來。嗚呼，憶己丑賜饌廚院，況今日乎？且其時予則坐視，意蓋深矣。即為舉行，饌品比諸宣醞從略，御饌賜饌，皆不過五品，令道臣即詣永柔縣，招集七十以上父老，依此例梨花亭中，道臣本縣令共食，各賜帛一疋，以示予憶昔繼述之意。

綜合而論，乃英祖就臥龍祠追慕宣祖之意，有感而發。主要有幾點：第一，

〔註80〕《承政院日記》1224 冊（脫草本 68 冊），英祖三十九年十一月丁丑。

此事起因乃英祖與諸朝臣讀《禮曹謄錄》中，建造臥龍祠時的《宣廟教文》和大臣李敏敘的疏文，進而再讀《岳武穆配享備忘記》和《文文山配享備忘記》，實際上追敘臥龍祠創建、拓展、延伸的始末，由諸葛亮，到岳飛，再到文天祥的變化過程。英祖頗有感慨。第二，對於宣祖建祠之意，賦予深刻的象徵意義，英祖大加闡發。「義州聚勝堂、永柔梨花亭、海州芙蓉堂，皆追慕。而前後親書揭板，此亦少伸微忱，亦何復諭？」這一類祠廟甚多，皆表示宣祖追慕先賢忠烈之意。第三，英祖特別提到「因臥龍祠，近八聞此，是豈偶然」，英祖國王當時，已年逾 76 歲，年近八旬，因為臥龍祠而知悉宣祖追慕忠臣之意，其大有深意。第四，宣祖卒於戊申二月，卒前還親赴慶運宮，賜給臥龍祠所在地「永柔文、蔭、儒、武在京者，曾任永柔縣令者」「賜饌」，〔註81〕以示優禮。次日，英祖亦效仿宣祖做法，赴慶運宮給來自永柔縣的諸臣賜饌；同時指令當地道臣給當地年逾七十以上的臣民在梨花廳中共食，各賜帛一匹，以表追懷之意。

　　正祖對文天祥也十分尊崇，在《御定宋史筌》中，全文改寫《宋史·文天祥傳》，不僅將元朝君臣斥之為「賊」，特別重點記敘文天祥忠義之事，加入了很多體現文天祥忠義精神之事。即如補充了文天祥與元丞相孛羅的對話和交鋒：

　　　　既而丞相孛羅等召見與樞密院，欲使拜，天祥長揖不屈。孛羅曰：「自古有以宗廟土地與人，而復逃者乎？」天祥曰：「奉國與人，是賣國之臣也！賣國者，有所利而為之。去之者，非賣國者也。予前除宰相不拜，奉使軍前尋被拘執。已而有賊臣獻國，國亡當死，所以不死者，以度宗二字在浙東，老母在廣故耳。」孛羅曰：「棄德祐嗣君，而立二王，忠乎？」天祥曰：「當此之時，社稷為重，君為輕，吾別立君，為宗廟社稷計也！從懷湣而北者，非忠，從元帝為忠；從徽、欽而北者非忠，從高宗為忠。」孛羅語塞，怒曰：「晉元帝、宋高宗皆有所受命，二王不以正是篡也。」天祥曰：「景炎皇帝乃度宗長子，德祐親兄，不可謂不正。登極於德祐去位之後，不可謂篡。陳丞相以太后命奉二王出宮，不可謂無所受命。」孛羅等皆無辭，但以無受命為解。天祥曰：「天與之，人歸之，雖無傳受之命，推戴擁立，亦何不可！」孛羅怒曰：「爾立二王，竟成何功？」天祥

〔註81〕《承政院日記》第 1307 冊（脫草本 73 冊），英祖四十六年七月己丑。

曰：「立君以存宗社，存一日，則盡臣子一日之責，何功之有！」宇
羅曰：「既知其不可，何必為？」天祥曰：「父母有疾，雖不可為，
無不下藥之理。盡吾心焉。不可救，則天命也！天祥有死而已，何
必多言！」〔註82〕

徹底改變了《宋史》站在元朝立場的寫法，文天祥大義凜然的忠義精神若
然紙上，讀罷令人肅然起敬。正祖十年（1786），在宮中發現肅宗國王御制贊
三忠圖像三本，遣官移奉三忠祠中。正祖親作祭文三篇。祭文天祥曰：「烏虖
文山，際時不造。平生娇節，周葚唐杲。燕山柴市，白日虹貫。英魂上征，侍
帝香案。一幅傳神，獨留人寰。雲劫漫澷，繪素猶完。眉目山河，衣帶仁義。
往跡昭森，不待青史。有海東流，魯連所蹈。地稱小華，祠建淨土。選穀移奉，
公像在堂。有觖者沮，尚歆清香。」〔註83〕表達深深的追慕與崇奉之情，特別
強調「地稱小華，祠建淨土」，以凸顯其中華象徵意義。並令平安道趙璥作《三
忠祠祭文》曰：

是祠也，當諸葛公之始享也，孰知夫岳公、文公之次第同祀乎！
而我肅廟特曠感於三忠，圖其形，贊其烈，表章之如一。我聖上又
為之移奉於是祠，與英廟御筆燦然並耀，其為茲土之榮，謦乎大
矣……噫！今去三忠之世已遠矣。然其大節之感人，赫赫如昨日事。
而我先王尚賢之德，我聖上述事之孝，又有以鼓動而興起焉。茲土
之人，苟有秉彝之天者，其豈不油然而激感乎！夫大節三忠之跡也，
秉彝人人之心也。因其跡而求之於心，能盡夫所秉之彝，則其修身
也，斯可以明志致遠矣；其率職也，斯可以盡忠報國矣；其立命也，
斯可以成仁取義矣，夫然後始謂之激感興起而不負於朝家鼓動之化
也。茲土之人，可不勖哉！〔註84〕

此文先交代三忠祠的創建經過，然後特別強調從宣祖開始，經肅宗、英祖，
到正祖年間，莫不重視三忠祠。宣祖開創此廟，肅宗年間將岳飛添入此廟之中，

〔註82〕〔朝鮮王朝〕正祖：《御定宋史筌》卷一百一十六《列傳》第五十九，朝鮮王
朝尊賢閣編刊，頁7b～8b。

〔註83〕〔朝鮮王朝〕正祖：《弘齋全書》卷二十一《肅廟御制贊武侯、岳王、文山圖
像，移奉於永柔三忠祠時，致祭文》，韓國民族文化推進會編刊《影印標點韓
國文集叢刊》第262冊，2000年，第327頁。

〔註84〕〔朝鮮王朝〕趙璥：《荷棲集》卷九《永柔縣三忠祠紀事碑銘　並序》，韓國民
族文化推進會編刊《影印標點韓國文集叢刊》第245冊，2000年，第390頁。

當時此廟還並非三忠祠，肅宗就為三忠圖像御撰贊詞，似有先見之明。英祖遷入文天祥畫像，最終使之由臥龍祠變成三忠祠，這不僅是朝鮮宣揚忠義的重要場所，也是朝鮮確保正統的一個象徵。諸葛亮、岳飛、文天祥之所以被視作「三忠」，乃因為他們既忠於朝廷，更忠於中華。而朝鮮王朝肅宗國王以來，尤其強調中華大義，肅宗在明朝滅亡六十周年之際，在昌德宮後苑建造大報壇，以崇祀明神宗皇帝；英祖將其擴建，並推廣到明太祖和崇禎皇帝，朝鮮王朝自認為承繼了明朝以來的中華正統。三忠祠的建設，由諸葛亮擴展到岳飛，最終到文天祥，這是對中國歷史上忠義之臣的代表，是中華正統的另一個象徵。

五、餘論

哈布瓦赫說過：「每種宗教都是一種殘存物，都只是對已經終結的事件或者早已不復存在的聖人的紀念而已……宗教實踐總是伴隨著對具有神聖色彩的人的信仰。這些具有神聖色彩的人物曾在過去現身過，並且在特定時期、特定地點發揮了影響，而他們的言談舉止以及思想，又通過多少具有象徵性形式的實踐再現出來。」〔註85〕中國歷史上諸葛亮、岳飛、文天祥雖然不是宗教式的人物，但卻有著宗教般的光環，文天祥尤為突出。在宋朝已滅亡，皇帝都投降的情形下，文天祥依然忠心耿耿，他所忠的是一種文化、一種精神，在中國隨後歷朝皆強調這種忠臣義士的精神。在朝鮮「尊周思明」的氛圍之下，文天祥的忠義精神依然在，文天祥的忠義形象又被賦予了一種「尊華」的象徵。

朝鮮王朝在明清更替之時，被迫由明朝藩國變成清朝藩國，在性理學影響下，朝鮮君臣高舉「尊周思明」的大旗，將清朝視作夷狄，而強化跟逝去明朝的關係，視作明朝以來中華正統的繼承者和弘揚者。誠如前面提到，從肅宗開始，建造大報壇，祭祀明朝皇帝，就是承繼中華正統最有力的象徵。而在中國歷史上，忠臣義士雖然千千萬萬，但以諸葛亮、岳飛、文天祥為代表，其中以文天祥為最。他們在祭祀明朝皇帝之同時，也承擔對中華忠烈的祭祀，更加強化他們高舉中華正統大旗的責任感，進一步宣示他們為中華正統的唯一繼承者。甚至傳說文天祥後人在明清更替之後，東渡到了朝鮮半島。「今文文山之後，避地東土，流離顛連，不絕如縷。」〔註86〕不管事實如何，這種說法為朝

〔註85〕〔法〕莫里斯·哈布瓦赫：《論集體記憶》，第297～298頁。
〔註86〕〔朝鮮王朝〕成海應：《研經齋全集續集》第12冊《題方氏本末記略後》，韓國民族文化推進會編刊《影印標點韓國文集叢刊》第279冊，2000年，第251頁。

鮮增添更加強烈的義務感。當英祖經過與朝臣多方角逐，才最終將大報壇祭祀擴展到明太祖和崇禎帝。塵埃方定，半年之後，燕行使從北京帶回了文天祥的畫像，引起英祖又一番責任感。朝鮮君臣對於文天祥忠誠事蹟雖瞭若指掌，英祖當即要為文天祥建廟崇祀，經不住朝臣反對，只得將其畫像入臥龍祠，使之擴展為三忠祠，這樣就更加增添了此祠中華正統的象徵意義。文天祥被羈押大都，三年不死，他所忠的正是中華正統，而並非早已灰飛煙滅的大宋王朝。朝鮮英祖國王崇祀文天祥的畫像，更強化了這樣的意義，因為朝鮮君臣將其視作中華正統的維護者與殉道者，從朝鮮當時所處的時空環境中，去重塑文天祥的形象，這正是三忠祠崇祀文天祥的現實意義，是朝鮮王朝「尊周思明」意識的又一種表現。

原刊《清史研究》2023 年第 5 期，第 22～36 頁

歷史書寫與現實訴求——朝鮮王朝洪啟禧《文山先生詳傳》考釋

孫衛國

　　文天祥是中國歷史上殺身成仁的代表、忠誠義士的象徵，宋、元、明、清等朝代皆頗受關注，有數十篇文天祥傳記、年譜、像贊等，留存至今，被劉文源編入《文天祥研究資料集》中。此書《凡例》說：「本書收錄宋以後迄於『五四』的有關文天祥的評述資料，包括正史、野史、文集、筆記、詩話、詞話及譜牒、方志等。以求全為目標，資料不分巨細、異同，盡所見而錄之。」〔註1〕全書分為「家世籍貫、生平事蹟，師友部曲、散佚作品」四編。不僅囊括文天祥本人的資料，還兼及其家庭、師友、交遊、著述，相當全面。但稍覺遺憾的是，本書只關注中國歷史上文天祥的資料，沒有涉及周邊各國的相關資料。文天祥作為忠義代表，不僅在中國歷史上有相當重要的影響，在周邊朝鮮、日本、越南等地亦受到廣泛關注，也有相當重要的影響。因而擴展資料收集範圍，考察周邊各國相關資料，尤為必要。其實，二十世紀前，有關文天祥生平最長篇幅的傳記，並非中國人所寫，而是朝鮮英祖年間（1724～1776）重臣洪啟禧〔註2〕

〔註1〕劉文源編：《文天祥研究資料集》之《凡例》，中國社會科學出版社 1991 年版，第 1 頁。

〔註2〕洪啟禧係英祖時期重臣，中國學術界未見研究，韓國學術界關於其研究成果較多。主要有：金承大：《홍계희（洪啟禧）경세론（經世論）의 재지적（在地的）기반（基盤）》，《韓國實學研究》2017 年總第 33 號，第 89～149 頁；鄭塔謨：《『奎章全韻』編纂背景考：正祖와 洪啟禧의 관계를 중심으로》，《韓國文化》2018 年總第 82 號，第 3～31 頁；金玲竹：《1760 년, 조선사신 洪啟禧와 안남사신 黎貴惇의 만남》，《東方漢文學》2013 年總第 54 輯，第 169～192 頁；李根浩：《洪啟禧國政運營論의 이론적 배경 -저술과 편찬 사업을

所編三卷本《文山先生詳傳》（簡稱《文山詳傳》）〔註3〕。從篇幅上來說，此書是中國古代任何一篇文天祥傳都無法比擬的。儘管當今中國學術界有關文天祥的傳記、學術論文、年譜、文集的研究論著，〔註4〕相當豐富，卻無人提過這部書，至今仍不為國人所知。筆者試就本書相關問題，略作探討，以向學林推介，並豐富對文天祥的認識。

一、洪啟禧的生平事蹟與修史經歷

洪啟禧（1703～1771），南陽人，字純甫，號淡窩。英祖十三年（1737）三月文科及第，為文科狀元，〔註5〕從此走上仕途。從低級文官開始，歷任多處地方官吏、承政院承旨、備邊司提調、掌管成均館的大司成，也多次擔任過兵曹、刑曹、禮曹等判書，最後官至判中樞府事、奉朝賀、領敦寧，是英祖重臣。無論是在朝為官，還是主掌地方，洪啟禧都頗有政績。同時，還擔任過通信使和燕行使，出使過日本和中國。在他仕途生涯中，不數年，就改換一個職位，甚至一年數遷，深受器重。儘管他的職位總是在不斷升遷之中，修史則貫

中심으로》，《韓國實學研究》2017 年總第 34 號，第 469～495 頁；趙成山：《18 세기 낙론계(洛論系)의『반계수록(磻溪隨錄)』인식과 홍계희 경세학의 사상적 기반》，《朝鮮時代史學報》第 30 輯，2004 年 9 月，第 135～166 頁。主要關注其政治思想、使行交往、音韻學等方面的問題，無人論及《文山先生詳傳》。

〔註3〕〔朝鮮王朝〕洪啟禧所編之《文山先生詳傳》，流傳不廣，當今中韓學界幾無人知。洪啟禧儘管生前榮耀，正祖即位時，為其父思悼世子翻案。洪啟禧因與此事有關，被追究罪責，此後一直不得翻身，他的著作亦被禁。《文山先生詳傳》最初在英祖三十五年（1759）有芸閣活字本，3 卷 3 冊，大多被毀，今只見藏於韓國首爾大學奎章閣圖書館、日本國會圖書館和哈佛燕京圖書館。現以奎章閣圖書館所藏之活字本和哈佛燕京圖書館所藏之鈔本為據，特此說明。韓國也刊出了一些關於文天祥的研究論著，即如李炫植：《「文丞相祠堂記」，북학의 논리와 대비의 미학》，《古典文化研究》2002 年第 21 輯，第 95～127 頁；安章利：《鄭夢周와 文天祥의 忠臣像비교》，《圃隱學研究》2013 年第 12 輯，第 199～228 頁；金成奎：《岳飛와 文天祥小傳》，《건지인문학》2014 年第 11 輯，第 27～85 頁；安淳台：《조선조 文天祥의 충절에 대한 논의 연구》，《遯巖語文學》2021 年第 39 輯，第 35～79 頁。主要從文學、祭祀等方面，討論文天祥的問題，也有將文天祥跟岳飛進行對比研究，亦未見討論《文山先生詳傳》者。

〔註4〕有關文天祥生平研究，參見修曉波：《文天祥評傳》，南京大學出版社 2002 年版；俞兆鵬、俞暉：《文天祥研究》，人民出版社 2008 年版。

〔註5〕〔韓〕韓國國史編撰委員會編：《承政院日記》，英祖十三年三月庚戌。韓國國史編撰委員會 1961～1977 年影印本，第 845 冊（脫草本第 46 冊）第 40b 頁。

串著他的一生。洪啟禧早年為日記廳堂上官，掌管補修前朝日記數百卷。一生都承擔史書的編纂，經常被英祖任命主持修訂、校正相關史書。因此他既是一位重要官員，更是一位重要史家。正是他史官的身份，為他編纂《文山先生詳傳》提供了契機。作為史官，他主持過英祖年間幾件重要的修史工作。

第一，擔當日記廳堂上官，主持補修仁祖癸亥（1623）至景宗辛丑（1721）日記。英祖二十二年（1746）初，洪啟禧被任命為日記廳堂上官，他發現有多部日記被燒毀。從宣祖壬辰（1592）到景宗辛丑（1721），近 130 年的日記，一共 1796 卷，被燒毀 1793 卷，他遂上奏國王，請求補修。考慮到各方面的因素，決定從仁祖癸亥（1623）開始補修，之前的日記則沒法再補，得到批准。〔註6〕在廣泛搜集「私家所儲朝報」基礎上，經過一年多的努力，英祖二十三年（1747）十一月完成了補修日記 548 卷。〔註7〕主持補修日記，雷厲風行，收效甚著。洪啟禧當時為官方九年，已充分展示了他的史家才幹。

第二，英祖朝中多次編書，都指令洪啟禧主持編纂事務。他主持編纂與改訂過多部書籍，主要有《均役事實》《濬川事實》《均役事目變通事宜》《國朝喪禮》《國朝喪禮補編》《海東樂章》《明史綱目》《經世指掌》《朱文公先生行宮便殿奏劄》《寺穀錄》《滄桑錄》《北漢志》等。傳說他從北京購得《幾何原本》，〔註8〕亦說洪啟禧將朴性源《華東正音》和鄭忠彥的《三韻聲彙》抉為己有。〔註9〕經、史、子、集四部，他都有著作傳世。

當朝史編纂，英祖也每每指令洪啟禧主持。英祖朝中黨爭激烈，三十一年（1755）初，設立纂修廳，編纂《家禮源流》，「曆敘己巳（英祖二十五年，1749）以後逆論源委，堂上洪啟禧纂輯凶黨疏章事實頗詳。」〔註10〕此書難免黨同伐異，反對者不滿，遂向英祖告狀，英祖聽信其言，對洪啟禧主編的這部書提出批評。洪啟禧只得上書解釋：「臣于纂修事，本有微見，竊以為『著書垂世，

〔註6〕〔韓〕韓國國史編纂委員會編：《朝鮮英祖實錄》卷六十三，英祖二十二年五月乙卯，韓國國史編纂委員會刊：《朝鮮王朝實錄》1953～1958 年版，第 43 冊第 212 頁。

〔註7〕〔朝鮮王朝〕春秋館編：《日記廳謄錄》丁卯十一月十八日，鼎足山城史庫本，韓國首爾大學奎章閣藏英祖二十四年（1748）筆寫本，第 41 頁。

〔註8〕參見〔朝鮮王朝〕李圭景：《五洲衍文箋長散稿》卷十五《幾何原本辨證說》，漢城東國文化社 1959 年版，第 478 頁。

〔註9〕參見〔朝鮮王朝〕成大中：《青城雜記》卷四《醒言》，韓國民族文化推進會編刊 2006 年版，第 338 頁。

〔註10〕《朝鮮英祖實錄》卷八十五，英祖三十一年九月乙酉，《朝鮮王朝實錄》第 43 冊第 593 頁。

自是在下之事；恃此闡義，實非有國之體』。及臣承命編摩之役，已難中輟，隨分效力。伏聞重臣以臣多所添入於冊子，一世震惶云。此書關係至重，諸堂商確頭緒，略定中草之役，臣實監董，略行修改，梳洗未半，重臣遽以罪臣，實非臣意慮所及。」〔註11〕但未獲英祖諒解，反而被指責為結黨營私之行為。九月廿一日，罷纂修廳，此書遂廢。次年閏九月，英祖以趙觀彬、尹鳳朝、洪啟禧、尹汲四人為黨魁，被放歸田里。可見，修史並非純粹學術活動，也是朝中黨派政治鬥爭的一種形式。英祖三十三年（1757）正月，召回洪啟禧為左賓客，十二月洪啟禧上疏說：「列聖志狀事實，字句多舛謬處，肅、景兩朝志狀亦宜追刊，請釐正添修。」〔註12〕遂命他主持增修校正「列聖志狀」。英祖三十四年（1758）二月五日，洪啟禧將其所刊行的孝宗與宋時烈御劄，進奉國王，英祖命藏之史庫。且指令洪啟禧取代李成中，掌管史館機構春秋館，並令他前往江都史庫，查考列朝實錄，以備修史之用。《英祖實錄》論曰：「啟禧衒才喜事，凡國家典禮及政務無不參涉，自以未經翰苑，每願一見秘史。至是，以考出實錄為辭……使其子弟傳寫史書，凡典章事實之不當援據者，多所歸奏云。」〔註13〕可見，在當時人看來，洪啟禧有志於編史，總是想方設法搜集史料。史庫所藏實錄，原本並不允許查閱，即便國王也不能隨便查看，英祖竟然讓他去看，「時啟禧往江華史庫，考出列聖實錄而來矣」〔註14〕因此他很容易看到宮中藏書、朝中檔案，客觀上為他編纂《文山先生詳傳》，提供了諸多方便。此處言「使其子弟傳寫史書」，可見有一幫年輕人協助他。這樣也就容易理解，即便他有那麼多官職，日常事務相當繁瑣，但他著史活動，似乎並不受影響。洪啟禧幾乎涉獵當時各類書籍的編撰事務，是朝鮮英祖中後期主導官方修史的主要人物。

　　第三，晚年主持朝鮮史家李玄錫《明史綱目》的修訂。英祖四十七年（1771）六月，有朝鮮文臣發現明清史書陳建《皇明通紀》、朱璘《明紀輯略》等誤載朝鮮李成桂世系，即將李成桂視作高麗末權臣李仁任之子。此事最初載

〔註11〕《朝鮮英祖實錄》卷八十五，英祖三十一年九月辛卯，《朝鮮王朝實錄》第43冊第595頁。

〔註12〕《朝鮮英祖實錄》卷九十，英祖三十三年十二月壬申，《朝鮮王朝實錄》第43冊第672頁。

〔註13〕《朝鮮英祖實錄》卷九十一，英祖三十四年二月辛酉，《朝鮮王朝實錄》第43冊第678頁。

〔註14〕《朝鮮英祖實錄》卷九十一，英祖三十四年三月己酉，《朝鮮王朝實錄》第43冊第683頁。

於《大明會典》，朝鮮王朝長期與明交涉，被視作宗系辯誣事件，影響深遠。〔註15〕萬曆再修《大明會典》時，方得修正。清官修《明史》期間，朝鮮密切關注，多次派使臣前往交涉，也終得改正。〔註16〕沒想到多年後，見到明清有關史書依然如故，引起國王極度重視。英祖一方面派使臣前往清朝交涉，〔註17〕另一方面著手修訂諸史。李玄錫所編《明史綱目》是朝鮮王朝最重要的明史書籍，朝鮮君臣都非常看重此書，但其參考了《明紀輯略》等書，英祖特地召見洪啟禧，指令他為編校官，「裒集皇明記跡諸文字，取來鼎足山史庫所藏《明史綱目》，增刪編摩，俾成一統信史。」〔註18〕因為李玄錫《明史綱目》的重要性，最終只是將朱璘的說法刪除，重刊此書。新刊《明史綱目》成，命藏於全國各地五處史庫，頒賜朝中諸臣。〔註19〕此書新刊三個月後，洪啟禧病逝。英祖獲悉噩耗，「上悼惜，親制祭文以下。啟禧自稱出入於儒門，好著述文字……」〔註20〕洪啟禧生前深受英祖重用，死後也得英祖親制祭文，可以說生前榮耀，死後殊榮。

綜上所述，洪啟禧出身文科狀元，入仕之後，頗受重用。儘管總是升遷，從他任日記廳堂上官開始，就一直參與朝中修史活動。他的史才，不僅受到英

〔註15〕 有關朝鮮宗系辯誣事件，可參見：黃修志：《十六世紀朝鮮與明朝之間的「宗系辯誣」與歷史書寫》，《外國問題研究》2017 年第 4 期，第 18～31 頁；黃修志：《清代前期朝鮮圍繞「仁祖反正」展開的書籍辯誣》，《史學月刊》2013 年第 5 期，第 46～56 頁。韓國：權仁溶：《明中期 朝鮮의 宗系辯誣와 對明外交》，《明清史研究》（韓國）2005 年第 24 輯，第 93～116 頁；李慧淳：《종계변무（宗系辯誣）와 조선 사신들의 명나라 인식》，《國文學研究》（韓國）2017 年第 36 輯，第 93～118 頁。

〔註16〕 參見孫衛國：《清修〈明史〉與朝鮮之反應》，《學術月刊》2008 年第 4 期，第 124～133 頁。

〔註17〕 有關中朝就朱璘《明紀輯略》等書之交涉，參見王崇武：《明紀輯略與朝鮮辯誣》，《東方雜誌》1944 年第 40 卷第 4 期，第 45～49 頁；孫衛國：《〈明紀輯略〉之東傳及其引發之事件：中韓書籍交流史研究之一例》，《書目季刊》第 31 卷第 1 期（1997 年 6 月），第 60～65 頁。

〔註18〕 《朝鮮英祖實錄》卷一百十六，英祖四十七年六月乙亥，《朝鮮王朝實錄》第 44 冊第 385 頁。

〔註19〕 《朝鮮英祖實錄》卷一百十七，英祖四十七年七月甲辰，《朝鮮王朝實錄》第 44 冊第 388 頁。有關《明史綱目》的研究，參見李光濤：《記〈朝鮮實錄〉中之〈皇明全史〉：兼論乾隆年刊之〈明史〉》，《「中央研究院」歷史語言研究所集刊》32 本，1961 年，第 19～45 頁；孫衛國：《論朝鮮李玄錫〈明史綱目〉之編纂、史源、刊行與評價》，臺灣《清華學報》新 27 卷第 3 期（1997 年 9 月），第 313～345 頁。

〔註20〕 《朝鮮英祖實錄》卷一百十七，英祖四十七年十月庚辰，第 44 冊第 398 頁。

祖賞識，也被當時人所稱頌。他可以查閱江華史庫中各類史書，包括各朝實錄。一直到他去世前三個月，他還主持了《明史綱目》的改撰與新刊。洪啟禧的著史經歷，充分說明他有卓越的史才。《文山先生詳傳》則是他獨自編纂的，可以說是他的一部代表性史書。

二、洪啟禧編纂《文山先生詳傳》的時代與動機

洪啟禧是英祖中後期的重臣與史官，編史縱貫了他的一生，更重要的是，在思想上，他是英祖尊周思明理念的推動者。他的日常公務與官方修史，已相當繁重，為何一定要獨自編纂《文山先生詳傳》呢？其有怎樣的動機？這既跟他所處的時代密切相關，也與他個人志向密不可分。

英祖是朝鮮王朝在位時間最長的國王，當時也是一個極其宣導「尊周思明」的時代，洪啟禧正是其「尊周」政策的推動者。1637 年初，朝鮮國王仁祖在南漢山城之下，被迫臣服清朝，朝鮮王朝由明朝藩國變成了清朝藩國。但在儒家性理學的支配下，朝鮮君臣始終無法在思想上接納清朝，將清朝視作夷狄，在文化上一直有著「尊明反清」的心態。從仁祖開始，歷代國王為了確保王位的穩固，堅持宣導「尊周思明」思想，朝鮮性理學大師宋時烈從學理上大肆宣揚「尊周思明」的重要性，成為歷代儒生遵循不悖的指導方針。〔註21〕英祖朝（1724～1776 在位）對應的正是清雍正（1723～1735 在位）、乾隆（1736～1795 在位）兩朝，清朝立國百年。朝鮮儒士們在「尊華攘夷」思想的指導下，時刻提醒朝鮮君臣「胡無百年之運」，擔心清朝江山不久，認為一旦清朝被推翻，滿人只能從關內返回他們的「龍興之地」遼東，勢必會給朝鮮帶來難以估量的衝擊和損失。故而，朝鮮英祖一方面外交上謹守藩國職責，定期派使臣赴清朝貢；另一方面在國內大力推行尊周思明之策，既組織官員編修多部宋明史書，同時將肅宗以來大報壇由崇祀明神宗一人，擴展為崇祀明太祖、明神宗和崇禎帝三皇。〔註22〕作為英祖重臣，身處這樣的時代，洪啟禧十分瞭解當

〔註21〕有關朝鮮王朝「尊周思明」問題，參見孫衛國：《大明旗號與小中華意識：朝鮮王朝尊周思明問題研究（1637～1800）》，商務印書館 2007 年版；四川人民出版社，2021 年修訂版；孫衛國：《從「尊明」到「奉清」：朝鮮王朝對清意識的嬗變（1627～1910）》，臺灣大學出版中心 2018 年版。

〔註22〕有關朝鮮王朝大報壇崇祀的研究，參見王崇武：《朝鮮大報壇史料匯輯》，《學原》2 卷 7 期，1948 年；李光濤：《記朝鮮實錄中之大報壇》，《中央研究院歷史語言研究所集刊外編》第四種，1960 年；馮爾康：《朝鮮大報壇述論——中朝關係和中國文化傳播的一個側面研究》，《韓國學報》第 10 期，1991 年；孫

朝的政治意識形態，成為英祖朝「尊周思明」政策的宣講者和實踐人。

洪啟禧係陶庵李縡的門人，而李縡師承宋時烈，故他敬奉宋時烈，一直致力宣傳宋時烈的「尊周」思想，係宋時烈思想的繼承與弘揚者。英祖二十二年（1746）十一月洪啟禧任職日記廳堂上時，他刊印宋時烈「己亥獨對筵說」，進呈英祖。〔註23〕這個「筵說」，實際上是孝宗晚年召見宋時烈於密室之中，謀劃「反清北伐」之事。孝宗是一位對清朝有刻骨仇恨的國王，他繼位之初，就大肆啟用山林之士，高舉反清「北伐」的旗幟。很快就為清朝察知，當即派大臣前來查證。孝宗只得將積極宣導尊周思想的金尚善、宋時烈、宋浚吉等人斥退，一直到他晚年，清朝才放鬆對他的監督，他才有機會將宋時烈等召回朝中。孝宗十年（1659年，己亥）三月十一日，孝宗獨留宋時烈於熙政堂，詳談北伐計畫。提出「予以十年為期」，「養精炮十萬，愛恤如子，皆為敢死之士，然後俟其有釁，出其不意，直抵關外。」〔註24〕這就是孝宗的「北伐計畫」，也就是宋時烈「己亥獨對筵說」的內容。事實上，這次談話不久，孝宗就去世了，計畫根本就沒有可能付諸實施。但經過宋時烈等人的宣揚，其對朝鮮王朝後期「尊周」思想的影響，相當深遠。洪啟禧為日記廳堂上時，特別將此刊印進呈英祖國王，成為他進一步宣揚「尊周」思想的依據。

英祖二十三年（1747）五月二十九日，洪啟禧被任命為大司成，為儒臣之首。掌議洪鼎獻特別提醒國王：「渠輩所秉者『尊周』二字，而殿下每以誣上不道為教，臣嘗慨然。」〔註25〕實際上是為洪啟禧辯護，說明他對於英祖所推行的「尊周」準則，絲毫不敢違背。作為大司成，洪啟禧上疏國王：「以三條陳白：其一，改題文廟位板，文宣王為至聖先師；其一，釋菜祝文，不書清年號；其一，啟聖廟，以程太中配享。」〔註26〕儘管英祖以「惡其紛更」，沒有支持他的提議，但對他的尊周意識，表示讚賞。在成均館祭祀時，不書清朝年

衛國：《朝鮮王朝大報壇創設之本末及其象徵意義》，《中國文化研究所學報》2002年新第11期，第247～272頁。

〔註23〕《朝鮮英祖實錄》卷六十四，英祖二十二年十一月乙巳，《朝鮮王朝實錄》第43冊第228頁。

〔註24〕〔朝鮮王朝〕宋時烈：《宋子大全拾遺》卷七《幄對說話》，韓國民族文化推進會編刊《影印標點韓國文集叢刊》第116冊，1992年版，第138頁。

〔註25〕《朝鮮英祖實錄》卷六十六，英祖二十三年八月甲子，《朝鮮王朝實錄》第43冊第255頁。

〔註26〕《朝鮮英祖實錄》卷六十六，英祖二十三年八月丙寅，《朝鮮王朝實錄》第43冊第256頁。

號，乃係否認清朝正統的一種做法。實際上，這是洪啟禧向英祖國王表明堅持「尊周」的態度。

　　既然洪啟禧生活在宣導「尊周」的英祖時代，他又是當時「尊周」思想最重要的宣導者，也就為我們探尋他寫作《文山先生詳傳》的動機，提供了依據。《文山先生詳傳》三卷本，封頁上為篆體「文山先生詳傳」，三卷三冊。書前有《文山先生詳傳序》，落款為「崇禎之三壬申日南至南陽洪啟禧謹序」，後附己卯夏洪啟禧的補序。書前有「文山先生小影」，即文天祥畫像，附鄧光薦、王幼孫的贊辭。接著為《續資治通鑒綱目所書文山先生事》。抄本《文山詳傳》卷一（天）、卷二（地）、卷三（人），依次排列。「崇禎之三壬申」即英祖二十八年（乾隆十七年，1752），洪啟禧時為兵曹判書，兼任副司直。當時英祖稱讚他「精神過人」〔註27〕，深受器重。此書完成於英祖二十八年（1752），刊印則為英祖三十五年（1759），用朝鮮之「芸閣活字」，刊若干部。〔註28〕書序曰：

　　　　是編成，久竄巾衍，今借芸閣活字，印若干本。或曰：古人有願為良臣，不願為忠臣者，千載可慕，如丙、魏、姚、宋、韓、富諸人何限，而獨有取於際極艱而以身殉之者乎？余謂先生之得為忠臣而不得為良臣，豈先生所樂為也！使其時君用先生早而專，賈似道、董宋臣輩不得售其讒構，則先生必能殫忠竭慮，內修外攘。顛者可以扶，危者可以持，豈至有皋亭之役、空院之辱、燕獄之苦、柴市之禍哉？後世之為君臣者，苟詳于先生之本末，則庶有所懲創，而忠謀智慮之士，各盡其才。其不為先生，而為丙、魏、姚、宋、韓、富者，亦未必不在於是矣！或曰：文山志大而才疏，雖見用，未必扶顛而持危，余謂有用而後才乃見。今可見者，只有《丙辰之策》《己未之書》《乙亥之議》，才疏者，能有是乎？善讀者，自當得之，余無庸深辨。〔註29〕

〔註27〕《朝鮮英祖實錄》卷七十六，英祖二十八年五月己丑，《朝鮮王朝實錄》第43冊第450頁。

〔註28〕所謂「芸閣活字」，「芸閣」乃是朝鮮校書館的別稱，故即為校書館活字。朝鮮王朝活字印刷相當發達，在朝鮮王朝後期二百多年間，經常使用芸閣活字印書。所刊書籍，文集為多，史書次之。

〔註29〕〔朝鮮王朝〕洪啟禧：《文山先生詳傳序》，《文山先生詳傳》第1冊，英祖三十五年（1759）芸閣活字本，第3a～b面。下文凡徵引此書，皆用此本，其鈔本只用作核對，不作徵引出處，特此說明。

　　洪啟禧在序中，充分表達了他寫作此書的用意：第一，文天祥作為忠臣的
不易。歷史上為良臣易，為忠臣難。中國歷史上有很多名臣，像丙吉、魏徵、
姚崇、宋璟、韓琦、富弼等，他們都只是良臣，只要公正行事，做好本職工作，
即可為良臣。像文天祥這樣處於極嚴酷形勢之下，歷經磨難，以至於以身殉國
者，方是忠臣，但少之又少，值得推崇。第二，即便有文天祥這樣的忠臣，宋
朝還是覆滅了，只是因為文天祥沒有及時得到重用。當時所用之臣，如賈似道、
董宋臣等皆為奸臣，等到國是日非、無可救藥之時，文天祥也無力回天了，歷
經艱辛，最終以死報國。第三，針對有人質疑文天祥之才幹，作者指出「有用
而後才乃見」，儘管文天祥沒有受到重用，但是從他留下來的數篇奏疏之中，
即可見其治國才幹，不能無端懷疑。正是為了消除這種質疑，以弘揚文天祥的
忠誠大義精神，洪啟禧方齎志撰寫此傳。

　　事實上，當時朝鮮君臣以中國歷史上的諸葛亮、岳飛、文天祥為忠臣典範，
並稱為「三忠」。相比之下，洪啟禧更加推崇文天祥。洪啟禧撰此書，意在頌
揚文天祥之忠義，在洪啟禧看來文天祥較之諸葛亮更加可貴，更值得尊重。其
曰：

> 　　忠至於文山先生，可謂至矣！有宋三百餘年，祖宗之所培養、
> 儒賢之所昌明者，得先生而始有以收效而結局。觀先生之所遭，而
> 後知天下之事變，乃有此極窮至險，人所不堪者；觀先生之所處之
> 者，而後知人臣之義理，真有此盡分盡誠，人所當為者。此殆三光
> 五嶽之氣，儲蓄精爽，以待夫陽九百六之運，生其人而應其會，以
> 立萬世。為人臣者之標準，豈止為一代興亡所繫而已也哉！世之談
> 忠義者，必曰武侯、文山，蓋以其光明奇偉，質神明而無愧，有可
> 以並稱也。〔註30〕

　　將文天祥視作宋代儒賢三百年培養的結晶，是宋代儒士忠義的代表；對文
天祥所遭遇的險境深表同情，「極窮至險，人所不堪」，其慘狀非人所能忍受者；
文天祥既然忍受了這樣非人的折磨，體現其盡「人臣之義理」，並非繫一代之
興亡，而為「萬世」之標杆、「為人臣者之標準」，對他稱頌備至。世人常把文
天祥與諸葛亮並稱，但在洪啟禧看來，文天祥較之諸葛亮，更為難得，更值得
尊重。諸葛亮有《出師表》，文天祥有《正氣歌》，「讀出師之《表》，誦正氣之
《歌》，淚不下而皆不裂者，無忠臣義士之心肝者也。」就忠義意義來說，文

───────────

〔註30〕　《文山先生詳傳序》，《文山先生詳傳》第 1 冊第 1a 面。

天祥較之諸葛亮，更勝一籌，文天祥才是「至忠」的代表。諸葛亮較之文天祥更「平易安順」，「君臣上下，無一疑貳」，「其所以齎恨者，不過天不假年耳！」諸葛亮壯志未酬，主要是天不假年而已。而文天祥「左掣右礙、百折千磨，集千古所無有之艱阨，備人世所不忍之冤酷哉」，遠非諸葛亮所能比！文天祥所遭遇的各種磨難，「比如烈火焚灼，真金愈煉；狂瀾贔屭，砥柱獨屹，卒之雍容整暇，安身立命之地，乃在乎孔仁孟義，非天下之至誠大勇，豈與於斯乎？忠臣義士自古何限，而試取先生所列於《正氣歌》者較挈之，雖以武侯之危忠血忱，猶不無夷險甘苦之差殊，其他尚何論也？忠至於先生，而後方可謂至矣。」〔註31〕把文天祥視作古代忠臣的典範，無人能及，即便是諸葛亮也不如。在這樣一個極力宣導「尊周」的時代，文天祥作為「至忠」的形象，就更值得推崇。

事實上，英祖二十五年（1749）三月，英祖君臣經過三次大討論，終於將大報壇由肅宗年間獨祀明神宗，擴展為兼祀明太祖、明神宗、崇禎三帝，將尊周思明思想進一步得以宣揚。〔註32〕次年（1750）正月，燕行使趙顯命從北京購得文天祥畫像，英祖大喜過望，這是一個進一步強化尊周思想的契機，遂決定安置其畫像。從正月二十八日到三月十四日，英祖先後五次徵求朝臣意見，〔註33〕最終將文天祥畫像安置在永柔縣的臥龍祠。此祠已安置了諸葛亮、岳飛牌位，加入文天祥畫像後，這個祠廟由臥龍祠變為三忠祠，象徵意義更加明顯，成為朝鮮英祖時期跟大報壇類似的，又一個崇祀中國先賢的祠廟和宣揚尊周思明理念的場所。正是這次安放文天祥畫像的事件，刺激了洪啟禧編撰此書的意向。洪啟禧作為朝中重臣，親身參與此事的討論，對於英祖之熱忱，瞭若指掌，感同心受。而作為當時朝中最重要的史官，他有編纂文天祥傳記的責任感與使命感。在有關忠義論述中，洪啟禧特別突出文天祥的地位，將這種尊崇推演到整個中國王朝，進一步強化了其象徵意義。兩年後（1752），洪啟禧就編成了《文山先生詳傳》。某種意義上說，正是英祖安置文天祥畫像，祭祀文天祥，激發史官洪啟禧的責任感，從而催生了《文山先生詳傳》的問世。

〔註31〕《文山先生詳傳序》，《文山先生詳傳》第 1 冊第 1b～2b 面。

〔註32〕參見孫衛國：《大明旗號與小中華意識：朝鮮王朝尊周思明問題研究（1637～1800）》第二章《尊周思明與大報壇崇祀》，修訂本第 130～136 頁。

〔註33〕《承政院日記》，英祖二十六年三月丁巳，第 1054 冊（脫草本第 57 冊），第 56a～59a 面。

可見，洪啟禧編纂此書，正是順應了朝鮮英祖時代與現實宣導「尊周」理念的要求，加上他作為史家的責任感，而大報壇的擴建與文天祥畫像的安置，直接刺激了他編纂此書的意向。他深感前人所編文天祥傳「拘於體要，亦不能無恨」〔註34〕，有諸多不足，於是以文天祥的《紀年錄》為底本，終成此三卷本《文山先生詳傳》。

三、《文山先生詳傳》的史源考察

每本史書都有史源。美國學者蔡涵墨認為「傳統中國史家的主要工作是抄錄文本」，他在研究《宋史》傳記時，提出「基礎文本」的概念，「指其最原始出處及最初作者可被清楚辨識的段落」，因而採取「文本考古學」的方式，去探尋《宋史》相關傳記的史源。〔註35〕按照蔡涵墨的這個方法，幾乎可以找到《文山先生詳傳》中每段史料的出處。

洪啟禧在序中說：「取先生遺集及正史、稗編，可以采入者，裒成此傳。無甚義例，只以《紀年錄》為准，而稍廣之云。」〔註36〕某種意義上說，《文山先生詳傳》正是以《紀年錄》為底本，同時抄錄《文天祥集》中的《集杜詩》《指南錄》《指南後錄》《拾遺》等，並參考中國宋元以來諸家文天祥傳而編成的。凡是跟文天祥生平有關的詩文、史料都是其參考和抄錄的對象。其最重要的特色，是在敘述文天祥生平時，附上與其相關的文天祥自撰詩文，以作為佐證材料。可以說，他是以文天祥的自撰材料為依據，編成了一部三卷本文天祥傳。其之所以要編這部傳，因為「先生隻字片言皆可以莊誦興起，而《全集》浩瀚，難於領略。若其後人所述先生傳，則拘於體要，亦不能無恨」〔註37〕。可見，作者在編此書時，很容易看到《文天祥集》以及其他各家文天祥傳。一方面他覺得《文天祥集》卷帙浩繁，不利於把握文天祥生平事蹟；另一方面，儘管有多篇文天祥傳，但他都不大滿意。於是他將這些材料，以《紀年錄》為基礎重編，某種意義上，可以說本傳係歷代文天祥傳的集大成者。

就史源而言，《文天祥集》是此書最重要的依據。那麼，《文天祥集》版本如何，又是怎樣傳入朝鮮的呢？事實上，《文天祥集》版本有幾個來源，古代多以《文山集》為書名。至元十八年（1281）夏，文天祥弟文璧面見文天祥後，

〔註34〕 《文山先生詳傳序》，《文山先生詳傳》第 1 冊第 2b 面。
〔註35〕 〔美〕蔡涵墨：《歷史的嚴妝：解讀道學陰影下的南宋史學》，第 162〜163 頁。
〔註36〕 《文山先生詳傳序》，《文山先生詳傳》第 1 冊第 2b〜3a 面。
〔註37〕 《文山先生詳傳序》，《文山先生詳傳》第 1 冊第 2b 面。

攜文天祥所託付著作，一起南歸。元初，方由其孫文富編為五十卷，在家鄉刊刻，但傳世極少。元貞二年（1296），又刻《文山集》三十二卷，次年刻《後集》七卷，此被稱為道體堂本。這個版本傳世極少，卻成為後世各種版本《文天祥集》的祖本。明代以後，因為追慕文天祥其人，遂刊出各種版本的《文山集》，大體分成景泰本、家刻本兩個系統。〔註38〕隨著《文山集》的流行，朝鮮也很快得以傳入。

《朝鮮王朝實錄》中，有多處記載朝鮮君臣討論《文天祥集》的刊行問題，最早出現在成宗二十四年（1493）正月。侍讀官俞好仁啟曰：「《文天祥集》，忠憤激烈，實為詩史，使人讀之，自有感慨之心，印頒何如？」得到批准。於是朝鮮刻印《文天祥集》，以廣其傳，並逐漸成為朝鮮士人閱讀的日常典籍。宣祖十一年（1578）六月，經筵官李元翼請求刊行《文山集》，宣祖當即下教：「《文山先生集》，內藏有之。予曾讀《指南集》，悲涼感慨者久矣，不忍見也。夫文山，夷、齊後一人而已。為萬世人臣標準，可速印出頒之。」〔註39〕宣祖十八年（1585）七月初一，「命刊佈文天祥、方孝孺、鄭夢周文集。上欲崇表節義，以勵風俗，故有是命，命盧守慎作序文。又刊行《岳王精忠錄》，柳成龍作序文。」〔註40〕朝鮮歷代國王把朝鮮忠義人士與中國歷代忠義人士，同等對待，常常將朝鮮忠義之士附在中國忠義之士後面，看成一個整體。可見，作為藩屬國的朝鮮王朝與宗主國明朝，在思想上的一致性。因為都以程朱理學為思想準繩，一同崇尚儒家忠義之士，故而在思想上，諸葛亮、岳飛、文天祥等也是其歷朝歷代共同尊奉的忠臣楷模。在洪啟禧為官的英祖朝，國王也跟大臣討論過《文山集》。英祖三十三年（1757）十一月十五日，英祖召見儒臣，討論宋代諸臣，英祖特別問道：「《文山集》亦有之乎？」〔註41〕得到肯定答覆，英祖進而特別稱頌文天祥為宋代第一名臣。

在朝鮮王朝諸家目錄書中，有介紹《文山集》者。徐命膺受命編撰之《奎

〔註38〕有關《文天祥全集》版本問題，參見〔日〕近藤一成著，尤東進譯：《文天祥的「自述」與「他述」：以文天祥全集的編纂為中心》，《暨南學報》（哲學社會科學版）2018 年第 10 期，第 49～60 頁。

〔註39〕《朝鮮宣祖實錄》卷十二，宣祖十一年六月庚子，《朝鮮王朝實錄》第 21 冊第 354 頁。

〔註40〕《朝鮮宣祖修正實錄》卷十九，宣祖十八年七月庚午，《朝鮮王朝實錄》第 25 冊第 544 頁。

〔註41〕《承政院日記》1150 冊（脫草本 64 冊），英祖三十三年十一月癸卯，第 72a 面。

章閣總目》載曰：「《文山集》十本，宋丞相廬陵文天祥著。詩文十卷，《指南錄》三卷，《集杜詩》一卷，附錄一卷，並目錄總十七卷。吳銓《序》云：『《指南》二錄，血淚為枯；《正氣》一歌，川原動色。』歷今五百年，而今人讀之，凜然猶有生氣。」〔註42〕推崇備至。《嶺南各邑校院書冊錄》記錄「《文山集》十六卷」〔註43〕，此書係慶尚道慶州府鄉校各書院藏書目錄。洪奭周（1774～1842）之《洪氏讀書錄》記錄《文山集》最詳，其曰：「《文山集》二十五卷，信國公文天祥之文也。公之文章皆忠義所發，不容以高下論。然或多駢儷工致，語皮日休謂宋廣平鐵心石腸；及賦梅花，乃清新妍麗，不類其為人，觀于公尤信。至其歌詩，沉鬱悲壯，而濟之以才格，殆南渡二百年所未嘗有。欲觀公者，讀其詩與《指南錄》三卷足矣。」〔註44〕從朝鮮時代所流傳下來的書目來看，《文山集》有十七卷、十六卷和二十五卷三種版本，十七卷本包括目錄一卷，疑與十六卷本同。即便如此，也至少有兩種版本流傳，當係朝鮮刊行之版本。可見，《文山集》是朝鮮文人日常閱讀的書籍，在朝鮮流傳甚廣，也成為洪啟禧編纂《文山先生詳傳》最重要的史源。

中國宋元明清以來，有多人編過文天祥傳記。其中南宋遺民所撰，主要有鄧光薦《文丞相傳》《文丞相督府忠義傳》、鄭思肖《文丞相敘》、龔開《宋文丞相傳》等。元朝官私史家都有撰著，即如劉岳申《文丞相傳》、張樞《文丞相傳補遺》、《宋史‧文天祥傳》等。明人所撰就更多，如胡廣《丞相傳》、趙弼《文文山傳》、郭篤周《文丞相傳》、黃佐《宋丞相文公天祥》、李贄《文天祥》、錢士升《文天祥》等；清朝也有陳弘緒《宋少保信國文公傳》等，以元、明兩朝為多。〔註45〕這些傳記也有不少傳入朝鮮，元官修《宋史》自不必說，而其他私人所撰傳記，不少附錄於《文山集》後《附錄》部分，成為洪啟禧《文山先生詳傳》的重要史源。從篇幅上來說，《文山先生詳傳》是最為詳盡而部頭也最大的一部文天祥傳。各家傳記，內容參差，詳略不同。鄧光薦《文丞相傳》今只部分保存在《文天祥全集》之《紀年錄》中，全文不存。餘則列表如

〔註42〕〔朝鮮王朝〕徐命膺編：《奎章閣總目》，張伯偉編：《朝鮮時代書目叢刊》第1冊，中華書局2004年版，第368頁。
〔註43〕《嶺南各邑校院書冊錄》，張伯偉編：《朝鮮時代書目叢刊》第5冊，第2329頁。
〔註44〕〔朝鮮王朝〕洪奭周：《洪氏讀書錄》，張伯偉編：《朝鮮時代書目叢刊》第8冊，第4330～4331頁。
〔註45〕參見劉文源編：《文天祥研究資料集》，中國社會科學出版社1991年版；陳功林：《文天祥形象的塑造與演變》，江西師範大學歷史系碩士學位論文，2016年，第13～43頁。

－41－

次，可見其差別。

表 2 《諸家文天祥傳對照表》

作　者	篇　名	字數	內容簡介	出　處
	宋少保右丞相兼樞密院使信國公文山先生紀年錄	23200	以《紀年錄》為本，參閱鄧光薦等人所撰傳記和《指南前後錄》《集杜詩》等為據，而編成較為詳細的文天祥年譜。	《文山先生全集》卷一七
（宋）龔開	《宋文丞相傳》	2325	述文天祥生平，末附「龔開曰」，言其以《紀年錄》為本而成。	《宋遺民錄》卷十
（宋）鄭思肖	《文丞相敘》	4611	重點敘文天祥在元大都事蹟甚詳，凸顯其忠義精神。	《心史・雜文》
不著撰人	《文天祥丞相信國公》	3799	載文天祥被俘後事蹟甚詳。	《昭忠錄》
（元）劉岳申	《文丞相傳》	8545	較全面敘述文天祥的生平事蹟，末附贊詞。	《申摘集》卷十三
（元）張樞	《文丞相傳補遺》	460	補龔開《文丞相傳》，一補赴夫人歐陽之烈義；再補其稱頌之詞。	《宋遺民錄》卷十
（元）脫脫	《宋史・文天祥傳》	4260	比較全面敘述文天祥的生平事蹟，末附贊詞。	《宋史》卷四一八
（明）趙弼	《文文山傳》	1914	主要敘述文天祥被殺前後的經過及異象。	《說郛》卷九七《效顰集》
（明）胡廣	《文丞相傳》	10930	在《宋史・文天祥傳》、劉岳申《丞相傳》基礎上，考訂增補，成為明朝最為詳盡的文天祥傳。	載各版本《文山集》中
（明）黃佐	《宋丞相文公天祥》	2494	文天祥簡略傳記。	《廣州人物傳》卷二四《流寓下》
（明）郭篤周	《文丞相傳》	1827	文天祥簡略傳記	《厓山志》卷六
（明）李贄	《文天祥》	3074	文天祥的生平傳記	《藏書》卷三一《名臣傳・直節名臣》
（明）黃淳	《文丞相傳》	7685	在龔開、《宋史》、劉岳申、胡廣四篇傳記基礎上重編的文天祥傳，但不如胡廣傳詳實。	《厓山志》卷二《三忠傳》

(明) 錢士升	《文天祥》	2755	文天祥生平簡略傳記。	《南宋書》卷六一
(明) 曾皋	《文忠烈公天祥》	5075	綜合各種傳記基礎上，撰成文天祥的生平傳記。末附呂本中、許有壬、陳木叔相關議論。	《吉州人文紀略》卷二《忠節名臣》
(清) 陳弘緒	《宋少保信國文公傳》	5046	較為詳細敘述文天祥生平的主要事蹟。	《陳士業先生全集》之《恒山存稿》卷二
(清) 黃宗羲	《忠烈文文山先生天祥》	460	詳述咸淳九年其見江文忠公事，其餘生平事蹟略書。	《宋元學案》卷八八《巽齋門人》
(朝鮮) 洪啟禧	《文山先生詳傳》	114000	以《紀年錄》為本，參閱《文天祥全集》，附相關文章而編成，類似年譜。	全文三卷

上表列出宋末到清代所刊各種文天祥傳，將各傳與洪啟禧《文山先生詳傳》對照，可以看出其史源與內容特色。《紀年錄》作為經文天祥手，並由後人彙編而成的一種史料，直接影響了後人對文天祥傳記的書寫。龔開即言「取其始末為傳」〔註46〕，龔傳只是簡單敘述了文天祥的生平，並未附錄文天祥詩文，全文也只有2300餘字。而真正影響最大的則是洪啟禧的《文山先生詳傳》。儘管洪啟禧參考了宋至清中國各家文天祥傳，也包括元官修《宋史‧文天祥傳》，但他基本上是以《紀年錄》為據，輔以文天祥詩文，重新敘述文天祥生平事蹟，盡可能再現文天祥自己所呈現的狀貌。誠如前面提到，洪啟禧編纂此書時，正是英祖國王與諸大臣討論崇祀文天祥畫像不久。在秉持儒家華夷觀的英祖年代，「尊周思明」風氣正盛，如何給朝鮮灌輸忠義精神，也正是為了強化現實中的「尊明反清」意識，從而強化英祖的正統地位。〔註47〕因為作為藩國國王的地位，雖然是要宗主國清朝的冊封，但這種冊封跟朝鮮性理學家所信奉的「尊華攘夷」的理念相違背，所以英祖就跟其列祖列宗一樣，依然高舉「尊明」大旗，把其塑造成為明朝以來中華正統的繼承者與弘揚者，對於中國歷史上忠義之士的崇祀，就是其中不可或缺的一環。本書正是在這樣一種現實推動下而編成的，因而文天祥本身的記錄就成為其重新塑造所依從的根據。從篇幅上來說，中國各家文天祥傳，《紀年錄》是文天祥年譜，有兩萬餘字，最長。

〔註46〕〔宋〕龔開：《送文丞相傳》，參見熊飛等點校本《文天祥全集》附錄，第760頁。
〔註47〕參見孫衛國：《大明旗號與小中華意識：朝鮮王朝尊周思明問題研究（1637～1800）》之第二章，第127～143頁。

其次是明人胡廣的《文丞相傳》，超過一萬字；其餘各傳都只有幾千字。而《文山先生詳傳》逾十萬字，超過中國所有文天祥傳的字數總和。為何此傳如此之長？其參考過哪些史料？從下表中，可以清晰地反映《文山先生詳傳》所參考的資料。

表3 《〈文山先生詳傳〉徵引史籍表》

書名與篇名	徵引數目	原詩數目	備　註
《紀年錄》	38 條		卷一 24 條、卷二 9 條、卷三 5 條，《紀年錄》為今通行本《文天祥全集》卷十七。
《集杜詩》	51 首	120 首	卷一 4 首、卷二 27 首、卷三 20 首，《集杜詩》為今本全集卷 16。
《指南錄》	84 首	107 首	全在卷二，《指南錄》為今本全集卷十三，包括兩篇序文共 107 篇。
《指南後錄》	101 首	187 首	全在卷三，《指南後錄》為今本全集卷十四。
《吟嘯集》	11 首	45 首	全在卷三，《吟嘯集》在今本全集卷十五。
《宋史‧文天祥傳》	5 條		
其它文天祥傳、文、詩	22 種		鄧光薦、汪元量、謝翺、王炎午、徐世隆、虞集、楊溥、朱衡、邊貢、曾棨、薛瑄、劉岳申、胡廣、許有壬、羅倫、楊士奇、羅洪先、王守仁、韓雍、鄢懋卿、朱袞等。

表中的《紀年錄》《集杜詩》《指南錄》《指南後錄》《吟嘯集》，都是《文天祥集》中的相關部分，表中也說明其在當今流行本中的卷次。此外，本書還徵引了《文天祥集》中的對策、封事、內制、表箋、疏、講義、行實、上樑文、書、啟等，只要是跟文天祥生平相關的詩文，幾乎無不被直接摘錄的。從上表可見，其以《紀年錄》為本，《指南錄》八成、《指南後錄》六成、《集杜詩》逾四成、《吟嘯集》近三成的詩歌，都被原原本本地抄錄於本傳之中，加上其它的對策、封事等篇章，充分展示了《文山詳傳》就是以文天祥自撰材料，而編成了一部文天祥傳記。在卷三的末尾，附上中國諸家文天祥傳和相關詩文的論贊、評價，寄託著作者對於文天祥的崇敬之情。

因此，儘管《文山先生詳傳》篇幅最大，字數最多，但主要的史料來自《文天祥集》，是以文天祥自撰材料，並參考中國諸家文天祥傳，而編成的一部文天祥傳。

四、《文山先生詳傳》的內容特色與史料價值

誠如前面所論,《文山先生詳傳》三卷,逾十萬字,在現代之前,是篇幅最長的文天祥傳,值得重視。但其幾乎所有史料都出自中國典籍,並未用過朝鮮史籍。以文天祥生平事蹟為綱,以文天祥的詩文為目,結合宋史背景而編成的,內容選擇頗有特點,也有很重要的思想價值。

首先,就書名《文山先生詳傳》來說,似有深意焉。而三卷分法、時間斷限,經過了仔細考慮,也有用意。書的封面為《文山先生詳傳》,這裡「詳傳」二字,實有深意焉。詳敘文天祥生平事蹟,不僅以《紀年錄》為本,將其所敘述的史實全都涵蓋,還以他的詩文、野史、後人著述等,凡跟文天祥生平經歷、心路歷程相關的詩文、序跋、奏疏、制、誥、詔令等,全都附上。對於有爭議的問題,進行考證。只要涉及文天祥者,皆囊括進來;跟文天祥相關的背景,也予以敘述。某種意義上,這部《文山先生詳傳》有學術專著與文獻彙編合一的意味,故名「詳傳」。

誠如前面提到,《文山詳傳》最基本的架構來自於《紀年錄》。《紀年錄》:「正文乃公獄中手書,附歸全文集注,雜取宋禮部侍郎鄧光薦中甫所撰《丞相傳》《附傳》《海上錄》《宋太史氏管發國實》《至元間經進甲戌、乙亥、丙子、丁丑四年野史》、平慶安刊行《伯顏丞相平宋錄》,參之公所著《指南前後錄》《集杜句詩》前後卷,旁採先友遺老話舊事蹟,列疏各年之下。」〔註48〕乃是文集編者以文天祥自撰材料為據,並兼採相關史料編成的文天祥年譜,故附於《文天祥集》中,最大程度保留了文天祥的自傳特色。《文山詳傳》以《紀年錄》為基礎,再以文天祥之《指南錄》《指南後錄》《集杜詩》《吟嘯集》等為據,大量補入文天祥自撰詩文,構建了以文天祥自己的材料而編成一個新的「舊傳」。這樣以文天祥的材料建構文天祥的傳記,成為此傳最大特點。

全書主幹以《紀年錄》為准,按照時間順序進行敘述。卷一之前,先有文天祥畫像,並引用鄧光薦與王幼孫的文天祥像贊,以及《續資治通鑑綱目》中「所書文山先生事」。這實際上是給文天祥一個基本定位,乃沿襲中國宋、明對文天祥的基本論定。從時間上來說,卷一「天字卷」,記敘時間最長,從文天祥出生開始,一直敘述到度宗十年(1274)他三十九歲。先交代其世系,然後敘述其生平,只要文天祥寫過與其生平相關的詩文,都附在相應年代後面,

---

〔註48〕《文天祥全集》卷十七《宋少保右丞相兼樞密院使信國公文山先生紀年錄》
（下文簡稱《紀年錄》）,熊飛等點校本,第 685 頁。

作為生平事蹟的補充材料。即如丙辰，二十一歲參加科舉，禮部會試，即將其《御試策》全文錄入。次年葬其父於鄉，又附上其所撰《革齋先生事實》。卷一主要敘述文天祥的家世、出生、科舉、仕途、事功等，實際上這卷敘述他初入仕途，展露鋒芒，也揭示著朝中政治的黑暗，文天祥受到朝中庸臣的排擠，一度歸鄉隱居。

卷二「地字卷」，從恭帝德佑元年（1275），文天祥四十歲開始，止於祥興元年（1278），只有四年時間。在元大兵壓境，宋朝江山危在旦夕之際，文天祥率領鄉兵，應時而起，北上勤王抗元；出使元廷卻被執，文天祥想盡一切辦法逃回南宋，其間之艱辛，細細陳述，並附上文天祥所寫之詩歌，出使元營談判，不幸被執，途中逃跑南歸，又遇宋將不信任，九死一生；後來再受命抗元，轉戰江西、廣東，不幸被執，一路被迫隨元軍前行。乃文天祥一生中歷經波瀾、久經考驗的階段。這卷特點很明顯：詳述文天祥之悲慘經歷，以他所經歷的各種磨難為主線，刻畫他不屈不撓的抗爭精神；每個重要事件都以文天祥詩文為附錄，加以詳細說明。

卷三「人字卷」，從祥興二年（1279）到至元十九年（1282），文天祥四十七歲時英勇就義，次年其靈柩歸葬鄉里。卷三始於祥興二年正月初二日，過零丁洋等情境，並附《過零丁洋》詩。洪啟禧曰：「先生《指南後錄》第一卷起此篇，止《東海集序》。第二卷起八月二十四日《發建康》，止《己卯歲除詩》。第三卷起《庚辰元月詩》，止《病目詩》。先生皆有小序。」〔註49〕接著詳細敘述南宋滅亡之大戰，以文天祥的觀察，詳述了這場關鍵性的大戰。隨之北上大都，在北京被關三年，與元君臣鬥智鬥勇，最終被忽必烈殺害，充分展現其殺身成仁的精神。最後附上宋到清中國歷代文人所寫的祭奠詩文，表達編者洪啟禧的崇敬之情。

總之，通篇刻畫文天祥經歷之奇險、亙古未有之磨難，以凸顯文天祥之忠臣形象。同時，以文天祥的詩文為輔助，可以清晰地感知文天祥的心路歷程，愈挫愈奮，從而更增對他的崇敬之情。

其次，洪啟禧在作此傳時，有強烈的政治意圖，一開篇就給文天祥加上異常神秘的光環，表明文天祥註定是要賦予不平凡的使命，也更強化其象徵意義。

第二段刻意敘述了文天祥出生時的異象。「革齋公夢兒乘紫雲下，已復上，

〔註49〕《文山先生詳傳》卷三，第 3 冊第 1a 面。

命名雲孫。既長，朋友字曰天祥……及擢第，理宗見其名曰：此天之祥，乃宋之瑞也！朋友遂又字之曰宋瑞，而通稱之。」〔註50〕這裡說明文天祥出生時異象，天賦異稟，賦予他特殊才能和使命感，他的名字亦顯示這個異象。中國古代帝王或英雄人物的出生，常常附會一些非同尋常的跡象，而以夢為題者很多，符合中國古代塑造人物的範例。隨後又有宋理宗之言，點出了文天祥日後必有大作為。接著借用《宋史·文天祥傳》中的話，描述其體態與年輕時志向曰：「體貌豐偉，美皙如玉，秀眉長目，顧盼燁然。稍長，遊鄉校，見學宮祠鄉先生歐陽文忠公（修）、楊忠襄公（邦乂）、胡忠簡公（銓）、周文忠公（必大）像，慨然曰：『沒不俎豆其間，非夫也。』」〔註51〕儘管從整體上洪啟禧並不依從《宋史·文天祥傳》的寫法，但他並不排斥《宋史》，只要有價值，他就引用參考。前文表格中列出有五處史料出自《宋史·文天祥傳》。此處引用《宋史·文天祥傳》中的話，說明文天祥自幼就以宋代名臣為效仿對象。

第三段又記一夢。「寶佑二年甲寅（十九歲），夢召至帝所，帝震怒，責其不孝。先生哀訴以臣實孝！帝曰：人言卿不孝，卿言卿孝，賜以金錢四遣去。先生出門而震雷欲擊之。自歎曰：『倖免不孝之罪！而又不免雷擊！』驚覺，汗如雨。」〔註52〕這是文中第二個夢，特別強調孝道。說是上天對他的要求，若不孝會受到天譴，遭到雷擊。文中將夢境與現實中的要求結合起來，給文天祥的傳記添上一種神秘色彩，再次強調文天祥是有使命感的人。從一開篇，就給文天祥增加了使命感，用各種神秘的傳奇故事，一步步將這種使命感予以強化。

第四段記述文天祥中舉之事，再提一神秘事件：「是歲春，先生過冷水坑（去先生家三十里），在店傍巨石上更履，店人胡翁言：『早寒，願飯而去。』其意甚勤。先生問故。胡曰：『夜夢神龍蛻爪于石，覺而異之，掃石以待公，他日必富貴，願垂憐。』先生諾焉（先生家人往來者，必飯其家，歲時翁嫗至先生家，必優贈與）。」〔註53〕這是文中第三個夢，並非文天祥做夢，而是他

〔註50〕《文山先生詳傳》卷一，第1冊第7a～b面；參見《文天祥全集》卷十七《紀年錄》，第685頁。

〔註51〕《文山先生詳傳》卷一，第1冊第7b面；參見《宋史》卷四百一十八《文天祥傳》，第12533頁。

〔註52〕《文山先生詳傳》卷一，第1冊第7b面；參見《文天祥全集》卷十七《紀年錄》，第685～686頁。

〔註53〕《文山先生詳傳》卷一，第1冊第8a面；參見《文天祥全集》卷十七《紀年錄》，第686頁。

路過之處，有胡翁做夢，因此厚待文天祥。同時也埋下了伏筆，以為文天祥是龍鳳之人，他日必堪大用。以夢增添神秘色彩，寄予象徵意義。

第五段講他中進士之經過，再度強化神秘感。他身體原本不適，踉踉蹌蹌到了考場，所作策論，「時帝在位久，政理浸怠。先生以法天不息為對，文思湧泉，運筆如飛，所對且萬言。未時乃出，或謂有神物之助！」〔註54〕又是一個神秘力量顯示威力！文天祥原本身體虛弱，甚至都難以行走，進入考場竟然超常發揮。這樣一步步給文天祥的人生增添越來越多的神秘色彩，也就賦予其越來越大的寄託，因為越是偉大人物，其生平就越有神秘性。從一開始就塑造出了一種神秘力量左右著文天祥的一生。這樣的書寫方式，為下文敘述文天祥驚人的毅力、驚天地泣鬼神的氣慨作鋪墊，他生來註定不平凡！「有司始寘先生第五，帝覽先生所對，親擢為第一。二十四日臨軒唱名，考官王應麟奏曰：『是卷古誼若龜鑑，忠肝如鐵石，臣敢為得人賀。』」〔註55〕借用考官的話，稱頌文天祥「忠肝如鐵石」。

可見，此書開篇，就刻意將文天祥神秘化，給他加上很多神秘光環，預示著文天祥生來就有使命。特別記錄幾個夢，強化文天祥的神秘感，進一步強化其象徵意義。此種寫作手法貫穿整篇傳記，在刻畫文天祥光輝形象的同時，進一步增強其正統意義。

再次，對於史料的採擇，洪啟禧有相當的主見。在書寫文天祥生平事蹟時，經常打亂《文山集》中的詩文順序，重新編排。文天祥詩歌中的《序》，每每交代事情原委與歷史背景，接著再附詩文。《文山先生詳傳》依據詩序的敘述，將其改編，陳述文天祥的經歷，而變成了正文。《指南錄》《指南後錄》《集杜詩》等是文天祥自己寫的，都是第一人稱，洪啟禧將其文字都改為第三人稱，在《文山先生詳傳》中敘述其生平。一則敘述文天祥的經歷和思想；二則也為下文詩歌的寫作背景。徵引之時，內容上幾乎沒有改變，文字順序則有所調整，以更符合敘事格式。文天祥的詩歌則變成了輔助材料。如果沒有詩序，沒有介紹文天祥經歷文字的詩歌，幾乎都沒被引用。即如《指南錄》卷三中，有《泰州》《卜神》《旅懷三首》《懷則堂實堂》《憶太夫人》《即事》《紀閑》《聲苦》

〔註54〕《文山先生詳傳》卷一，第 1 冊第 8b 面；參見《文天祥全集》卷三《御試策一道‧有題》，第 85 頁。

〔註55〕《文山先生詳傳》卷一，第 1 冊第 34a 面；參見《文天祥全集》卷十七《紀年錄》，第 686 頁；《宋史》卷四百一十八《文天祥傳》，中華書局 1977 年版，第 12533 頁。

等十幾首詩未錄。〔註56〕因為《泰州》以下各首詩，詩序敘述性的文字少，或根本沒有，故而不錄。也充分說明作者是藉助詩序來梳理文天祥的事蹟，再附以詩歌而已。

同時，作者雖然引用很多文天祥的詩文，有時候也改動題目。即如《指南錄》中，有《紀事四首》，乃是文天祥見到叛宋投元的呂文煥父子時，當即痛罵了他們一頓，並寫了四首詩。在《文山先生詳傳》中，詩的題目改成了《記呂文煥事》。不僅打破了原詩的順序，也改了題目，更為確切指明係批評呂文煥父子的。這種改編，相當必要。又如《指南錄》卷一《使北》，在《文天祥全集》原書詩序後面，附上八首詩，但並沒有分別給予題目。〔註57〕洪啟禧依據詩序改編為：「虜既劫詔書，佈告歸附，又逼幼主拜表獻土。吳堅、賈餘慶、謝堂、家鉉翁、劉岊五人，奉表北庭，號祈請使。」〔註58〕然後附上八首詩，且加上了新的題目，分別為《詠餘慶》《詠堅》《詠岊》《詠堂》《詠鉉翁》，末尾《自詠三首》。而將原來《使北》這個標題刪除了，充分顯示作者的創造性。這是洪啟禧採擇《文天祥集》中的詩文所採取的辦法，很有意義。

最後，作者重視評論和史實考訂，評論以表達其思想觀點，並考訂澄清歷史真相。《文山先生詳傳》中低一格將議論性的文字附上，議論多，目的在於突出文天祥的忠義精神。在卷首部分，將《續資治通鑒綱目》「所書文山先生事」，逐條抄錄下來之後，有一段很長的議論曰：

　　《周氏（禮）》曰：「殺不當殺也，不去其官，予其不失所守也。」
　　合始末觀之，是故書「起兵勤王」，所以嘉其殉國也；書「救常州」，
　　所以嘉其急君也；書「伯顏執天祥」，所以嘉其不屈也；書「亡入真
　　州」，所以嘉其避難也；書「天祥至自溫州」，所以嘉其心宋也；書
　　「次於汀州」，所以嘉其援難也；書「誅吳浚」，所以嘉其討罪也；
　　書「復梅州、敗元軍」，所以嘉其敵讎也；書「收兵復出麗江浦」，
　　所以嘉其不撓也；書「襲執於五坡」，所以嘉其忠事也；書「至燕不
　　屈」，所以嘉其守義也。然則天祥始終為宋，未嘗少渝，今而慷慨殺
　　身，猶人所難，誠無愧於古人成仁取義之心矣。雖然天祥忠宋理所
　　當然，世祖殺之則為悖義。苟因天祥不屈，赦之自便，正所以勸為

〔註56〕《文天祥全集》卷十三，《指南錄》卷三，熊飛等校點，第516～519頁。
〔註57〕參見《文天祥全集》卷十三《指南錄・使北八首》，第487～488頁。
〔註58〕《文山先生詳傳》卷二，第2冊第18b～19a面；參見《文天祥全集》卷十三《指南錄・使北八首》，第487～488頁。

臣之不忠者，必欲殺之，謂如何耶？噫！當時俛首事元者，是必有
所愧矣。書「殺而不去其官」，既以予天祥之全義，又以譏世祖之悖
義也。〔註59〕

　　這段議論，大有意味，試釋之如次：第一，朱熹最初創立《資治通鑒綱
目》，其意就在宣揚程朱義理，明人商輅續修《續資治通鑒綱目》，目的也就
是發揚朱熹所主張的儒家義理。而《文山先生詳傳》一開篇，就摘錄《續資
治通鑒綱目》中有關文天祥史實的條目，逐一解說其用詞所包含的用意，竭
力凸顯其大義精神，奠定全書基調。第二，從文字的多少來說，這一段解說
較之摘錄下來的文字還多，從文天祥所行的每一條史實中，闡述其大義精神。
具體而微地呈現了文天祥所遭遇的艱險，以宣揚文天祥的偉大。第三，宣揚
文天祥「始終為宋，未嘗少渝……慷慨殺身，猶人所難」的大義，同時指責
忽必烈殺他乃「悖義」，最後一條「元世祖至元十九年冬十二月，殺宋少保、
樞密使、信國公文天祥」，書「殺而不去其官」，既予天祥至全義，又以譏世
祖之悖義也。」這樣的解說開宗明義地表明作者的立場，高揚文天祥的忠義
形象，宣揚他捨身成仁的大義精神，成為本書最主要的目的，鮮明地表達作
者的著述宗旨。

　　全書中他將考訂文字用小字標出，看起來一目了然。即如講到文天祥三十
七歲致仕之事說：「八年壬申（三十七歲），先生既數斥，遂援錢若水例致仕。」
然後小字附上考訂文字：「此出《宋史》本傳，而胡廣所撰傳仍之。然《紀年
錄》出於先生手筆，而無是語。且乙亥勤王，則固無論致仕與否，而是歲既致
仕，則癸酉之領湖南事，甲戌之赴贛州又何也。是誠有不敢知者，而姑從史傳
存之。」〔註60〕這段考訂語很重要，說明作者並非完全遵循《紀年錄》，儘管
《紀年錄》是他編訂此《文山詳傳》的基本史料，但還是參考其他材料，即如
《宋史・文天祥傳》，作為補充材料。文天祥自訂《紀年錄》沒有記載這條史
料，甚至於這一年都沒有事蹟，但以《宋史》本傳補充此事。文天祥三十七歲
致仕的事情，在朝鮮廣為流傳，朝鮮諸臣常常以此為例，請求國王批准致仕。
洪啟禧也熟知此事，即便《紀年錄》中無載，他也要補充進去。接著引述《指
南錄》第一篇《赴闕》，也有一小段文字曰：「先生《指南錄》第一卷起此篇，
止《使北》諸詩；第二卷起《杜架閣》，止《沈頤家》；第三卷起《定計難》，

〔註59〕《文山先生詳傳・〈續資治通鑒綱目〉所書文山先生事》，第 1 冊第 6a～b 面。
〔註60〕《文山先生詳傳》卷一，第 1 冊第 80b～81a 面。

止《哭金路分應》；第四卷起《懷楊通州》，止《自歎詩》。先生有《自序》，又有《後序》。」〔註61〕交代《指南錄》各卷的起止詩篇以及《自序》《後序》的情況，主要介紹《指南錄》一書的情況。

此外，本書大量徵引文天祥的詩文，來自於當時朝鮮流行本《文山集》，反過來有助於訂正現今通行本《文天祥全集》中的有關篇章。事實上，《文天祥集》版本研究表明，相當長一段時間內，搜羅文天祥的詩文不全，有兩個流傳系統，舛誤也不少。但前人研究中，尚未關注到傳到朝鮮去的版本情況，而本書中徵引不少文天祥詩文，對於重新校訂文天祥文集，提供了一種可資參考的新資料，有助於重新訂正相關文字，甚至文章標題。事實上，在筆者研讀之中，確實發現一些不同，文字不同、文章標題不同、編排不同，都出現過，所以這樣就給重新編訂文天祥全集提供了一個新的參照物件。《文天祥全集》乃元朝時才刊出的，凡提到元人，書中原本用「虜人」「夷」「胡」者，皆改為「北人」「北」，完全失去原來貶斥之意。在本書中則一律恢復原來之用詞，以便更符合文天祥最初之用意。這樣的用詞貫穿全文，能夠更恰當地表達文天祥「尊華攘夷」之心路歷程。如：「始，虜人之款諸宰執於鎮江府也，惟吳堅以病不離舟，先生為遁計，宿府治，即託故還裡河舟中。虜亦不之疑。先生得以坐臥于沈頤家。初，虜人分遣諸酋監、諸宰執。從先生者曰王千戶，狠突可惡，相隨上下，不離頃刻。」〔註62〕此出自《指南錄》卷二《出門難》之詩序。不僅將「北人」改為「虜人」，也將原書第一人稱「予」改為第三人稱「先生」，是一個典型的修改案例。像這樣的修改，貫穿全書，對於訂正《文天祥全集》，有重要的參考價值。

綜上所述，《文山先生詳傳》雖以《文山集》中文天祥自撰詩文為據，進行改編，敘述其生平經歷，但從一開篇就以夢等為據，給文天祥塑造一種神秘的光環，寄託著一種天賦使命的正義感，為下文鋪墊著正統的光環。在徵引、利用文天祥詩文之時，洪啟禧有著一定原則，透過詩序，再現文天祥的生平軌跡。對於所徵引的詩文，常常改變題目，調整順序，改寫文字，以符合全書的需要。此書不僅有助於瞭解朝鮮對文天祥的崇拜，也有助於修訂既有的《文天祥全集》。

〔註61〕《文山先生詳傳》卷二，第 2 冊第 8a 面。
〔註62〕《文山先生詳傳》卷二，第 2 冊第 26b～27a 面。參見《文天祥全集》卷十四
　　　　《指南錄·出門難》，第 497 頁。

五、餘論

　　此書編成後，即有芸閣活字本，也是迄今為止所見的唯一的刊本。隨著正祖繼位，洪啟禧的著作被禁，但此書依然有所流傳。此書被朝鮮朴周鐘《東國通志・藝文志》《增補文獻備考・藝文考》《西庫藏書錄》三種目錄書收錄，後二者皆係朝鮮王朝官修目錄書，可見，當時官私雙方都關注到本書。前二者皆曰本書為一卷，《西庫藏書錄》則曰「《文山先生詳傳》一件三冊」〔註63〕，西庫乃奎章閣內閣之分庫。奎章閣係朝鮮王朝宮廷書庫，「分內閣、外閣、江都外閣。內閣又分摛文院、奉謨堂、移安閣、閱古觀、皆有窩、西庫等不同書庫。中國本（華本）藏於閱古閣和皆有窩，朝鮮本（東本）藏於西庫。」〔註64〕可見，儘管正祖時洪啟禧的著作被禁，但《文山先生詳傳》依然收藏於奎章閣之西庫，並未將其清除，但朝鮮傳播受到影響，以至逐漸不為人所知。即便如此，依然不能否認其價值。

　　從唐代開始，形成了以中國為中心的東亞世界。〔註65〕周邊各國採用漢字為官方書寫文字，以儒學為官方思想準則。朝鮮半島、中南半島等地與中原王朝建立了穩定的宗藩關係，朝鮮王朝被視作明清兩朝典型的藩屬國。這已成為學界的一種共識。事實上，其表現在各個方面，而對中國歷史上忠臣義士的共同崇奉，也是一個非常重要的面向，可以深化相關認識。

　　誠如克羅齊所言「一切歷史都是當代史」，不管中外，對於歷史的認知，總是史家以當前的社會文化、思想認知、政治環境為參照，史學著作也係史家思想的體現。朝鮮對於文天祥的接受以及洪啟禧撰寫的《文山先生詳傳》，也恰恰印證了這樣一個真理。文天祥自從元初就義以後，在中國後世一直被視作忠臣而受到尊崇，歷代文人墨客撰寫他的傳記，修建廟宇，將其列入文廟崇祀。儘管時間上有些滯後，但是這種尊崇的風尚也傳到周邊，且以朝鮮王朝最具代表性。隨著《文山集》在明代傳入朝鮮王朝，早就成為朝鮮儒士們日常的閱讀典籍，他們熟知文天祥的英勇事蹟。當1637年朝鮮被迫臣服清朝之後，儘管政治上被迫臣服，但其文化心態上受性理學「華夷觀」的影響，始終無法認同

〔註63〕《西庫藏書錄》，張伯偉編：《朝鮮時代書目叢刊》第2冊第620頁。
〔註64〕張伯偉：《〈西庫藏書錄〉題解》，張伯偉編：《朝鮮時代書目叢刊》，第2冊第603頁。
〔註65〕參見〔日〕藤間生大《東アジア世界の形成》，春秋社1977年版；韓昇：《東亞世界形成史論》，復旦大學出版社2009年版；〔加〕王貞平著，賈永會譯：《多極亞洲中的唐朝》，上海文化出版社2020年版。

清朝，而將其視作夷狄。在最初百餘年間，朝鮮高舉「尊周思明」的大旗，以宣揚其為明朝正統的繼承者，從而解決現實中的正統危機。洪啟禧生活的英祖時代，正是朝鮮王朝極力宣導「尊周」的年代。英祖國王想方設法推行「尊周」策略，擴展大報壇，編修宋明史書，而當燕行使從北京購來文天祥畫像時，他又力爭將文天祥加以崇祀，並最終得以安置在永柔縣的三忠祠中。作為英祖朝最重要的史官與重臣的洪啟禧，以撰史為己任，在文天祥畫像奉安兩年後，即編成三卷本《文山先生詳傳》，藉以弘揚文天祥的忠義精神。這實際上是將文天祥的忠義精神納入了朝鮮「尊周大義」的大環境之下，也成為朝鮮諸臣尊奉的對象。誠如陳永明討論清人對於張煌言的紀念時說：「嘉慶以後，在政府與地方士紳的互動下，全國各地昭忠祠與日俱增。在朝廷旌恤和地方祭祀活動的互相配合下，張氏祠廟中所供奉的，已不單單是南明忠臣，更是在傳統社會中具有象徵意義的歷史完人——儒家思想的殉道者、後世人臣的典範，以至天下萬民的楷模。」〔註66〕朝鮮將文天祥與諸葛亮、岳飛同祀於三忠祠，其意圖也莫非如此，寄託著朝鮮王廷對於諸臣「忠君」的期望，以文天祥為榜樣，強化朝臣對國王的忠心。

洪啟禧順應這樣的時代要求，編成《文山先生詳傳》。本書係以《紀年錄》為據，廣泛徵引《文山集》中的詩文，以文天祥留下來的自撰材料，兼及中國歷史上各家文天祥傳，而編寫的一部集大成的文天祥傳。洪啟禧試圖從文天祥傳記的歷史書寫中，貫注當朝「尊周崇明」的意識，宣揚「忠君報國」的思想，賦予其當代意義。此書在相當長的時間內，是部頭最大、資料最詳的文天祥傳，集綜合性、資料性、研究性於一體的文天祥長篇傳記。反過來，也可以其所徵引的文天祥詩文為據，進一步訂正當今通行的《文天祥全集》，從而全方位推動關於文天祥研究的進一步深入。此書迄今仍不被國人所知，值得我們重視。

原刊《世界歷史》2022 年第 2 期，第 93～109 頁

〔註66〕陳永明：《從逆寇到民族英雄：清代張煌言形象的轉變》，台灣大學出版中心2017 年版，第 190～191 頁。

第一編　朝鮮王朝兩種文天祥傳

御定宋史筌・文天祥傳

正祖大王

　　文天祥，字宋瑞，一字履善，吉水人。父儀，號革齋。天祥體貌豐偉，美皙秀眉長目，顧昐燁然。年二十舉進士，對策集英殿。時理宗政浸怠，天祥以「法天不息」為對，凡萬餘言，帝親擢為第一。考官王應麟奏曰：「是卷古誼若龜鑑，忠肝如鐵石，臣敢為得人賀。」丁父憂，服闋。為寧海軍節度判官。

　　開慶初，元兵大入，宦官董宋臣勸帝遷都，人莫敢議其非。天祥上書「乞斬宋臣，以一人心」，不報。遂免歸，尋除刑部郎。宋臣復入為都知，天祥復上書論其罪，亦不報。出守瑞州，改江西提刑，入為尚書左司郎官，權直學士院。賈似道稱病，乞致仕以要君，天祥當撰不允。制詞語多諷。時內制皆呈稿，天祥不呈稿，似道怒，使臺臣張志立劾罷之。天祥不欲隨時俯仰，援錢若水故事致仕，時年三十七。

　　咸淳九年，起為湖南提刑，見故相江萬里。萬里曰：「吾觀天時人事，匪久當有變，世道之責，其在君乎？」尋改知贛州。

　　德祐初，元伯顏渡江深入，似道奔揚州。江淮州郡皆陷，詔天下勤王。天祥捧詔大慟，使陳繼周發郡中豪傑，并結溪峒蠻，使方興召吉州兵，有眾萬人。其友止之，曰：「是何異驅羣羊而搏猛虎。」天祥喟然曰：「吾亦知之，然國家養臣庶三百餘年，一旦有急徵兵，無一人入關者，吾實恥之。欲以身徇，庶天下忠臣義士聞風起義，勝者謀立，人眾者功濟，如此則社稷猶可保也。」

　　初，天祥性豪華，厚自奉聲伎滿前。至是，痛自貶損，盡以家貲為軍費。每與賓佐語，輒流涕撫几曰：「樂人之樂者，憂人之憂；食人之食者，死人之事。」聞者莫不感動，提兵至臨安，除浙西江東制置使，知平江府，總三路兵。以丞相陳宜中未還朝，不遣。亡何，朝議擢呂師孟為兵部尚書，封呂文德和義

郡王，欲賴以求好。師孟益偃蹇自肆。

　　天祥將行，上疏言：「朝廷姑息牽制之意多，奮發剛斷之義少，乞斬師孟，釁鼓以作將士之氣。」且曰：「本朝懲五季之亂，削藩鎮，建郡邑，一時雖足以矯尾大之弊，然國以浸弱。故賊至一州則一州破，至一縣則一縣破，中原陸沈，痛悔何及。今宜分疆內為四鎮，建都督統御於其中。以廣西益湖南，而建閫於長沙；以廣東益江西，而建閫於隆興；以福建益江東，而建閫於番陽；以淮西益淮東，而建閫於揚州。責長沙取鄂，責隆興取蘄、黃，責番陽取江東，責揚州取兩淮，使其地大力眾，足以抗賊。約日齊奮，有進無退，日夜以圖之，彼備多力分，疲於奔命，而吾民之豪傑者，又伺間出於其中，則賊不難卻也。」時議以為迂闊，不報。

　　及天祥至平江，元兵已自金陵入常州矣。天祥遣其將尹玉、麻士龍援常州，與元兵遇於虞橋，士龍殺傷千餘人，力戰死之。玉戰于五牧，敗績，收殘兵五百，搏戰死之，麾下無一人降者。元兵進陷廣德、四安，陳宜中、留夢炎等大懼，夜，急召天祥，棄平江，守餘杭。元兵破獨松關，夢炎遁。時勤王兵尚三、四萬人，天祥謂張世傑曰：「今淮東堅壁，閩廣全城，若與虜血戰，萬一得捷，則令淮師截其後，國事猶可為也。」世傑大喜，誓相與戮力。宜中方遣柳岳乞班師，于元乃白太后降詔，以王師務宜持重，議不行。

　　二年，元兵軍于皋亭山，天祥與世傑請移三宮入海，自帥眾背城一戰，宜中不許。白太后遣楊應奎奉重表降于元。宜中夜遁，世傑以所部入于海。應奎自元軍還，言伯顏欲與執政面議，太后乃以天祥為右丞相兼樞密使，與吳堅偕往，元軍據胡床，仰面撚鬚，倨傲談笑，伯顏責不為跪。天祥曰：「我南朝丞相，汝北朝丞相，丞相見丞相，安用跪為！」仍謂伯顏曰：「北朝若以南朝為與國，請退兵平江，或嘉興，然後議歲幣，與金帛犒師。北朝全兵以還，策之上也。不然，而欲毀其宗社，則淮、浙、閩、廣尚多未下，利鈍未可知，兵連禍結。必自此始！」遂面斥賈餘慶賣國，且責伯顏失信。呂文煥從旁解之，天祥並斥文煥及其姪師孟等合族為逆，文煥等慚恚。伯顏見天祥動止不常，辭氣慷慨，恐遣歸有他變，留軍中，只令吳堅還。

　　天祥怒曰：「我之此來，為兩國大事，何故留我！」伯顏曰：「勿怒也！君為宋大臣，責任非輕，今日之事，正當與我共之。」令忙兀台、唆都館伴，羈縻之。尋因祈請使以天祥北去，至鎮江，天祥與其客杜滸十二人夜亡，入真州。苗再成出迎，喜且泣曰：「兩淮兵足以興復，特二閫少隙，不能合從耳。」天

祥問：「計將安出？」再成曰：「今先約淮西兵趨建康，彼必悉力以扞吾西兵，遂以通、泰兵攻灣頭，以高郵、寶應、淮安兵攻楊子橋，以揚州兵攻瓜步，吾以舟師直擣鎮江，攻之即下。合攻瓜步之三面，吾自江中一面薄之，雖有智者不能為之謀矣。瓜步既舉，以淮東兵入京口，淮西兵入金陵，要其歸路，其大帥可坐致也。」天祥大稱善，即以書遺李庭芝，遣使四出結約。

初，天祥未至真州，揚州有脫歸兵言：「元密遣一丞相入真州說降矣。」庭芝疑天祥，其人使再成亟殺之。再成不忍，紿天祥出相城壘，以制司文示之。天祥夜四鼓抵揚州城下，門者言制置司下令備文丞相甚急，天祥乃變姓名，東入海道，遇元兵，伏環堵得免。然飢莫能起，二樵簀而行，入板橋，元兵又至，眾引天祥，伏叢篠中，兵入索之，執杜滸、金應澒等，以懷金與兵得免。遂引天祥至高郵秘家莊。莊主秘聱迎天祥，遣其子德潤衛送至泰州，遂由通州泛海，如溫州。

聞益王未立，乃上表勸進，端宗即位，以觀文殿學士兼侍讀，召至福州，拜右丞相。時陳宜中為左丞相，天祥與議事，動輒不合，遂固辭不拜，乃以為樞密使同都督諸路軍馬。天祥使呂武招豪傑于江淮，杜滸募兵溫州，將圖進取，尋命天祥開府南劍州，經略江西。天祥行，收兵至汀州。遣參謀趙時賞、諮議趙孟濚取寧都，參贊吳浚將一軍取雩都，劉洙、蕭明哲、陳子敬自江西起兵來會，軍聲稍振。武岡教授羅開禮，起兵復永豐，已而兵敗被執，不屈死。天祥為製服，哭之哀。

景炎二年，天祥欲據汀州以拒賊，州守黃去疾聞車駕航海，擁兵有異志，天祥乃移兵漳州，吳浚降於元，復來說天祥，天祥誅之。進兵收復梅州，引兵出江西，復會昌縣，敗元軍于雩都。遣時賞、孟濚等復吉、贛諸縣，遂圍贛州。於是，臨洪諸郡，聞風送款；邵、永二州，豪傑響應。元將李恆遣兵援贛州，自以兵襲天祥于興國。天祥戰鍾步不利，遂引兵就鄒洬于永豐。洬兵先潰，恆追天祥至空坑，兵盡潰，妻妾子女皆被執，天祥獨逸去。至循州。

三年，以弟璧及母在惠州，乃趨之行，收兵出海豐縣，轉入船澳。端宗崩，末帝立。天祥以兵敗江西，上表自劾，且乞入朝，優詔不許。加天祥少保、信國公。會軍中大疫，士卒多死。天祥母及長子皆亡，詔起復。進屯潮陽，討劇盜陳懿、劉興，興死懿遁，以海舟導元張弘範兵濟潮陽。天祥帥麾下走海豐，弘範先鋒張弘正追之。天祥方飯五坡嶺，弘正兵突至，眾不及戰，俱被執。天祥吞腦子，不死。鄒洬自刭死。劉子俊自稱天祥，元人烹之。

天祥至弘範軍，左右命之拜，天祥不屈。賊以脅之，天祥笑曰：「死末事也！此豈可嚇大丈夫耶！」弘範釋其縛，以客禮見之。天祥固請死，其族屬被俘者，弘範悉還之，處天祥於厓山。舟中使為書招世傑。天祥曰：「吾不能扞父母，乃教人叛父母乎？」索之固，乃書所《過零丁洋詩》與之。其末曰：「人生自古誰無死，留取丹心照汗青。」弘範笑而置之。崖山破，弘範等置酒大會，謂天祥曰：「國亡，丞相忠孝盡矣，能改心以事宋者事大元，將不失為宰相也。」天祥泫然出涕，曰：「國亡不能救，為人臣死有餘罪，況敢逃其死而貳其心乎！」弘範義之，遣人護送天祥赴燕。

道經吉州，痛恨不食八日，猶生，乃復食。過鎮江，觀者如堵，訝其英毅，曰：「此諸葛軍師也！」至燕，館供張甚盛，天祥不寢處，坐達朝。遂移兵馬司，設卒守之。既而丞相孛羅等召見與樞密院，欲使拜，天祥長揖不屈。孛羅曰：「自古有以宗廟土地與人，而復逃者乎？」天祥曰：「奉國與人，是賣國之臣也！賣國者，有所利而為之。去之者，非賣國者也。予前除宰相不拜，奉使軍前尋被拘執。已而有賊臣獻國，國亡當死，所以不死者，以度宗二字在浙東，老母在廣故耳。」孛羅曰：「棄德祐嗣君，而立二王，忠乎？」天祥曰：「當此之時，社稷為重，君為輕，吾別立君，為宗廟社稷計也！從懷愍而北者，非忠，從元帝為忠；從徽、欽而北者非忠，從高宗為忠。」孛羅語塞，怒曰：「晉元帝、宋高宗皆有所受命，二王不以正，是篡也。」天祥曰：「景炎皇帝乃度宗長子，德祐親兄，不可謂不正。登極於德祐去位之後，不可謂篡。陳丞相以太后命，奉二王出宮，不可謂無所受命。」孛羅等皆無辭，但以無受命為解。天祥曰：「天與之，人歸之，雖無傳受之命，推戴擁立，亦何不可！」孛羅怒曰：「爾立二王，竟成何功？」天祥曰：「立君以存宗社，存一日，則盡臣子一日之責，何功之有！」孛羅曰：「既知其不可，何必為？」天祥曰：「父母有疾，雖不可為，無不下藥之理，盡吾心焉！不可救，則天命也！天祥有死而已，何必多言！」

時元君臣甚敬重天祥，叛臣留夢炎勸元主曰：「若殺天祥，則使彼為萬世忠臣，不如徐以術誘其降。」元主然之。嘗訪人才於南官王積翁。王積翁亦言無如天祥者，遂遣積翁諭旨，天祥曰：「國亡，吾分一死而已。萬一寬假，當以黃冠歸故鄉，他日以方外備顧問，可也。若遽官之，非直亡國之大夫不可與圖存，舉其平生而悉棄之，將焉用我？」積翁欲合宋官謝昌元等十人請釋天祥為道士，留夢炎不可，曰：「天祥出，復號召江南，置吾十人於何地！」事遂

已。天祥弟璧受元爵，嘗勸之降，又以鈔四百貫遺之。天祥曰：「此逆物也！」不受。璧慚而去。元主遣留夢炎勸降，天祥曰：「汝輩從逆謀生，我獨謀盡節而死。生死殊途，復何說！汝輩大逆至此，何面目見我！」遂唾其面。

天祥在燕，凡三年，元主知其終不可奪志，議釋之。會閩僧言土星犯帝坐，疑有變。或有告天祥擁德祐嗣君，倡議討元。京城亦有匿名書，言某日燒蓑城葦，率兩翼兵為亂，丞相可無憂者。元主召天祥至，則長揖不跪，問：「何為謀作變天？」天祥曰：「果然我之謀也！」請全大后及恭帝至，則實無是事。天祥見恭帝，拜且哭，曰：「臣望陛下甚深，不圖陛下亦如是耶？」蓋謂恭帝亦服虜衣冠也。

元主猶冀其降，問有何願。天祥曰：「願賜一死！」元主猶不忍其死。言者力贊殺之，尋命止之。已死矣。臨死從容，謂吏卒曰：「吾事畢矣！」南向拜而死之，年四十七。衣帶中有贊曰：「孔曰成仁，孟曰取義，惟其義盡，所以仁至。讀聖賢書，所學何事，而今而後，庶幾無愧。」後數日，其妻歐陽氏收其尸，面猶如生，有遺集。

論曰：成敗利鈍，天也；志士不以成敗利鈍，易吾心之所安。人之畏死，由其心之不安，故見刀鋸則怵，臨禍難則懼，喪其所守者，滔滔是也。吾心安，則刀鋸而如衽席，禍難而如平居。天祥之心，亦若是已矣！夫奉兩王播嶺海，以圖興復，不待智者，而知其必不成也。然而，天祥則如赴樂地，即心之所安也。柴市之死，人所謂難，而顧其心，如擲毛之易耳！夫奚悲哉！（《御定宋史筌》卷一百十六《文天祥傳》）

文山先生詳傳

洪啟禧

作者簡介與著作說明

　　洪啟禧（1703～1771），南陽人，字純甫，號淡窩。英祖十三年（1737）三月文科及第，為文科狀元，從此走上仕途。從低級文官開始，歷任多處地方官吏、掌管成均館的大司成，也多次擔任過兵曹、刑曹、禮曹等判書，最後官至議政府、領敦寧，是英祖的重臣。無論是在朝為官，還是主掌地方，洪啟禧都頗有政績。同時，還擔任過通信使和燕行使，出使過日本和中國。在他仕途生涯中，不數年，就改換一個職位，甚至一年數遷，深受英祖器重。儘管他的職位總是在不斷升遷之中，修史則貫串著他的一生。洪啟禧早年為日記廳堂上官，掌管補修前朝日記數百卷。一生都承擔史書的編纂，經常被英祖任命主持修訂、校正相關史書。因此他既是一位重要的官員，更是一位重要的史家。正是他史官的身份，為他編纂《文山先生詳傳》提供了契機。

　　英祖二十五年（1749）三月，英祖君臣經過三次大討論，終於將大報壇由肅宗年間獨祀明神宗，擴展為兼祀明太祖、明神宗、崇禎三帝，將尊周思明思想進一步得以宣揚。次年（1750）正月，燕行使趙顯命從北京購得文天祥畫像，英祖大喜過望，這是一個進一步強化尊周思想的契機，遂決定安置其畫像。從正月二十八日到三月十四日，英祖先後五次徵求朝臣意見，最終將文天祥畫像安置在永柔縣的臥龍祠。此祠已安置了諸葛亮、岳飛牌位，加入文天祥畫像後，這個祠廟由臥龍祠變為三忠祠，象徵意義更加明顯，成為朝鮮英祖時期跟大報壇類似的，又一個崇祀中國先賢的祠廟、尊周的場所。正是這次安放文天祥畫像的事件，刺激了洪啟禧編撰此書的意向。洪啟禧作為朝中重臣，親身參與此

事的討論，對於英祖之熱忱，瞭若指掌。而作為當時朝中最重要的史官，他有編纂文天祥傳記的責任感與使命感。在有關忠義論述中，洪啟禧特別突出文天祥的地位，將這種尊崇推演到整個中國王朝，進一步強化了其象徵意義。兩年後（1752），洪啟禧就編成了《文山先生詳傳》。某種意義上說，正是英祖安置文天祥畫像，祭祀文天祥，激發史官洪啟禧的責任感，從而催生了《文山先生詳傳》的問世。七年後，本書由朝鮮芸閣活字印刷刊行。

儘管洪啟禧生前深受英祖器重，但正祖繼位後，為其父思悼世子翻案，以為洪啟禧有重大責任，予以追究，遂取消他生前的一切榮譽，並禁燬其著作。洪啟禧的著述大多流散，本書亦深受影響。當今留存不多，只在韓國首爾大學奎章閣圖書館、日本國會圖書館和哈佛燕京圖書館有少量收藏，鮮為學術界關注，但極有價值。今以奎章閣圖書館所藏活字刊本為據，並參稽哈佛燕京圖書館所藏精抄本，進行整理。若征引《文天祥全集》之詩文，則以頁下注釋，說明其出處。（編者）

文山先生詳傳序

忠至於文山先生，可謂至矣。有宋三百餘年，祖宗之所培養，儒賢之所昌明者，得先生而始有以收效而結局。觀先生之所遭，而後知天下之事變，乃有此極窮至險，人所不堪者；觀先生之所以處之者，而後知人臣之義理，真有此盡分盡誠，人所當為者！此殆三光五嶽之氣，儲蓄精爽，以待夫陽九百六之運。生其人，而應其會，以立萬世為人臣者之標準。此豈為一代興亡所繫而已也哉！

世之談忠義者，必曰武侯、文山。蓋以其光明奇偉，質神明而無愧，有可以並稱也。讀出師之《表》，誦正氣之《歌》，淚不下而皆不裂者，無忠臣義士之心肝者也。使武侯而恢復中原，不過為鄧、馮、吳、賈而止；使文山而奠安江左，亦不過為劉、韓、張、岳而止。烈烈轟轟，震耀耳目者，未必如今之視武侯、文山。其所以不能成功者，乃所以尤有光於天下萬世。兩賢之心，豈欲為此！而天之所以處之者，乃為此而不為彼者，若故闕其一時氣數，以博其萬事之名，造物果何心哉？

然武侯之所遭，比先生，亦豈不平易安順哉？君臣上下，無一疑貳；於昭融之契，付託興復，一切依仰於委任之際。借荊奠蜀，惟其指使，南入北出，獨紆籌策。其所以齎恨者，不過天不假年耳！豈如先生之左掣右礙、百折千磨，集千古所無有之艱阨，備人世所不忍之冤酷哉！嗚呼！《丙辰大策》、《己未封

事》，翻江倒海之筆，排雲折檻之氣，已令人動色。懍懍而忓，似道而援。錢若水例，三十七致仕，何其快也！贛州勤王，何其壯也！皋亭見虜，何其勇也！自茲以還虎口狼牙，隻身危悸者，豈有如出京口十五難者乎？天翻地覆，五內沸騰者，豈有如張弘範舟中目見崖海之淪亡者乎？比如烈火焚灼，真金愈煉；狂瀾鳳矗，砥柱獨屹，卒之雍容整暇，安身立命之地，乃在乎孔仁孟義，非天下之至誠大勇，豈與於斯乎？忠臣義士自古何限，而試取先生所列於《正氣歌》者較絜之，雖以武侯之危忠血忱，獨不無夷險甘苦之差殊，其他尚何論也？忠至於先生，而後方可謂至矣。

《紀年錄》出自先生手纂，夫以國破家亡、孑然獨立、捨命就義、迫在朝夕，而獨且漬血奮管，排攢成文。此豈為區區一身之名？蓋所以示天下萬世之為人臣而遭變故者，俾有所免，與之同歸！陽明所論，蓋得之矣！先生隻字片言，皆可以壯誦興起，而《全集》浩瀚，難於領略。若其後人所述先生傳，則拘於體要，亦不能無恨。郊居少事，取先生《遺集》及正史、稗編可以采入者，裒成此傳，無甚義例，只以《紀年錄》為準，而稍廣之云。

崇禎之三壬申日南至南陽洪啟禧謹序。

是編成，久寘巾衍，今借芸閣活字，印若干本。或曰：古人有願為良臣，不願為忠臣者，千載可慕。如丙、魏、姚、宋、韓、富諸人，何限而獨有取於際極艱而以身殉之者乎？余謂：「先生之得為忠臣，而不得為良臣，豈先生之所樂為也！使其時君用先生早而專，賈似道、董宋臣輩不得售其讒搆，則先生必能殫忠竭慮，內修外攘，顛者可以扶，危者可以持，豈至有皋亭之役、空阬之辱、燕獄之苦、柴市之禍哉？後世之為君臣者，苟詳於先生之本末，則庶有所懲創，而忠謀智慮之士，各盡其才。其不為先生而為丙、魏、姚、宋、韓、富者，亦未必不在於是矣。」或曰：「文山志大而才疏，雖見用，未必扶顛而持危。」余謂：「有用而後才乃見。」今可見者，只有《丙辰之策》、《己未之書》、乙亥之議，才疏者能有是乎？善讀者自當得之，余無庸深辨。己卯夏，啟禧又書。

文山先生小影

贊

一、鄧光薦

目煌煌兮疏星曉寒，氣英英兮晴雷殷山；頭碎柱兮璧完，血化碧兮心丹。

嗚呼！孰謂斯人，不在世間。

二、東南英氣，萃於其身，可死其身，不死其神。

三、王幼孫

宇宙內事，已分內事，況食其祿，而位其位！臣身萬段，臣死無二，孰能使之，烈烈無媿清氣、正氣、間氣、英氣！

《續資治通鑑綱目》所書文山先生事

丙辰，宋理宗寶祐四年五月，賜禮部進士文天祥及第。

庚午，度宗咸淳六年夏四月，罷直學士院文天祥。

乙亥，帝顯德祐元年，江西提刑文天祥起兵勤王。

八月，以文天祥知平江府。

冬十月，文天祥遣兵救常州不克。

十一月元將阿剌罕陷廣德軍四安鎮，召文天祥八衛。

十二月，以文天祥簽書樞密院事。

丙子二年春正月，吳堅、文天祥如元軍，伯顏執。天祥遷，堅還。

二月，元人以文天祥北去。

三月，文天祥自鎮江亡入真州，遂浮海如溫州。

端宗景炎元年夏五月，文天祥至自溫州，以為樞密使同都督諸路軍馬。

秋七月，文天祥開府南劍州，經略江西。

冬十月，文天祥帥師次於汀州。

乙丑二年春正月，文天祥移屯漳州，汀守黃去疾及吳浚降元。

二月，文天祥誅吳浚。

三月，文天祥復梅州。

夏四月，文天祥引兵自梅州出江西。

六月，文天祥敗元軍於雩都；秋七月，使趙時賞等分道復吉贛諸縣，遂圍贛州。

八月，元李恆襲文天祥於興國縣，天祥兵潰，走遁州。諸將鞏信、趙時賞等皆死之。

戊寅三年三月，文天祥收兵復出麗江浦。

帝昺祥興元年八月，加文天祥少保信國公。

冬閏十一月，元張弘範執文天祥於五坡嶺。

己卯二年冬十月，文天祥至燕，不屈，元人囚之。

壬午，元世祖至元十九年冬十二月，殺宋少保、樞密使、信國公文天祥。

《周氏禮》曰：「殺不當殺也，不去其官，予其不失所守也。」合始末觀之，是故書「起兵勤王」，所以嘉其殉國也；書救「救常州」，所以嘉其急君也；書「伯顏執天祥」，所以嘉其不屈也；書「亡入真州」，所以嘉其避難也；書「天祥至自溫州」，所以嘉其心宋也；書「次於汀州」，所以嘉其援難也；書「誅吳浚」，所以嘉其討罪也；書「復梅州、敗元軍」，所以嘉其敵讎也；書「收兵復出麗江浦」，所以嘉其不撓也；書「襲執於五坡」，所以嘉其忠事也；書「至燕不屈」，所以嘉其守義也。然則天祥始終為宋，未嘗少渝，今而慷慨殺身，猶人所難，誠無愧於古人「成仁取義」之心矣。雖然天祥忠宋理所當然，世祖殺之則為悖義。苟因天祥不屈，赦之自便，正所以勸為臣之不忠者。必欲殺之，謂如何耶？噫！當時俛首事元者，是必有所愧矣。書「殺而不去其官」，既予天祥至全義，又以譏世祖之悖義也。

《文山先生詳傳》卷之一

先生姓文氏，廬陵人也。廬陵之文，繇成都徙吉水。有曰炳然，居永和鎮，是生正中，徙富田，生利民配郭氏。利民生安世，賜太保邢國公配劉氏。安世生時用，贈太保永國公配鄒氏，繼配劉氏。時用生儀字士表，號革齋，贈太師惠國公配曾氏齊魏國夫人。鄉以君子長者稱，即先生考也。

宋理宗端平三年丙申，五月二日子時，先生生。革齋公夢兒乘紫雲下，已復上命名雲孫。既長，朋友字曰天祥，後以字貢於鄉，字之者，改曰履善。及擢第，理宗見其名曰：「此天之祥，乃宋之瑞也！」朋友遂又字之曰宋瑞，而通稱之。〔註1〕體貌豐偉，美皙如玉，秀眉長目，顧盼燁然。稍長，游鄉校，見學宮祠鄉先生歐陽文忠公脩、楊忠襄公邦乂、胡忠簡公銓、周文忠公必大像，慨然曰：「沒不俎豆，其間非夫也。」〔註2〕

寶祐二年甲寅十九歲。夢召至帝所，帝震怒，責其不孝，先生哀訴以「臣實孝」，帝曰：「人言卿不孝，卿言卿孝。」賜以金錢四，遣去。先生出門，而震雷欲擊之。自歎曰：「幸免不孝之罪，而又不免雷擊。」驚覺，汗如雨後一舉

〔註1〕參見《文天祥全集》卷十七《紀年錄》（《宋少保右丞相兼樞密院使信國公文山先生紀年錄》），熊飛、漆身起、黃順強校點，南昌：江西人民出版社，1987年版。

〔註2〕參見《宋史》卷四百一十八《文天祥傳》。

登第，而有父喪，但未解四金錢為何義。〔註3〕**夢既覺，有一詩：**

  詩曰：臥聽風雷叱，天官赦小臣。平生無害物，不死復為人。

 道德門庭遠，君親念慮新。自憐螻蟻輩，豈意動蒼旻。〔註4〕

  三年乙卯二十歲。大比，先生舉郡貢士，弟璧同舉提舉知郡，李迪舉送。冬，俱赴省。侍革齋行，革齋與弟書曰：「道由玉山，遇異僧，指長男曰：『此郎必為一代之偉人，然非一家之福也！』」〔註5〕

  是歲春，先生過冷水坑去先生家三十里。在店傍巨石上更履，店人胡翁言：「早寒，願飯而去。」其意甚勤。先生問故，胡曰：「夜夢神龍蛻爪於石，覺而異之，掃石以待。公他日必富貴，願垂憐。」先生諾焉。先生家人往來者，必飯其家。歲時，翁媼至先生家，必優贈與。〔註6〕

  四年丙辰二十一歲。二月朔，禮部開榜，中正奏名，弟璧同登焉。庭試即五月八日也。前兩日，先生苦河魚，且不能食。試日，丑寅間強起，乘籃輿驅馳道外，幾不能支。吾至昕諸進士趨麗正門之旁門，先生隨氊擁併而入，頂踵汗流，頓覺蘇醒。至集英殿廊，恭受御策題。時帝在位久，政理浸怠，先生以「法天不息」為對，文思湧泉，運筆如飛，所對且萬言。未時乃出，或謂有神物之助。

  《策》曰：臣對：恭維皇帝陛下，處恆（常）之久，當泰之交，以二帝三王之道會諸心，將三紀於此矣。臣等鼓舞於鳶飛魚躍之天，皆道體流行中之一物，不自意得旅進于陛下之庭，而陛下且嘉之論道。道之不行也久矣，陛下之言及此，天地神人之福也。然臣所未解者，今日已當道久化成之時，道洽政治之候，而方歉焉。有志勤道遠之疑，豈望道而未之見耶？臣請泝太極動靜之根，推聖神功化之驗，就以聖問中「不息」一語，為陛下勉，幸陛下試垂聽焉！

  臣聞天地與道同一不息，聖人之心與天地同一不息。上下四方之宇，往古來今之宙，其間百千萬變之消息盈虛，百千萬事之轉移闔闢，何莫非道？所謂道者，一不息而已矣。道之隱於渾淪，藏於未琱未琢之天，當是時，無極太極之體也。自太極分而陰陽，則陰

〔註3〕參見《文天祥全集》卷十七《紀年錄》，第685～686頁。

〔註4〕參見《文天祥詩集》卷二《病甚，夢召至帝所，獲宥，覺而頓愈，遂賦》，第44頁。

〔註5〕參見《文天祥全集》卷十七《紀年錄》，第686頁。

〔註6〕參見《文天祥全集》卷十七《紀年錄》，第689頁。

陽不息，道亦不息；陰陽散而五行，則五行不息，道亦不息；自五行又散，而為人心之仁、義、禮、智、剛、柔、善、惡，則乾道成男，坤道成女，穹壤間生生化化之不息，而道亦與之相為不息。然則道一不息，天地亦一不息；天地之不息，固道之不息者為之。聖人出，而為天地立心，為生民立命，為往聖繼絕學，為萬世開太平，亦不過以一不息之心充之。充之而修身治人，此一不息也；充之而致知，以至齊家、治國、平天下，此一不息也；充之而自精神心術，以至於禮樂刑政，亦此一不息也。自有《三墳》《五典》以來，以至於太平、六典之世，帝之所以帝，王之所以王，皆自其一念之不息者始。

秦、漢以降，而道始離；非道之離也，知道者之鮮也。雖然，其間英君誼辟，固有號為稍稍知道矣，而又沮於行道之不力；知務德化矣，而不能不尼之以黃、老；知施仁義矣，而不能不遏之以多欲；知四年行仁矣，而不能不畫之以近效。上下二三千年間，牽補過時，架漏度日，毋怪夫駁乎無以議為也。獨惟我朝式克至於今日休。陛下傳列聖之心，以會藝祖之心；會藝祖之心，以參帝王之心、參天地之心。

三十三年間，臣知陛下不貳以二，不參以三，茫乎天運，宙爾神化。此心之天，混兮闢兮，其無窮也。然臨御浸久，持循浸熟，而算計見效，猶未有以大快聖心者。上而天變不能以盡無，下而民生不能以盡遂，人才士習之未甚純，國計兵力之未甚充，以至盜賊兵戈之警，所以貽宵旰之憂者，尤所不免。然則行道者，殆無驗也邪？臣則以為道非無驗之物也。道之功化甚深也，而不可以為迂；道之證效甚遲也，而不可以為遠〔註7〕。「維天之命，於穆不已。」天地之所以為天地也，之德之純，純亦不已。聖人之所以為聖人也，為治，顧力行如何耳？焉有行道於歲月之暫，而遽責其驗之為迂且遠邪？臣之所望於陛下者，法天地之不息而已。

姑以近事言，則責躬之言方發，而陰雨旋霽，是天變未嘗不以道而弭也。賑饑之典方舉，而都民歡呼，是民生未嘗不以道而安也。論辯建明之詔一頒，而人才士習，稍稍渾厚；招填條具之旨一下，

〔註7〕《文天祥集》中「遠」為「速」字，根據下文，「遠」字似更適合。

而國計兵力，稍稍充實。安吉、慶元之小獲，維楊、瀘水之雋功，無非憂勤於道之明驗也。然以道之極功論之，則此淺效耳、速效耳。指淺效、速效，而遽以為道之極功，則漢、唐諸君之用心是也。陛下行帝而帝，行王而王，而肯襲漢、唐事邪？此臣所以贊陛下之不息也。陛下儻自其不息者而充之，則與陰陽同其化，與五行同其運，與乾坤生生化化之理，同其無窮。雖充而為三紀之風移俗易可也；雖充而為四十年圄空刑措可也；雖充而為百年德洽於天下可也；雖充而卜世過曆億萬年敬天之休可也。豈止如聖問八者之事，可徐就理而已哉！臣謹昧死上愚對。

臣伏讀聖策曰：「蓋聞道之大原出於天，超乎無極太極之妙，而實不離乎日用事物之常；根乎陰陽五行之賾；而實不外乎仁義禮智、剛柔善惡之際。天以澄著，地以靖謐，人極以昭明，何莫由斯道也。聖聖相傳，同此一道。由修身而治人，由致知而齊家、治國、平天下；本之於精神心術，達之於禮樂刑政；其體甚微，其用則廣，歷千萬世而不可易。然功化有淺深，證效有遲速，何歟？朕以寡昧臨政願治，於茲歷年。志愈勤，道愈遠，宜乎其未朕也，朕心疑焉。子大夫明先王之術，咸造在庭，必有切至之論，朕將虛己以聽。」臣有以見陛下遡道之本原，求道之功效，且疑而質之臣等也。

臣聞聖人之心，天地之心也；天地之道，聖人之道也。分而言之，則道自道，天地自天地，聖人自聖人；合而言之，則道一不息也，天地一不息也，聖人亦一不息也。臣請遡其本原言之：茫茫堪輿，块圠無垠；渾渾元氣，變化無端。人心仁義禮智之性未賦也，人心剛柔善願之氣未稟也。當是時，未有人心，先有五行；未有五行，先有陰陽；未有陰陽，先有無極太極；未有無極太極，則太虛無形，沖漠無朕，而先有此道。未有物之先，而道具焉，道之體也。既有物之後，而道行焉，道之用也。其體則微，其用甚廣。即人心，而道在人心；即五行，而道在五行；即陰陽，而道在陰陽；即無極太極，而道在無極太極。貫顯微，兼費隱，包小大，通物我。道何以若此哉？道之在天下，猶水之在地中；地中無往而非水，天下無往而非道。水，一不息之流也；道，一不息之用也。天以澄著，則日月星辰循其經；地以靖謐，則山川草木順其常；人極以昭明，則

君臣父子安其倫。流行古今，綱紀造化，何莫由斯道也。一日而道息焉，雖三才不能以自立。道之不息，功用固如此。

夫聖人體天地之不息者也，天地以此道而不息，聖人亦以此道而不息。聖人立不息之體，則斂於修身；推不息之用，則散於治人。立不息之體，則寓於致知以下之工夫；推不息之用，則顯於齊家、治國、平天下之效驗。立不息之體，則本之精神心術之微；推不息之用，則達之禮樂刑政之著。聖人之所以為聖人者，猶天地之所以為天地也。道之在天地間者，常久而不息；聖人之於道，其可以頃刻息邪？言不息之理者，莫如大《易》，莫如《中庸》。大《易》之道，至於「乾道變化，各正性命，保合大和」。而聖人之論法天，乃歸之自強不息；中庸之道，至於「溥博淵泉」，「上天之載，無聲無臭」。而聖人之論配天地，乃歸於不息則久，豈非乾之所以剛健中正、純粹精也者，一不息之道耳。是以法天者，亦以一不息。《中庸》之所以高明博厚、悠久無疆者，一不息之道耳；是以配天地者，亦以一不息。以不息之心，行不息之道，聖人即不息之天地也。

陛下臨政願治，於茲歷年。前此不息之歲月，猶日之自朝而午；今此不息之歲月，猶日之至午而中。此正勉強行道，大有功之日也。陛下勿謂數十年間，我之所以擔當宇宙，把握天地，未嘗不以此道。至於今日，而道之驗如此其迂且遠矣。以臣觀之，道猶百里之途也，今日則適六七十之候也。進於道者，不可以中道而廢；游於途者，不可以中道而畫。孜孜矻矻而不自已焉，則適六、七十里者，固所以為至百里之階也。不然，自止於六、七十里之間，則百里雖近，焉能以一武到哉！道無淺功化，行道者何可以深為迂？道無速證效，行道者何可以遲為遠？惟不息，則能極道之功化；惟不息，則能極道之證效。氣機動盪於三極之間，神采灌注於萬有之表，要自陛下此一心始。臣不暇遠舉，請以仁宗皇帝事為陛下陳之。

仁祖，一不息之天地也。康定之詔曰「祗勤抑畏」；慶曆之詔曰「不敢荒寧」；皇祐之詔曰「緬念為君之難，深惟履位之重」。慶曆不息之心，即康定不息之心也；皇祐不息之心，即慶曆不息之心也。當時仁祖以道德感天心，以福祿勝人力，國家綏靜，邊鄙寧謐，若可以已矣，而猶未也。至和元年，仁祖之三十三年也，方且露立仰

天,以畏天變;碎通天犀,以救民生。處賈黯吏銓之職,擢公弼殿柱之名,以厚人才,以昌士習;納景初減用之言,聽范鎮新兵之諫,以裕國計,以強兵力。以至講《周禮》,薄征緩刑,而拳拳以盜賊為憂;選將帥、明紀律,而汲汲以西戎北虜為慮。仁祖之心,至此而不息,則與天地同其悠久矣。陛下之心,仁祖之心也。范祖禹有言:「欲法堯、舜,惟法仁祖。」臣亦曰:「欲法帝王,惟法仁祖。」法仁祖,則可至天德,願加聖心焉!

臣伏讀聖策曰:「《三墳》以上,大道難明;《五典》以來,常道始著。日月星辰順乎上,鳥獸草木若於下。『九功惟敘,四夷來王;百工熙哉,庶事康哉!』非聖神功化之驗歟?然人心道心,寂寥片語,其危微精一之妙,不可以言既歟?誓何為而畔?會何為而疑?俗何以不若結繩?治何以不若畫像?以政凝民,以禮凝士,以《天保》《采薇》治內外,憂勤危懼,僅克有濟,何帝王勞逸之殊歟?抑隨時損益,道不同歟?及夫六典建官,蓋為民極則,不過曰治、曰教、曰禮、曰政、曰刑、曰事而已,豈道之外,又有法歟?」〔註8〕

臣有以見陛下慕帝王之功化證效,而亦意其各有淺深遲速也。臣聞帝王行道之心,一不息而已矣。堯之兢兢,舜之業業,禹之孜孜,湯之慄慄,文王之不已,武王之無貳,成王之無逸,皆是物也。《三墳》遠矣,《五典》猶有可論者。臣嘗以《五典》所載之事推之:當是時,日月星辰之順,以道而順也;鳥獸草木之若,以道而若也;九功惟敘,以道而敘也;四夷來王,以道而來王也;百工以道而熙,庶事以道而康;光天之下,至於海隅蒼生,蓋無一而不拜帝道之賜矣。垂衣拱手,以自逸於土階巖廊之上,夫誰曰不可?而堯舜不然也。方且考績之法,重於三歲,無歲而敢息也;授曆之命,嚴於四時,無月而敢息也;凜凜乎一日二日之戒,無日而敢息也。此猶可也。授受之際,而堯之命舜,乃曰「允執厥中」。夫謂之執者,戰兢保持而不敢少放之謂也。味斯語也,則堯之不息可見已。《河圖》出矣,《洛書》見矣,執中之說未聞也,而堯獨言之,堯之言贅矣。而

〔註8〕在《文天祥全集》卷三《御試策一道·有題》中,乃是先將整個試題,都寫出來。而此處這段文字刪略為:「《三墳》以上云云,豈道之外,又有法歟?」第74頁。

舜之命禹，乃復益之以「人心惟危，道心惟微，惟精惟一」之三言。
夫致察於危、微、精、一之間，則其戰兢保持之念，又有甚於堯者。
舜之心，其不息又何如哉！是以堯之道化，不惟驗於七十年在位之
日；舜之道化，不惟驗於五十年視皋之時。讀「萬世永賴」之語，
則唐虞而下，數千百年間，天得以為天，地得以為地，人得以為人
者，皆堯舜之賜也。然則功化抑何其深，證效抑何其遲歟？降是而
王，非固勞於帝者也。

　　大樸日散，風氣日開，人心之機械日益巧，世變之秉除不息，
而聖人之所以綱維世變者，亦與之相為不息焉。俗非結繩之淳也，
治非畫像之古也，師不得不誓，侯不得不會；民不得不凝之以政，
士不得不凝之以禮，內外異治，不得不以《采薇》《天保》之治治之。
以至六典建官，其所以曰治、曰政、曰禮、曰教、曰刑、曰事者，亦
無非扶世道而不使之窮耳。以勢而論之，則夏之治不如唐虞，商之
治又不如夏，周之治又不如商。帝之所以帝者何其逸；王之所以王
者何其勞！慄慄危懼，不如非心黃屋者之為適也；始於憂勤，不如
恭己南面者之為安也。然以心而觀，則舜之業業，即堯之兢兢；禹
之孜孜，即舜之業業；湯之慄慄，即禹之孜孜；文王之不已、武王
之無貳、成王之無逸，何莫非兢兢、業業、孜孜、慄慄之推也。道
之散於宇宙間者，無一日息；帝王之所以行道者，亦無一日息。帝
王之心，天地之心也，尚可以帝者之為逸，而王者之為勞耶？臣願
陛下求帝王之道，必求帝王之心，則今日之功化證效，或可與帝王
一視矣。

　　臣伏讀聖策曰：「自時厥後，以理欲消長，驗世道汙隆，陰濁之
日常多，陽明之日常少。刑名雜霸，佛老異端，無一毫幾乎道，駁
乎無以議為。然務德化者，不能無上郡、雁門之警；施仁義者，不
無末年輪臺之悔。甚而無積仁累德之素，紀綱制度，為足維持憑藉
者，又何歟？」〔註9〕臣有以見陛下陋漢、唐之功化證效，而且為漢、
唐世道發一慨也。

　　臣聞不息則天，息則人；不息則理，息則欲；不息則陽明，息

〔註9〕《文天祥全集》卷三《御試策一道・有題》，此段也是在前面的題目中，此處
　　　簡化為：「自時厥後云云，亦足以維持憑藉者，何歟？」第75頁。

則陰濁。漢、唐諸君天資敏，地位高，使稍有進道之心，則六五帝、四三王，亦未有難能者。奈何天不足以制人，而天反為人所制；理不足以禦欲，而理反為欲所禦；陽明不足以勝陰濁，而陽明反為陰濁所勝。是以勇於進道者少，沮於求道者多。漢、唐之所以不唐、虞三代也歟！雖然，是為不知道者言也，其間亦有號為知道者矣。漢之文帝、武帝，唐之太宗，亦不可謂非知道者，然而亦有議焉。先儒嘗論漢、唐諸君，以公私義利分數多少為治亂。三君之心，往往不純乎天，不純乎人，而出入於天人之間；不純乎理，不純乎欲，而出入乎理欲之間；不純乎陽明，不純乎陰濁，而出入乎陽明陰濁之間。是以專務德化，雖足以陶後元太和之風，而尼之以黃、老，則雁門上郡之警不能無；外施仁義，雖足以致建元富庶之盛，然而遏之以多欲，則輪臺末年之悔不能免；四年行仁，雖足以開貞觀昇平之治，然而畫之以近效，則紀綱制度，曾不足為再世之憑藉。蓋有一分之道心者，固足以就一分之事功；有一分之人心者，亦足以召一分之事變，世道汙隆之分數，亦係於理欲消長之分數而已。

然臣嘗思之，漢、唐以來，為道之累者，其大有二：一曰雜伯，二曰異端。時君世主，有志於求道者，不陷於此，則陷於彼。姑就三君而言，則文帝之心，異端累之也；武帝、太宗之心，雜伯累之也。武帝無得於道，憲章六經，統一聖真，不足以勝其神仙土木之私，干戈刑罰之慘，其心也荒。太宗全不知道閨門之恥，將相之誇，末年遼東一行，終不能以克其血氣之暴，其心也驕。雜伯一念，憧憧往來，是固不足以語常久不息之事者。若文帝稍有帝王之天資，稍有帝王之地步，一以君子長者之道待天下，而鼂錯輩刑名之說，未嘗一動其心，是不累於雜伯矣。使其以二三十年恭儉之心，而移之以求道，則後元氣象，且將駸駸乎商、周，進進乎唐、虞，奈何帝之純心，又間於黃老之清淨，是以文帝僅得為漢、唐之令主，而不得一儕於帝王。嗚呼！武帝、太宗累以雜伯，君子固不敢以帝王事望之。文帝不為雜伯所累，而不能不累於異端，是則重可惜已。臣願陛下監漢唐之跡，必監漢、唐之心，則今日之功化證效，將超漢、唐數等矣。

臣伏讀聖策曰：「朕上嘉下樂，夙興夜寐，靡遑康寧。道久而未

洽，化久而未成，天變洊臻，民生寡遂。人才乏而士習浮，國計殫而兵力弱。符澤未清，邊備孔棘，豈道不足以御世歟？抑化裁推行有未至歟？」〔註10〕臣有以見陛下念今日八者之務，而甚有望乎為道之驗也。

臣聞天變之來，民怨招之也；人才之乏，士習蠱之也；兵力之弱，國計屈之也；虜寇之警，盜賊因之也。夫陛下以上嘉下樂之勤，夙興夜寐之勞，悵歲月之逾邁，亦欲以少見吾道之驗耳。俯視一世，未能差強人意。八者之弊，臣知陛下為此不滿也。陛下分而以八事問，臣合而以四事對，請得以熟數之於前。何謂「天變之來，民怨招之也」，「天視自我民視，天聽自我民聽；天明畏自我民明畏。」人心之休戚，天心所因以為喜怒者也。熙寧間大旱，是時河、陜流民入京師，監門鄭俠畫流民圖以獻，且曰：「陛下南征北伐，皆以勝捷之圖來上，料無一人以父母、妻子遷移困頓，皇皇不給之狀為圖以進者。覽臣之圖，行臣之言，十日不雨，乞正欺君之罪！」上為之罷新法十八事，京師大雨八日。天人之交，間不容髮，載在經史，此類甚多。陛下以為今之民生如何邪？今之民生困矣！自瓊林大盈積於私貯而民困；自建章通天頻於營繕而民困；自獻助疊見於豪家巨室而民困；自和糴不同於閭閻下戶而民困；自所至貪官暴吏視吾民如家雞圈豕，惟所咀啖而民困。嗚呼！東南民力竭矣。

《書》曰：「怨豈在明，不見是圖。」今尚可謂之不見乎？《書》曰：「怨不在大，亦不在小。」今尚可謂之小乎？生斯世，為斯民，仰事俯育，亦欲各遂其父母妻子之樂；而操斧斤，淬鋒鍔，日夜思所以斬伐其命脈者，滔滔皆是。然則臘雪薦瑞，蟄雷愆期；月犯於木，星隕為石，以至土雨地震之變，無怪夫屢書不一書也。臣願陛下持不息之心，急求所以為安民之道，則民生既和，天變或於是而可弭矣。

何謂人才之乏，士習蠱之也？臣聞窮之所養，達之所施；幼之所學、壯之所行。今日之修於家，他日之行於天子之庭者也。國初諸老嘗以厚士習為先務，寧收落韻之李迪，不取鑿說之賈邊；寧收

〔註10〕《文天祥全集》卷三《御試策一道‧有題》，此段也是在前面的題目中，此處簡化為：「朕上嘉下樂云云，抑化裁推行，有未至歟？」第77頁。

直言之蘇轍，不取險怪之劉幾。建學校，則必欲崇經術；復鄉舉，則必欲參行藝。其後國子監取湖學法，建經學、治道、邊防、水利等齋，使學者因其名以求其實。當時如程頤、徐積、呂希哲皆出其中。嗚呼！此元祐人物之所從出也。士習厚薄，最關人才，從古以來，其語如此。陛下以為今職士習何如邪？今之士大夫之家，有子而教之。方其幼也，則授其句讀。擇其不戻於時好，不震於有司者。俾熟復焉。及其長也，細書為工，累牘為富。持試於鄉校者以是；較藝於科舉者以是；取青紫而得車馬也以是。父兄之所教詔，師友之所講明，利而已矣。其能卓然自拔於流俗者，幾何人哉？心術既壞於未仕之前，則氣節可想於既仕之後。以之領郡邑如之何，責其為卓茂、黃霸；以之鎮一路如之何，責其為蘇章、何武；以之曳朝紳如之何，則其為汲黯、望之。奔競於勢要之路者無怪也，趨附於權貴之門者無怪也。牛維馬縶，狗苟蠅營，患得患失，無所不至者無怪也。悠悠風塵，靡靡偷俗；清芬消歇，濁滓橫流，惟皇降衷秉彝之懿，萌蘗於牛羊斧斤相尋之衝者，其有幾哉？厚今之人才，臣以為變今之士習而後可也。臣願陛下持不息之心，急求所以為淑士之道，則士風一淳，人才或於是而可得矣。

何謂「兵力之弱，國計屈之也」？謹按：國史治平間，遣使募京畿淮南兵，司馬光言：「邊臣之請兵無窮，朝廷之募兵無已。倉庫之粟帛有限，百姓之膏血有涯。願罷詔禁軍，訓練舊有之兵，自可備禦。」臣聞古今天下，能免於弱者，必不能免於貪；能免於貪者，必不能免於弱。一利之興，一害之伏，未有交受其害者。今之兵財則交受其害矣。自東海城築，而調淮兵以防海，則兩淮之兵不足；自襄樊復歸，而併荊兵以城裏，則荊湖之兵不足；自腥氣染於漢水，冤血濺於寶峰，而正軍忠義空，於死徙者過半，則川蜀之兵又不足。江淮之兵又抽而入蜀，又抽而實荊，則下流之兵愈不足矣。荊湖之兵又分而策應，分而鎮撫，則上流之兵愈不足矣。夫國之所持以自衛者，兵也。而今之兵不足如此，國安得而不弱哉？扶其弱而歸之強，則招兵之策，今日直有所不得已者。然召募方新，調度轉急，問之大農，大農無財；問之版曹，版曹無財；問之餉司，餉司無財。自歲幣銀絹外，未聞有畫一策為軍食計者。是則弱矣，而又未免於

貪也。陛下自肝鬲，近又創一安邊太平庫，專一供軍，此藝祖積縑帛以易賊首之心也，仁宗皇帝出錢帛以助兵革之心也。轉易之間，風采立異，前日之弱者可強矣。然飛芻輓粟，給餉餽糧，費於兵者幾何？而琳宮梵宇，照耀湖山，土木之費則漏卮也。列竈雲屯樵蘇後爨，費於兵者幾何？而霓裳羽衣，靡金飾翠，宮庭之費則尾閭也。生熟口券，月給衣糧，費於兵者幾何？而量珠輦玉，幸寵希恩，戚畹之費則濫觴也。蓋天下之財，專以供軍，則財未有不足者。第重之以浮費，重之以冗費，則財始瓶罄而罍恥矣。如此則雖欲足兵，其何以給兵耶？臣願陛下持不息之心，急求所以為節財之道。則財計以充，兵力或於是而可強矣。

何謂「虜寇之警，盜賊因之也」？謹按：國史紹興間，楊么寇洞庭，連跨數郡，大將王𤫊不能制。時偽齊挾虜，使李成寇襄、漢，麼與交通，朝廷患之。始命岳飛措置上流，已而逐李成，擒楊么，而荊湖平。臣聞外之虜寇不能為中國患，而其來也，必待內之變；內之盜賊亦不能為中國患，而其起也，必將納外之侮。盜賊而至於通虜寇，則腹心之大患也已。今之所謂虜者，固可畏矣，然而逼我蜀，則蜀帥策瀘水之勳；窺我淮，則淮帥奏維揚之凱。狼子野心，固不可以一捷止之。然使之無得棄去，則中國之技，未為盡出其下，彼亦猶畏中國之有其人也。獨惟舊海，在天一隅，逆雛穴之者，數年於茲。颶風瞬息，一葦可航，彼未必不朝夕為趨浙計。然而未能焉，短於舟，疏於水，懼吾唐島之有李寶在耳。然洞庭之湖，煙水沉寂；而浙右之湖，濤瀾沸驚，區區妖孽，且謂有楊么之漸矣。得之京師之耆老，皆以為此寇，出沒倏閃，往來翕霍，駕舟如飛，運舵如神，而我之舟師不及焉。夫東南之長技莫如舟師，我之勝兀術於金山者以此，我之斃逆亮於采石者以此。而今此曹，反挾之以制我，不武甚矣。萬一或出於楊么之計，則前日李成之不得志於荊者，未必今日之不得志於浙也。曩聞山東薦饑，有司貪市榷之利，空蘇湖根本以資之，廷紳猶謂互易，安知無為其鄉道者。一夫登岸，萬事瓦裂。又聞魏村、江灣、福山三寨水軍，興販鹽課，以資逆雛，廷紳猶謂是。以捍衛之師，為商賈之事；以防拒之卒，開鄉道之門，憂時識治之見，往往如此。肘腋之蜂蠆，懷袖之蛇蠍，是其可以忽

乎哉！陛下近者，命發運兼憲，合兵財而一其權，是將為滅此朝食之圖矣。然屯海道者非無軍，控海道者非無將，徒有王燮數年之勞，未聞岳飛八日之捷。子太叔平萑澤之盜，恐不如此，長此不已，臣懼為李成開道地也。臣願陛下持不息之心，求所以弭寇之道，則寇難一清，邊備或於是而可寬矣。

臣伏讀聖策曰：夫不息則久，久則徵。今胡為而未徵歟？「變則通，通則久」，今其可以屢更歟？臣有以見陛下久於其道，而甚有感乎《中庸》、大《易》之格言也。臣聞天久而不墜也，以運；地久而不隤也，以轉；水久而不腐也，以流；日月星辰而常新也，以行。天下之凡不息者，皆以久也。《中庸》之不息，即所以為大《易》之變通；大《易》之變通，即所以驗《中庸》之不息。變通者之久，固肇於不息者之久也。蓋不息者其心，變通者其跡，其心不息，故其跡亦不息。游乎六合之內，而縱論乎六合之外；生乎百世之下，而追想乎百世之上。神化天造，天運無端，發微不可見，充周不可窮。天地之所以變通，固自其不息者為之；聖人之久終其道，亦法天地而已矣。天地以不息而久，聖人亦以不息而久，外不息而言久焉，皆非所以久也。臣嘗讀《無逸》一書，見其享國之久者，有四君焉，而其間三君為最久。臣求其所以久者，中宗之心，嚴恭寅畏也；高宗之心，不敢荒寧也；文王之心，無淫於逸、無遊於畋也。是三君者，皆無逸而已矣。彼之無逸，臣之所謂不息也。一無逸而其效如此，然則不息者，非所以久歟？陛下之行道，蓋非一朝夕之蹔矣。寶、紹以來，則涵養此道；端平以來，則發揮此道；嘉熙以來，則把握此道。嘉熙而淳祐，淳祐而寶祐，十餘年間，無非持遁此道之歲月。陛下處此也，庭燎未輝，臣知其宵衣以待；日中至昃，臣知其玉食弗遑；夜漏已下，臣知其丙枕無寐。聖人之運，亦可謂不息矣。然既往之不息者易，方來之不息者難；久而不息者易，愈久而愈不息者難。昕臨大庭，百辟星布，陛下之心，此時固不息矣。暗室漏屋之隱，試一警省，則亦能不息否乎？日御經筵，學士雲集，陛下之心，此時固不息矣。宦官女子之近，試一循察，則亦能不息否乎？不息於外者，固不能保其不息於內；不息於此者，固不能保其不息於彼。乍勤乍息，乍作乍輟，則不息之純心間矣。如此，則

陛下雖欲「久則徵」，臣知《中庸》九經之治，未可以朝夕見也。雖欲「通則久」，臣知《繫辭》十三卦之功，未可以歲月計也。淵涓蠖濩之中，虛明應物之地，此全在陛下自斟酌，自執持，頃刻之力不繼，則徵久之功俱廢矣，可不戒哉！可不懼哉！

　　陛下之所以策臣者，悉矣；臣之所以忠於陛下者，亦既略陳於前矣。而陛下策之篇終復曰：「子大夫熟之復之，勿激勿泛，以副朕詳延之意。」臣伏讀聖策至此，陛下所謂詳延之意，蓋可識已。夫陛下自即位以來，未嘗以直言罪士。不惟不罪之以直言，而且導之以直言。臣等嘗恨無由以至天子之庭，以吐其素所蓄積。幸見錄於有司，得以借玉階方寸地，此正臣等披露肺肝之日也。方將明目張膽，謇謇諤諤，言天下事，陛下乃戒之以勿激勿泛。夫泛，固不切矣；若夫激者，忠之所發也。陛下胡併與激者之言而厭之邪？厭激者之言，則是將胥臣等而為容容唯唯之歸邪？然則臣將為激者歟？將為泛者歟？抑將遷就陛下之說，而姑為不激不泛者歟？雖然，奉對大庭，而不激不泛者固有之矣。臣於漢得一人焉，曰董仲舒。方武帝之策仲舒也。慨然以欲聞大道之要為問。帝之求道，其心蓋甚銳矣。然道以大言，帝將求之虛無渺冥之鄉也。使仲舒於此，過言之則激，淺言之則泛。仲舒不激不泛，得一說曰「正心」。武帝方將求之虛無渺冥之鄉，仲舒乃告之以真實淺近之理。茲陛下所謂切至之論也。奈何武帝自恃其區區英明之資、超偉之識，謂其自足以凌跨六合、籠駕八表，而顧於此語忽焉。仲舒以江都去，而武帝所與論道者，他有人矣。臣固嘗為武帝惜也。堂堂天朝，固非漢比；而臣之賢，亦萬不及仲舒，然亦不敢激，不敢泛。竊於聖問之所謂道者，而得二說焉，以為陛下獻，陛下試採覽焉。

　　一曰重宰相以開公道之門。臣聞公道在天地間，不可一日壅閼，所以昭蘇而滌決之者，宰相責也。然扶公道者，宰相之責；而主公道者，天子之事。天子而侵宰相之權，則公道已矣。三省樞密，謂之朝廷，天子所與謀大政、出大令之地也。政令不出於中書，昔人謂之「斜封墨勅」，非盛世事。國初，三省紀綱甚正，中書造命，門下審覆，尚書奉行。宮府之事，無一不統於宰相。是以李沆猶得以焚立妃之詔；王旦猶得以沮節度之除；韓琦猶得出空頭敕以逐內侍；

杜衍猶得封還內降以裁僥倖。蓋宰相之權尊,則公道始有所依而立也。今陛下之所以為公道計者,非不悉矣,以夤緣戒外戚,是以公道責外戚也;以裁制戒內司,是以公道責內司也;以舍法用例戒羣臣,是以公道責外廷也。雷霆發蜇,星日燭幽,天下於此,咸服陛下之明,然或謂比年以來,大庭除授,於義有所未安,於法有所未便者,悉以聖旨行之。不惟諸司陞補,上瀆宸奎,而統帥躐級,閣職超遷,亦以夤緣而得恩澤矣。不惟姦贓湔洗,上勞渙汗,而選人通籍,姦胥逭刑,亦以鑽刺而拜寵命矣。甚至閭閻瑣屑之鬭訟,皂隸猥賤之干求,悉連內庭,盡由中降。此何等蟣蝨事,而陛下以身親之。大臣幾於為奉承風旨之官,三省幾於為奉行文書之府。臣恐天下公道,自此壅矣。景祐間,罷內降,凡詔令皆由中書樞密院,仁祖之所以主張公道者如此。今進言者,猶以事當間出睿斷為說。嗚呼!此亦韓絳告仁祖之辭也:「朕固不憚,自有處分,不如先盡大臣之慮而行之。」仁祖之所以論絳者,何說也?奈何復以絳之說啟人主,以奪中書之權,是何心哉?宣、靖間,創御筆之令,蔡京坐東廊,專以奉行御筆為職。其後童貫、梁師成用事,而天地為之分裂者數世,是可鑒矣。臣願陛下重宰相之權,正中書之體,凡內批必經由中書樞密院,如先朝故事,則天下幸甚!宗社幸甚!

　　二日收君子以壽直道之脈。臣聞直道在天地間,不可一日頹靡。所以光明而張主之者,君子責也。然扶直道者,君子之責;而主直道者,人君之事。人君而至於沮君子之氣,則直道已矣。夫不直,則道不見。君子者,直道之倡也。直道一倡於君子,昔人謂之鳳鳴朝陽以為清朝賀,國朝君子,氣節大振,有「魚頭參政」,有「鶻擊臺諫」,有「鐵面御史」,軍國之事,無一不得言於君子。是以司馬光猶得以殛守忠之姦;劉摯猶得以折李憲之橫;范祖禹猶得以罪宋用臣;張震猶得以擊龍大淵、曾覿。蓋君子之氣伸,則直道始有所附而行也。今陛下之所以為直道計者,非不至矣。月有供課,是以直道望諫官也。日有輪箚,是以直道望廷臣也。有轉對,有請對,有非時召對,是以直道望公卿百執事也。「江海納汙,山藪藏疾」,天下於此,咸服陛下之量。然或謂比年以來,外廷議論,於己有所未協,於情有所未忍者,悉以聖意斷之。不惟言及秉輿,上勤節貼,

而小小予奪，小小廢置，亦且寢罷不報矣。不惟事關廊廟，上煩調停，而小小抨彈，小小糾劾，亦且宣諭不已矣。甚者意涉區區之貂璫，論侵瑣瑣之姻婭，不恤公議，反出諫臣，此何等狐鼠輩，而陛下以身庇之！御史至於來和事之譏，臺吏至於重訖了之報。臣恐天下之直道，自此沮矣。康定間，歐陽修以言事出，未幾即召以諫院；至和間，唐介以言事貶，未幾即除以諫官。仁祖之所以主直道者如此。今進言者，猶以臺諫之勢日橫為疑。嗚呼！茲非富弼忠於仁祖之意也。弼傾身下士，寧以宰相受臺諫風旨，弼之自處何如也？奈何不知弼之意，反啟人君以厭君子之言，是何心哉？元符間，置看詳理訴所，而士大夫得罪者八百餘家，其後鄒浩、陳瓘去國，無一人敢為天下伸一喙者，是可鑒已。臣願陛下壯正人之氣，養公論之鋒，凡以直言去者，悉召之於霜臺烏府中，如先朝故事，則天下幸甚！宗社幸甚！

　　蓋「大道之行，天下為公」；「周道如砥，其直如矢。」自古帝王行道者，無先於此也。臣來自山林，有懷欲吐。陛下悵然疑吾道之迂遠，且慨論乎古今功化之淺深，證效之遲速，而若有大不滿於今日者，臣則以為非行道之罪也。公道不在中書，直道不在臺諫，是以陛下行道，用力處雖勞，而未遽食道之報耳。果使中書得以公道總政要，臺諫得以直道糾官邪，則陛下雖端冕凝旒於穆清之上，所謂功化證效，可以立見。何至積三十餘年工力，而志勤道遠，渺焉未有際邪？臣始以「不息」二字為陛下勉，終以「公道」「直道」為陛下獻。陛下萬機之暇，儻於是而加三思，則躋帝王，軼漢、唐，由此其階也已。臣賦性疏愚，不識忌諱，握筆至此，不自志其言之過於激，亦不自知其言之過於泛。冒犯天威，罪在不赦，惟陛下留神！臣謹對。〔註11〕

有司始寘先生第五，帝覽先生所對，親擢為第一。二十四日，臨軒唱名，考官王應麟奏曰：「是卷古誼若龜鑑，忠肝如鐵石，臣敢為得人賀。」

　　稗史云：「是年，上元里人有叩箕仙場事者云：『文章天下無雙手，到底由知是吉祥。』至是，先生擢第一，人以為驗。」

時革齋臥病客邸，先生自期集所請暇侍藥。二十八日，憂天府治喪，榜下

〔註11〕參見《文天祥全集》卷三《御試策一道》，第69～85頁。

士資送，道路費粗給。先生與弟璧扶櫬還里，以君子不家於喪，沿道饋送並不受。〔註12〕

五年丁巳二十二歲。九月葬革齋先生。作《革齋先生事實》。

《事實》略曰：先君子諱儀，字士表，生嘉定乙亥八月二十四日。寶祐丙辰五月二十八日，歿於京。次年九月九日，封於鄉之佛原。

嘗考次譜系，文氏繇成都徙吉，五世祖炳然居永和鎮，高祖正中繇永和徙富川，曾祖利民，妣郭氏；祖安世，妣劉氏；考時用，妣鄒氏、繼母劉氏。世有吉德，鄉以君子長者稱先君子，嘗言滯學守固，化學來新，以一革字志韋，儕人皆稱革齋。性愛竹，依竹闢一室，傍竹居，或稱竹居。

不肖孤聞之諸父，先君子幼穎慧，器質端重，進止如有尺寸。書經目輒曉大義，越時舉全文不一遺。見鄉曲前輩，必肅容請益。暨長，天才逸發，志聞道，嗜書如飴，終目忘飲飧，夜擎燈密室，至丙丁或達旦。黎明，挾冊簪立認蠅字，不敢抗聲愕寐者。經、史、子、集皆手自標序，無一紊；朱黃勘照，纖屑促密靡不到。至天文、地理、醫卜等書，遊騖殆徧，手錄積帙以百，鉤引貫穿，舉大包小，各有條間。質難疑，剖析嚮應，某事出某書某卷，且指數以對。為文發持滿，無不的中機軸。必已出命意時，娓娓談他事，若莽於尋繹，一援筆，雲行水流無礙滯。中年文氣益老，拾汗漫歸諸約，有溫醇渾厚之風焉。閒居侃侃，春意溢出顏面。

蚤事祖盡敬，祖母優遊暮齒，視樂膳，臥興扶持，華髮鍾愛，父嚴母慈。侍夙夜，省燠寒，一出忱意，不視顏色為肅愉。事繼母篤至，始終無讖芥間，一家氣象，藹如和風，鄉黨稱孝。於宗族厚待，季父削藩町，悲忻同情。季父歿，不幸子病廢，經紀其家，撫幼姪等巳子，闢居，居無居者。歲時衣粒，各有節度。嘗謂宗族一本，誼不得不恤愛。范文正公《義田記》規模次第，曰：「吾得志，當倣此行之。」親姻孤貧者哀矜勞苦，撫字無遺力，喪不克理，辦之棺，至巳所服用，捐以歛。雖在疏末，次序情文，各惟其稱。與人交，好大體，不為細；絕甘分少，無疏密皆被和氣。聞貧困患難，

〔註12〕參見《文天祥全集》卷十七《紀年錄》，第686頁。

赴急如不及，忱意感人，有臨終握手歔歔流涕託之以孤者。對人氣語和易，鄙夫寠人，亦曲加體接，無一失聲氣。見後進片善，獎予不容口，孜孜誘掖如子弟。給釪數敵，訴者多不輸，寧令負己，不忍直於有司。

一日，讀書至晏子敝車羸馬事，愀然曰：「吾族、吾親、吾鄉人，休休有餘，至願也。」惜嗟再三。家居門陰茂木，暇日相羊芳間。雅嗜茶，煎瀹多手出。時邀朋遊文字語移日，樂極浩歌縱弈，視世間融融沄沄，漠不介胸次。性凱樂，惟恐咈人，事經然諾，雖不利於己不悔。應酬一切任真，事不可直濟，或道以詭譎，寧事不濟不為。誄者曰：「我公之德，言矩行規。世智黃間，我心坦夷。市利血刃，我範驅馳。生平所為事，皆可質鬼神而無疑。」嗚呼！是得其槩矣。

始天祥兄弟幼且長，先君子不疾，其不令昭蘇蒙滯納之義。方日授書，痛策礪，夜乎近燈誦日課。誦竟，旁摘曲詰，使不早恬，以習於弗懈。小失睡，即示顏色。雖盛寒暑，不縱檢束。天祥兄弟慄慄擎槃水，無敢色於偷。率天祥兄弟，藏脩于竹居。陳所哀籤軸，俾抉精別華，鉤索遐奧，竟日夕弗倦。雖貧，浩然自怡。有未見書，輒質衣以市。得書，注意鑽研。又以授天祥，俾轉教諸弟。繇是程督益峻，書警語徧窗壁，如三尺在目。天祥兄弟奉嚴訓，蚤暮侍膝下，唯諾怡愉，不翅師友。此時氣象，父母俱存，兄弟無故，天下之樂，莫加焉。

乙卯，天祥、璧俱叨與計偕。時仲弟霆孫，年十有六，未試，墨於窗曰：「出師未捷身先死，長使英雄淚滿襟。」竟以疾先撤棘一月卒。先君子及是擘涕竚貽，悒悒痛悼。

天祥、璧將進禮部，欲董於征，先君子哭子方新，天祥、璧復去左右，恐益重哀，出可寬襟袍，且旦夕定省得不缺，不敢辭，以臘月望行。次年，天祥、璧俱僥倖奏名。夏五戊戌，廷對、踰挾，先君子病暑，投涼劑立甦，方從一靜室，規便攝理。甲寅，集英賜第，天祥不肖冒首唱，歸拜寓館，移時之期集所。越一日，聞疾復侵，告於朝，不俟命，亟去侍藥。省劄下玉音，給暇三日。時先君子雖病，神色不改，視脈者僉曰無虞。戊午向申，忽病革，進藥卻弗服，

曰：「度吾不能起此疾，汝兄弟勉之！」天祥、璧震怖號慟，請命於天。入夜，寂然而逝。嗚呼痛哉！嗚呼痛哉！厥明，畿聞於朝，朝命官吏來治喪事。六月庚申朔，天祥、璧奉柩出國門。士庶人無不失聲痛嗟，路祭巷哭，以返於先廬，時七月癸丑也。

　　嗚呼！先君子一至此邪？嗚呼！不肖孤事先君子不孝，奉起居無狀，有疾病而闇不知，不能積忱衷臆，倉卒無以動天聽。罪生不贖，眥血被面，摧決肝胸，顛頓蹢躅，裁以必死。顧屬纊一語，忍痛受命，不敢不勉，恐無以祗訓於前人，以忝盛德。嗚呼！渺音容，隔幽陰，終天而止矣。先君子配曾氏，今男三人，天祥、璧、璋，女三人，懿孫、淑孫、順孫。墨有《寶藏》三十卷，《隨意錄》二十卷。痛惟先君子，利澤不施於人，名聲不昭於時。天祥不揆不孝，哀錄事實，沈痛刺骨，荒忽惝況。世有大手筆，能表章幽潛，光昭於無窮，稽首百拜以請。〔註13〕

六年戊午二十三歲。八月從吉，時丞相丁大全用事，或勸通書。先生曰：「仕如是其汲汲邪！」郡侯欲言於朝除官，力辭止。〔註14〕

開慶元年己未二十四歲。五月，授先生承事郎僉書寧海軍節度判官廳公事。蓋舊例：三魁唱名罷，賜袍笏，謝恩。入幕，賜御餅，進謝恩詩。出賜席帽，於闕外上馬，迎入期集所，又名狀元局，官給錢物、供帳、皂隸，聚同年，待賓客，刊《題名錄》，賜聞喜宴，進謝宴詩。如此者一月，然後率榜下士，詣闕謝恩，謂之門謝，始授初階。至後一科放進士榜，則前一科壯元，召入為秘書省正字，名曰對花召。〔註15〕先生則入期集所數日，謁告還邸，仍持服歸里，服除，猶閉門不出。至是策士放榜，始有是命。先生辭免乞行進士門謝禮，命行門謝，迄之任。九月，造朝門謝。

　　《門謝表》曰：御大廷而發策，式廣旁招；奉清問以攄忠，誤承親擢。尚阻紫宸之謝，遽叨黃紙之除。曠世遭逢，瞻天感激。臣竊以賓興下詔，同天地宗祀之彝；科舉取人，代造化爵賞之柄。豈曰利人才之進取，其間實天道之流行。肆萬乘之臨軒，受諸侯之貢

〔註13〕參見《文天祥全集》卷十一《先君子革齋先生行實》，第416～420頁。文字多有刪節。

〔註14〕參見《文天祥全集》卷十七《紀年錄》，第686頁。

〔註15〕參見《文天祥全集》卷十七《紀年錄》，第687頁。

士。占小善者率以錄，咸造在廷；取一人焉拔其尤，必有名世，豈
應庸瑣，可在罥羅。臣稟質既凡，聞道猶淺。才非洛陽之年少，偶
玷薦書；學非廣川之大儒，遽塵舉首。自叨異數，亦既三年。回思
臚唱之蒙恩，莫與鳧趨而奉表。有懷就日，無路瀸天。方彷徨於丘
園，乃寵綏其祿秩。輒請展為臣之禮，幸許修詣闕之恭。茲蓋伏遇
皇帝陛下，德體乾行，道符常久。世更三紀，遠追成周式化之風，
歲啟後庚，近接藝祖開基之運。凡除風雲之會，咸依日月之光。遂
令一介之姓名，亦被九重之記錄。臣敢不誓堅素守，勉企前脩。自
揆讀書，非為平生溫飽之計；願言竭節，用副上心忠孝之期。〔註16〕

時江上有變，丞相吳潛再相。初入都，知董宋臣主遷幸議，京師洶洶。宋
臣，宦者也，逢迎上意。起梅堂芙蓉閣蘭亭，豪奪民田。引倡優入宮，招權納
賄，無所不至。人以董閻羅目之，上使幹辦佑聖。觀丁大全等寅緣宋臣，得寵
於上，監察御史洪天錫屢疏劾宋臣而見罷。至是邊報日急，臨安團結義勇，招
募新兵，增築平江、紹興、慶元城壁，朝野震恐。宋臣請上遷都四明，以避敵
鋒，軍器大監何子舉言於吳潛曰：「若上行幸，則京師百萬生靈何所賴？」御
史朱貔孫亦言：「鑾輿一動，則三邊之將士瓦解，四方之盜賊蠭起。」帝逐止。
十一月朔，先生應求言詔，上書言事，仍請斬董宋臣，以一人心，以安社稷。

《書》曰：十一月吉日，勅賜進士及第臣文天祥，昧死百拜，
謹奉詔獻書于皇帝陛下：

臣一介疏賤，遭逢聖明，猥以庸愚，早膺親擢。世道悠悠，風
塵流靡。臣於其間，蓋嘗感激奮發，以為由今之道，無變今之俗。
一日有關於天下國家之故，懼以無辱使令。杜門四年，讀禮之外，
蓋未嘗一日不思以自效也。乃夏五，陛下臨軒策士，偶垂記憶，起
臣於家居，進臣於仕籍。臣伏被宸命，感激不自勝。追惟蒙恩之初，
阻於朝謝，北望天路，輒奉表以聞。伏蒙聖慈，許臣詣拜闕下，德
至渥也。

臣就道以來，不圖國事浸艱，邊鋒頓迫，陛下引咎責躬，改過
更始，召還舊德，斥去元姦，凡可以當天意、回人心者，無所不用
其至。伏惟陛下不自神聖，猶親灑宸翰，誕布詔書，庶幾中外臣庶，

〔註16〕　參見《文天祥全集》卷四《門謝表》，第106頁。此處乃節錄，並非全文。書
　　　　中征引文天祥之詩文，多有刪節。

危言極論，以有補於今日之故。陛下悔悟之意，上通於天，天下於此咸服陛下之勇。臣甫及趨謝闕庭，雨讀綸音，為之哽咽下泣。君臣之義，與天地並立，況臣蒙被厚恩，非眾人比。使於此時，泯泯默默，上負陛下，內負帝衷，尚何以飲食於載履間哉？是用不避斧鉞，輒奮愚衷，條其說以獻，惟陛下裁幸！

一曰簡文法以立事。夫貴為天子，富有四海，垂衣拱手，以雍容於清穆之上，至尊之體也。不幸際時艱難，兵革四起，俯仰成敗，呼吸變故，此非用馬上治不濟。今國勢搶攘，固猶未至如馬上之急，然寇入腹心，事干宗社，陛下為皇皇拯救之謀，不得不略倣馬上治之之意。今陛下焦勞於上，兩府大臣黽勉於下。君臣之間，不可謂非日計軍實而申儆之者。然尊卑闊絕，禮節繁多，陛下平旦視朝，百官以次奉起居，宰相擂笏出奏，從容不踰時。軍國大事，此雖陛下日夜與宰相汲汲而圖之，猶懼不既。謀王斷國之設施，尊主庇民之蘊蓄，豈能以頃刻交際，而究竟之哉！陛下退食之暇，雖時出內批，以與宰相商論，宰相又時有奏報，以出其建明。然天下事得於面論者，利害常決於一言。筆墨所書，或反覆數百言而不足。事機交投，寸陰可惜。使宰相常有此等酬酢，則一事之未，固有費其日力者矣。其於機務，豈不有所妨哉！

古者，天子之於大臣，或賜坐，或賜食，或奏事至日昃，或論事至夜分，凡皆以通上下之情，為國家至計也。賜茶之典，五代時猶有之。惟國初范質、王溥頗存形跡，此事雖廢。陛下莫若稍復古初，脫去邊幅，於禁中擇一去處，聚兩府大臣，日與議軍國大事。陛下賜之款密，親是非可否於其間，眾議惟允，則三省晝時施行。上下如一，都俞籲咈之間，必將有超然度外之舉，天下何事不可為？何難不可濟？至於除授，尤有關係。且如近者，重臣建閫之事，方帥海門，隨遷建業，甫鎮建業，又進上饒，佈置變換如奕棋，然卯詔辰行，奔命不給。大者措畫之如此，小者遷徙之更多。人無定志，事無成謀。當此艱危，豈不誤事？繼自今始，陛下宜與大臣熟議，某人備某職、其人任某事。人物權衡，當而後用；朝廷命令，莫而後發。如此則觀聽者不至皇惑，驅馳者不至遲回。人知其令出惟行，則無輕朝廷之心；士大夫知其可以展布四體，則鞠躬盡瘁而無觀望。

其於國事，厥非小補。

又如用一人也，或出於陛下之拔擢，或出於宰相之啟擬。中書已費行移，後省方及書讀，或有不當，又至繳駁。比其不繳駁也，則書黃徑下，其人徑受命矣。臺諫始從而有所指陳，是致國論紛紜，而內外職守，遷移如傳舍，施之平時，雖有體統；用之今日，恐誤事機。臣愚以為陛下宜倣唐諫官隨宰相入閣故事，令給舍臺諫，從兩府大臣，日入禁中聚議。其有不可，應時論難，不使退有後言。如此，則國事無聚訟之譏，宸命無反汗之失，事會無濡滯蹉跌之悔，豈不簡便易行哉！若夫中書，乃王政之所由出；宰相之重，又天子之所與論道經邦，而不屑其他者也。今宰相來於倉卒之中，而制千里之難；立於敗壞之後，而責一旦之功，此雖敏手，不能以大有為。須是博采四方之謀，旁盡天下之慮，而後不償於事。側聞軍期文書，填委叢積，宰相以其開誠布公之歲月，弊弊焉於調遣科降之間，侍從近臣，且日不暇相接矣。諸葛亮以區區之蜀，抗衡天下十分之九。究其經濟大要，則曰「集眾思，廣忠益」，今眾思不暇集，忠益不暇廣，宰相不得已，竭其一心，役其兩耳目，日與文書期會，相尋於無窮，此豈其才之不逮哉！我朝三省之法，繁密細碎，其勢固至此也。

柳宗元有言：「失在於制，不在於政。」為今之計，惟有重六部之權，可以清中書之務。今六部所司，絕是簡省，其間長貳，常可缺員。莫若移尚書省六房，隸之六部。如吏部得受丞相除授之旨，而行省劄；兵部得稟樞密調遣之命，而發符移。其他事權，一倣諸此。而又多置兩府屬官，如檢正、都承之類，使知蜀事者置一員，知淮事者置一員，知諸路事者置若干員。兩府日與其屬，劇切講畫，以治此寇，而文書行移不與焉。如此，則大臣有從容之暇，可以日見百官，以及四方賢俊。酬應簡，則聰明全；心志壹，則利害審。塞禍亂之路，開功名之門，當自此始，惟陛下思之。

二曰倣方鎮以建守。今天下大患，在於無兵，而無兵之患，以郡縣之制弊也。祖宗矯唐末五代方鎮之弊，立為郡縣繁密之法，使兵財盡關於上，而守令不得自專。昔之擅制數州，挾其力以爭衡上國者，至此各拱手趨約束，捲甲而藏之。傳世彌久，而天下無變。

然國勢由此浸弱，而盜賊遂得恣睢於其間。宣、靖以來，天下非無忠臣義士，強兵猛將，然各舉一州一縣之力，以抗寇鋒，是以折北不支，而入於賊。中興之臣，識循環救弊之法，蓋有建為方鎮之議者矣。失此不圖，因循至今日，削弱不振，受病如前。及今而不少變，臣不知所以為善後計矣。

今陛下命重臣建宣閫，節制江東西諸州，官民兵財，盡從調遣，廟謨淵深，蓋已得方鎮大意矣。然既有宣閫，又有制司；既有制置副使，又有安撫副使，事權俱重，體統未明。有如一項兵財，宣閫方欲那移，諸司又行差發。指揮之初，各不相照；承受之下，將誰適從？今日之事，惟有略倣方鎮遺規，分地立守，為可以紓禍。且如江西一路，九江、興國、隆興，與鄂為鄰，朝廷既傾國之力以赴之，姑所不論。惟寇之至湖南者，已宿堂奧，此外八州，其措置不容苟簡。八州之中，廬陵、宜春最當衝要。虜之為兵，其法常有所避。避八桂則出清湘，避長沙則出衡陽。今宜春見謂有兵，惟廬陵猶此無所備。舍堅攻瑕，棄實擊虛，虜既以此得策，則夫避宜春而趨廬陵，其計將必出於此。州縣之事力有限，守令之權勢素微。虜至一城則一城創殘，至一邑則一邑蕩潰。事勢至此，非人之愆。若不別立規模，何由截定禍亂？臣愚以為，莫若立一鎮於吉，而以建昌、南安、贛隸之；立一鎮於袁，而以臨江、撫、瑞隸之。擇今世知兵而有望者，各令以四州從事。其四州官吏，許以自辟。見在任者，或留或去，惟帥府所為。去者，令注別路差遣。其四州財賦，許以自用。自交事一日始，其上供諸色窠名，盡予帥府。交事以前，見未解數目，亦許截留。其四州軍兵，見屬伍符者，必寡弱而不振；見行團結者，必分散而不齊。許於伍符團結之外，別出措置，收民丁以為兵。彼一州之緊急者，得三州稍寬緩之力，以為之助。三州之寬緩者，得一州當其緊急，而無後憂。不出二三月，如吉、如袁，其氣勢當自不同。倣此而行之，江東、廣東無不可者。

夫郡縣方鎮之法，其末皆有弊。所貴乎聖人者，惟能通變而推移之。故郡縣所以矯方鎮之偏重，方鎮所以救郡縣之積輕。今郡縣之輕，甚矣！則夫立為方鎮之法，以少變其委瑣不足恃之勢，真今日之第一義也。陛下一日出其度外之見，不次拔數人之沈鷙英果者，

委以數鎮，俾各為國家當一面。則郡縣之間，文移不至於大密，事權不至於大分，兵財得以自由，而不至於重遲而不易舉。旬月之間，天下雷動雲合，響應影從，驅寇出境外，雖以得志中原，可也尚何惴惴宗社之憂哉！

三曰就團結以抽兵。抽兵之說，臣前已開其端，而其節目未悉也，請再陳之。夫取兵於民，周井田、唐府兵之遺法也。今使者四出，分行營陣，俾各處團結，以自為鄉井之衛。疾行之中，此亦庶幾善步者，然而無益也。近時朝廷以保伍為意，官府下其事里胥。為里胥者，沿門而行，執筆以抄其戶口，曰：「官命而各為保伍也。」已而上其籍於官，又從而堊通塗之壁，取其甲分五五，而書曰「保伍如右」。所謂保伍者，如此而已。

臣居盧陵，往往有寇警，則鄉里又起所謂義丁者。一日隅總擊柝，以告其一方曰：「寇至，毋去諸！而等各以某日聚某所，習所以守望。」至其日也，椎牛釃酒以待，隨其所衣，信其所持，從而類編為之伍。一匝乎村墟井落之間，翕然而聚，忽然而散。則義丁者，又止如此而已。今朝命使以團結州縣，奉旨而行移，計其規為佈置，當有加密於臣所言者。然其所若干人，某所又若干人，屬邑合狀帳申郡府，郡府合狀帳申朝廷，計其數目，當自不少。然其分也，散而不一；其合也，多而不精。故當其分，則鄉村無以通於鎮市，鎮市無以通於城郭。虜突如其來，彼一方者，力不敵，勢不支，老弱未及揀，教閱未及施。雖有金鼓旗幟之物，而未知坐作進退之節也。雖有城池山澤之險，而未知備御攻守之方也。且民之聚也，使之自峙其糧，自備其飲食，則有所不能。仰於官，則無以給也；有以給，則又不能久也。臣故曰無益也。夫前所謂或千人，或數百人，此隅總一日能辦也。今建言者，不察其聚之易而用之難，增兵之有名，而拒寇之無實，乃欲視其團結之多寡，升降其官賞以為勸。且意其一日之急，或者可驅而他之。賈誼有言：「皆非事實，知治亂之體者也。」陛下忱能委數州立一方鎮，莫若俾為帥者，就團結之中，凡二十家取其一人，以備軍籍。一郡得二十萬家，則可以得一萬精卒。例而行之諸州，則一鎮新兵，當不下二三萬。州郡見存之租賦，可以備兵食；見存之財利，可以備軍需。古人抽丁之法，或取之三家，

或取之五家，今官收其米以就為養，收以財以就為用。既食其力，不當又重役其人。惟於二十家取其一，則眾輕而易舉，州縣號召之無難。數月之內，其事必集。為帥者，教習以致其精，鼓舞以出其銳。山川其便習也，人情其稔熟也，出入死生之相為命也，鋒鏑之交，貌相識而聲相應也。如此兵者，一鎮得三三萬人，當凜凜然不下一敵國。今諸路列鎮，則精兵雖十餘萬可有也。太祖皇帝南征北伐，所至如破竹，計其兵，曾不滿二十萬。使吾於諸閫之外，別得十萬精兵，則何向而不可哉？

或曰：「國家經常，皆用供億，州縣財賦，各有竇名。今上流之兵未解，江淮之餽如故，使移此事力，以給方鎮之兵，如諸閫何？」嗚呼！擇害莫若輕，擇利莫若重。臣蓋籌之審矣。夫京、湖之路既梗，則雖欲漕運，而舟楫不能以前；江、廣之備既虛，則雖有財賦，而土地不能以自保。與其束手無措，以委輸於虜，孰若變通盡利，以庶幾虜之可逐也。且夫江、廣既全，則吾之境內，其惟正之供者尚多也。陛下撫此厄運，不得不勉自節縮，曲為通融，多方以濟諸閫之急。支吾年時，寇必就盡。然後一正吾之郡縣，一復吾之經常，未晚也。不然，殆未知其所終。惟陛下深思亟圖之！

四曰破資格以用人。本朝用人，專守資格。祖宗之深意，將以習天下之才，世雖有賢明忠智之人，英偉奇傑之士，亦必踐揚之多，涉歷之熟，積勞持久，而後得至於高位。養成遠大之器，消弭僥倖之風，人才世道，胥有利賴。然其弊也，有才者，常以無資格而不得遷；不肖者，常以不礙資格法而至於大用。天下卒有變，不肖者當之，而有才者拱手熟視，夫是以常遺國家之憂。臣嘗見數年以來，邊陲之間，偶缺一帥，陛下彷徨四顧，畀印莫屬。挨排應急，不得已常取監司之風力者為之。趙、魏老不可以滕、薛大夫，陛下非不知其然也。他人資格或有未及，而彼適可得之。雖其才具，容有不逮，然猶意境外無事，以幸其不至於敗缺，比其敗缺，則倉皇變易，常至於失聲色而後已。嗚呼！此平時拘攣之弊也。

今天下事勢，潰決已甚，有一蹉跌，事關存亡。百夫不可輕擇將，一壘不可輕畀守，況其重者乎？今自朝郎以上，凡內之卿、監、侍從，外之監司、郡守，紫朱其綬，唱喝車蓋而出者，不知幾人。

使其中果有非常之才，堪任將帥，則是望實既優，資格又稱，一日
舉而置之萬夫百將之上，誰曰不然？然臣意陛下之未有其人也。則
夫宗社安危之機，不可輕決於庸人而有資格者之手。世之能辦事者，
固多矣。三辰不軌，拔士為相；蠻夷猾夏，拔卒為將。固各論其時
也，今何如時？尚拘拘孑孑於資格之末。臣觀州縣之間，凡察底小
官，馳騁於繁劇之會者，蓋甚有之。薦引之法，浸弊於私，而改官
之格，率為勢要者所據。孤寒之中，獨無可任大事者乎？三歲一貢
士，碌碌成事者眾，而氣蓋才識，望於鄉里，曾不得一名薦書。抱
膝隆中，杖策軍門，固皆逢掖章甫之流也。

夫今日之士，他日之官也；今日之小官，他日之公卿者也。天
下有事，凡能擔當開拓，排難解紛，惟其才耳。固有明知其人之有
才，而拘於資格之所不可，則亦姑委棄之。此豪傑之士，所以痛心
疾首於世變之會也。陛下如建立方鎮，收拾人才，臣願明詔有司，
俾稍解繩墨，以進英豪於資格之外。重之以其任，而以輕授以官，
俟其有功，則漸加其官，而無易其位。漢唐法度疏濶，其一時人才，
常倜儻不羈。本朝以道立國，以儒立教，則亦無取乎爾。然至於今
日，事變叢生，人物落落，奈何不少變之哉！至如諸州之義甲，各
有土豪；諸峒之壯丁，各有隅長。彼其人望，為一州長雄，其間蓋
有豪武特達之才，可以備總統之任，一日舉之，以為百校之長，則
將帥由是其選也。其穎異通敏者，引之於帷幄樽俎之密，又從而拔
其尤者，委之以人民社稷之重，則人才不可勝用也。至如山巖之氓，
市井之靡，刑餘之流，盜賊之屬，其膽勇力絕，足以先登；其智辯
機警，足以間諜。使貪使愚，使詐使勇，則羣策羣力，皆吾屈也。
昔之方鎮，食其土地，用其人民，拊循其士大夫，馳策其跅弛之士，
故雖以區區之地，常足以與天下爭雄。今雖未至於此，然陛下髣髴
而行之，則吾規模意氣，固已一變前日之弱矣。惟陛下熟計之，幸
甚！

夫古之為天下國家者，常有敵國相持之憂。然而立乎四戰之衝，
雖將衂兵潰，屢起屢僕，而其國終不可動，由卓然有所立故也。今
陛下奮發神斷，赫然悔悟，所以洗舊汙，更宿弊，如雷霆風雨，交
馳並至而不可御。陛下亦求所以為自立矣，而未得其方也。自立之

方，臣前所獻之數條是已。雖然，臣意陛下未之能行，則有說也。何也？悔悟之意未明也。奸人當國，指天下能言之士，謂之好名譁競。使好名譁競者，常在朝廷，則清議之福，陛下必及受用，事應不至今日。惟浸潤膚受，為毒已深，而後陛下之人才盡逐。陛下今既悔悟矣，然鋒車所召，率未及前日摒棄流落之人，或謂陛下猶有畏其不靖共之意。夫今日之禍亂，靖共之報也。陛下猶有愛於貌為靖共者邪？此悔悟未明之一也。

三數年前，搢紳之能出臆論事者，既為奸人所屏，學校之士，猶叩閽籲籲不自已。奸人疾其為害已也，託名學法，重致意於禁上書之一條，而後陛下之言路盡塞，陛下今既悔悟矣。然食肉之徒，未有能出一語以救陵遲之禍。惟學校不憚懇懇以為言。彼其所陳，固有未盡切實者，陛下何不擇其善者而施行歟？此悔悟未明之一也。今有人焉，陷於酒色，湛溺而不自知。元氣日耗蝕於內，客邪日衝擊於外，四肢百骸，幾至解體。一日倏大悔悟，自創其酒色之愆，而使為朋友僕御者，各得以勤攻己之短，其為身謀幾晚矣。然知湛溺之為病，而猶諱其所從來，則是病根固在也。人非不知愛身，彼諱病根而不肯決去者，說其小而忘其大也。陛下所以救社稷重於救身，則夫病根所在，何所顧惜而不之去歟？高宗皇帝以麥飯豆粥之苦，植立東南百四十年太平之基，陛下嗣無疆大歷服，所以撫摩愛養，培億萬年丕天下之休，加用力焉。不幸比者中外怨叛，吾之赤子，自延寇入室，謀危國家。蓋至今日，遠近為之荷擔，宗社幾於綴旒。天下之人，追咎其失，以為聚斂之過。而聚斂之事，通國憤然怒罵，以為倡於陛下左右之人。夫此一人者，竊弄威權，上累聖德，其兇焰威惡，蠹國害民者，臣不能具數。獨其攘臂聚斂，招集奸凶，為陛下失民失土，以貽宗社不測之憂者，其罪莫甚焉。

趙簡子命尹鐸為晉陽，尹鐸曰：「繭絲乎？保障乎？」簡子曰：「保障哉！」古之為天下計者，不屑於其小，而惟遠者是鄙；不快於目前之求，而常恐其一朝之患。故雖簡子區區之大夫，尹鐸區區之小吏，其所規為，猶及於此。國家之大，不可以田舍翁自為也。後之人君，思以富雄天下，固有時出其聚斂之術。然猶繭絲自繭絲，保障自保障，何物刑餘，為謀不臧，率天下以共向繭絲之的，而保

障之地亦不得免焉。繭絲之毒不可忍，而後保障之禍不可為。陛下
間者，屢出內帑金帛，分給諸司，期有救於難。然調度方殷，兵革
又不得息，前日聚繭絲之得未什伯，今日救保障之費蓋千萬億稱而
未有已也。嗚呼！誰生屬階，至今為梗！向使此人者，不以聚歛斲
伐祖宗涵洪寬大之仁，蟊賊陛下神明英武之德，則必不妄籍民財，
以入修內司；必不豪奪民產，以實御莊；必不諧價西園，以布中外
貪酣之寵；必不交通南牙，以開朝廷汙濁之門。如此，則奸人必不
得竊據相位，遍置私人；如此，則強禦掊克之流，必不得齒於搢紳，
玷於節鉞；如此，則各郡有賢守，各路有賢監司，必不侵漁以交結
北司，剝割以應奉內獻。民心必無變，宗社必無危。

　　今朝廷知江閫虜取漁舟，故吾人為虜鄉導，以至於此。曾不知
是數年間，外之監司郡守，求為交結應奉，而一切不恤，以失吾民
戴宋無二之心者，所在有之，江閫之事偶著爾。今論者追訟江閫之
罪，死有餘責，則夫使士大夫貿貿焉為聚歛，重失人心，激天下以
各懷怨叛。如臣所指之人者，一死詎足道哉！且夫奸人之入相也，
使非此人者，與之相為表裡，以揜陛下之聰明；密為遊揚，以開陛
下之信用。則賢者必不以「好名」中傷，言者必不以「譁競」逐去，
學校之持公論者必不以「諠橫」得禍，士大夫之秉直節者必不以貪
贓加罪。朝廷清一，言路光明，邪人何自而赫張？民瘼何自而壅隔？
人離而陛下何以不覺？寇至，而陛下何以不知？彼其依憑陛下恩寵，
以為奸人奧主，故顛倒宇宙，濁亂世界，而得以無忌憚。使陛下今
日訟過於天地，負愧於祖宗，結怨於人民，受侮於夷狄，則豈獨一
奸人為之哉！原情定罪，莫重於奧主，而奸人次之。

　　莊周曰：「兵莫憯於志，鏌鋣為下。」言刺人而殺之，不一在於
手，而在於心；不在於鋒，而在所以用其鋒者。奸人，則鏌鋣也；
奧主，則志也。方今國勢危疑，人心杌捏，陛下為中國主，則當守
中國；為百姓父母，則當衛百姓。且夫三江五湖之險，尚無恙也；
六軍百將之雄，非小弱也。陛下臥薪以厲其勤，研案以奮其勇，天
意悔禍，人心敵愾，寇逆死且在旦夕。或謂其人者，鋪張驚憂，以
沮陛下攘寇之志；處分脆弱，將誤陛下為去邪之行。居前日，則曰
我能為君充府庫。以盜其權；居今日，則獻其小心，出其小有材，

使陛下意其緩急可恃，以固其寵。向非陛下參酌國論，堅凝廟謨，為效死不去之計，則一日嘗試其說，六師一動，變生無方。臣恐京畿為血為肉者，今已不可勝計矣，小人誤國之心，可勝誅哉！

臣愚以為今日之事急矣，不斬董宋臣以謝宗廟神靈，以解中外怨怒，以明陛下悔悟之實，則中書之政，必有所撓而不得行；賢者之車，必有所忌而不敢至。都人之異議，何從而消？敵人之心膽，何從而破？將士忠義之氣，何自激昂？軍民感泣之淚，何自奮發？禍難之來，未有卒平之日也。千金之家，得一僮使奴，稍足其稱其私，雖害於而家，未忍亟去，況其人給事之歲月已深，乞憐之懇款已熟，陛下性資仁厚，豈亦忍遽甘心焉！然宗社之事重，左右之恩輕；民誤國之罪深，承顏順色之愛淺。伏惟陛下以宗廟社稷之故，割去私愛，勉從公議，下臣此章，付之有司，暴其罪惡，明正典刑，傳首三軍以徇。如此，而天下不震動，人心不喜悅，將士不感激而思奮，虜寇不駭愕而謀還，是人心天理可磨滅也！是天經地義可漸盡也！臣所不信。

臣嘗讀諸葛亮《出師表》，輒捲卷哀憤，悲其用心。亮之言曰：「宮中府中，俱為一體；陟罰臧否，不宜異同。若有作奸犯科，及為忠善者，宜付有司，論其刑賞，以昭平明之治。」亮「將獎率三軍，北定中原，攘除奸凶，興復漢室。其於宮府之政，宜若無與，而獨區區以此先者，良以社稷安危之權，國家存亡之故，不在於境外侵迫之寇，而內之陰邪，常執其機牙。此亮之所以深權內外本末之理。而先窒，其禍亂之源也。」

今臣上自朝廷，下至州縣，所以分畫其規模，纖悉其經緯，以上助尊夏攘夷之一畫者，已略備矣。而臣獻其狂愚於末，猶有感於亮之所言。區區劣功，何敢引亮為證，顧所以忠君愛國之心，則亮之為也。臣非不知疏遠之人，指陳無狀，干犯天誅，罪在不赦。且使幸赦之不誅，則左右之人，仇疾臣言，亦將不免。然臣所以不顧危亡，以身犯不測之鋒者，義命之際，臣固擇之精矣。方今社稷震動，君父驚虞，此所謂危急存亡之秋。臣委質為臣，與國同休戚，親見外患，如火燎原。而內寇又復植根固，流波漫則，禍難無涯，臣死亡正自無日。與怵迫於權勢之威，憂疑於一己之禍，噤口結舌，

以坐待國家之難而後死，孰若犯死一言，感悟天聽！如陛下以為狂
妄而誅之，臣固已自分一死。萬一陛下察臣之忠，行臣之言，以幸
宗社，則臣與國家同享其休榮，等死之中，又有生路，此臣所以齋
諮涕洟，忘闕懇悃，而不能自己也。臣冒瀆天威，隕越震懼，謹席
藁私室，以俟威命之下，臣無任瞻天望聖，激切屏營之至。〔註17〕

書奏不報，自免還里。

景定元年庚申二十五歲。二月，差先生簽書鎮南軍節度判官廳公事，先生辭
免，乞奉宮觀香火以安分。差主管建昌軍仙都觀。

二年辛酉二十六歲。十月三日，除秘書省正字。

　　《誥辭》曰：倫魁登瀛，故事也。然始進，大率以虛名；既久，
乃知其實踐，爾則異於是。初以遠士，奉董生之對；繼以卑官，上
梅福之書。天下誦其言，高其風，知爾而素志不在溫飽。麟臺之召，
其來何遲？《語》有云：「居大名難。」又云：「保晚節難。」爾其厚
養而審發之，使輿論翕然，曰：「朕所親擢敢言之士，可！」劉克莊
行。〔註18〕

先生上狀辭免，不允。

　　《狀》曰：某猥以疏賤，叨被聖恩，望闕瞻天，莫知所措。伏
念某自叨親擢，未歷外庸。以讀書學從政之方，以奉祠為書考之日。
方竊山林之暇，敢鄙臺省之登。負乘非宜，循牆無任。伏望公朝，
特賜敷奏，令某滿足宮觀兩考日。祇被新命，其於出處得宜，庶幾
無負聖明拔擢之意。所有省箚，未敢祇受。除寄本州軍資庫外，須
至申聞者。〔註19〕

時丞相賈似道當國年餘，訝先生不通名。及先生入館得書，舉張師德兩及
吾門故事，始重嘉歎。

三年壬戌二十七歲。四月，供正字職，尋兼景獻太子府教授。五月，充殿試
考官，進校書郎。

　　《誥詞》曰：新進士唱第前，舉首必召，故事也。爾以陟岵之
故，稽登瀛之擢。一朝來歸，如獮獲泰時，鳳集阿閣。甫緝黃本，

〔註17〕參見《文天祥全集》卷三《己未上皇帝書》，第85～96頁。
〔註18〕參見《文天祥全集》卷十七《紀年錄》，第687頁。
〔註19〕參見《文天祥全集》卷四《辭免新除秘書省正字狀》，第147頁。

俄映青藜,在他人為速,在爾為晚矣!人之不可及者,年也;不磨者,名也;至哉!天下樂者,書也。朕將老汝之才,而極其用焉。」〔註20〕

四年癸亥二十八歲。正月,除著作佐郎。二月,兼權刑部郎官。刑部事最繁重,居官者率受成於吏,號清流者,尤所不屑。先生為之鉤考裁決,晝夜精力不倦,吏不能欺,懾服焉。〔註21〕六月,董宋臣復入為都知,先生又上書極言其罪。

《書》曰:臣眇躬末學,天賦樸忠,遭逢聖明,早塵親擢。己未之夏,陛下廷策多士,記憶微臣,俾佐京兆尹幕。時臣不敢拜恩,乞行進士門謝,旨令赴闕,其冬實來行禮。適值寇難方殷,江上勝負未決,而全、永、衡且破。於時,京師之勢,危如綴旒,上下皇皇,傳誦遷幸。臣得之目擊,忱恐六師一朝而動,京社之事,關係不細。采之公論,謂寇禍起於憸壬之聚斂,而憸壬用事,則主於董宋臣。至於遷幸一事,宋臣張皇處分,尤駭觀聽。事勢至此,死且無日。臣忠憤激發,叩閽上疏,乞以宋臣屍諸市曹,以謝生靈荼毒之苦。指陳觸忤,自分誅斥,出關待罪,不報,亟歸山林,側聽聖裁。臣章雖不付出施行,而竟亦不坐臣以罪,非惟免於罪而已,改命洪幕,從欲與祠,又寵綏之。

臣嘗以為區區父母之身,既委而殉國矣。陛下赦而不誅,臣之再有此身,是陛下賜之也。感激奮發,常恨未有一日答天地之造。前冬誤辱收召,畀以館職。曾未幾時,進之以著庭,寵之以郎省。臣之取數於明時者,蓋以過多。恭惟聖德日新,朝無闕事,臣得從事鈆槧,悉意科條,以無忘「靖共爾位」之訓,忱幸忱荷!

茲者,倏讀報狀,宋臣復授內省職事。臣警歎累日,不遑寧處。繼傳御批,洊畀兼職,且使之主管景獻太子府。臣備員講授,實維斯邸,此人者乃為之提綱。當其覆出,臣自揆以義,且無面目以立朝,況可與之聯事乎?請命以去,臣之分也。然臣端居深念,託故而去,謂之潔身可也。陛下未嘗拒言者,言而當於可,陛下未嘗不行。臣不言而去,則於事陛下之道,為有未盡,是用不敢愛於言。伏惟陛下,鑑臣之衷而幸聽焉!

〔註20〕參見《文天祥全集》卷十七《紀年錄》,第687頁。
〔註21〕參見《文天祥集》卷十七《紀年錄》,第688頁。

　　臣伏讀國史，竊見孝宗皇帝所以待贊御者，終始之際，恩威甚明。臣嘗以為自古人主，寬仁莫如孝宗，英斷亦莫如孝宗。方曾覿、龍大淵輩用事，周必大言之，龔茂良言之，劉度言之，鄭鑑、袁樞言之。言者日以盛，而孝宗假以恩寵，未嘗為之少衰。孝宗豈咈諫者哉？聖心寬仁，未忍驟有所加也。比其招權弄事，日益熇赫，小心謹畏之態，昵昵於前者，迄不能掩其陰私傾險之跡。或以見疏死，或以坐罪廢。英斷如此，豈以寬仁而遂失之姑息哉！開國承家，小人勿用，聖子神孫，一守是法。恭惟皇帝陛下，以聰明操制萬幾，以神武經緯六合，四十年間，凡經幾大禍亂，幾大驚危，易轍改絃，重新整頓，功業逐日以新，聲名隨風而流。尚論聖德，三代以下之英主，未能或之先也。神明之下，侍御僕從，罔非正人，旦夕承弼厥辟，固其所也。

　　惟是宋臣兗鷔悷毒，不可嚮邇，陛下囊以其小有才而假借之。小人不足大受，倚恃權勢，無所不至。戊午、已未間，天下指目，共欲甘心。臣冒死先為陛下言之。陛下於此時，猶有徘徊顧惜之意，未即加罪也。而縉紳學校，交疏其惡，伏闕投匭，殆無虛日。陛下始豁然大悟，奪其太阿，屏置畿郡，中外鼓舞，歌誦盛德。臣妄謂陛下之寬仁，全似孝宗；陛下之英斷，亦全似孝宗。漢家自有制度，固應如是。《詩》云：「維其有之，是以似之。」雖然，陛下稟天地沖和之全氣，接帝王忠厚之上傳，寬仁英斷，雖並行而不相悖；二者分數，寬仁較多。是以如此人者，逐得以生全於覆載之內。尋醫之旨未幾，朝請之命復下。今者又使之內居要地，日觀宸光，惟至聖為能寬裕有容有如此者。

　　然臣嘗聞之：「惟仁者能好人，能惡人。」蓋仁則無私，無私故能好、能惡，聖人豈專以博愛為仁哉！漢、唐宦官之禍，其後至於濫觴而不可救，推原其初，則起於時君一念之不忍。是故古人之防微杜漸，不敢忽也。《語》曰：「往者不可諫，來者猶可追。」宋臣前此誤國之罪，陛下既赦之而勿問矣，臣何敢追尤往事，上瀆聖聰。獨為方來計，則蟊緯之憂，不能忘情焉。夫陛下聖明在上，孤雛腐鼠，亦何敢晝舞夜號，少作喘息！其人心性殘忍，羣不肖所宗。竊恐復用之後，勢焰肆張，植根既深，傳種亦廣，末流之禍，莫知所

屬。近者，陛下親製十四規，丕哉聖謨，為萬世計甚悉。有如此事，獨可以為小故，無與於貽謀而澗略之哉！宋臣之為人，臣實疏遠，安能以盡知之。惟是天下之惡名，萃諸其身，京國閭巷，無小無大，輒以董閹羅呼之。陛下之左右使令亦眾矣，此名不歸之他人，而惟此一人是歸，則豈不召而自至也哉！陛下毋以其退然謹願，而謂其未必怙威生事也；毋以其甘言卑詞，而謂人言為已甚也。千金之家，強奴悍僕，恣橫閭里，至其服役於主人之前，固亦未嘗不小廉曲謹而可信也。此事雖小，可以喻大。陛下儻察及此，則亦何愛於此一人，而閟惜英斷，以重違天下之心哉！

伏望陛下稍抑聖情，俯從公議，縱未忍論其平生之惡，以實之罪；亦宜收回成命，別選純謹者而改畀之。失一兵，得一兵，於國家事，夫亦何損？於以厭人心之公，於以示來世之法，於以防天下之禍於未然。令聞令望，施於無疆；臣子之願，莫大於此。臣實何人？輒上封章，以仰及於萬乘之所親信。蚍蜉撼木，自速齏粉，可謂愚甚！然臣方備位中朝，使其以厚祿糊口，坐取遷擢，豈不得計？而臣子所以事君正義謂何？世道升降之大幾，國家利害之大故，奈何坐而視之，嘿不發一語？上負天子，下負所學，貽無窮羞。此臣所以不敢強顏以留，亦不敢詭辭以去，忘其嬰鱗不測之危，以冀陛下萬一聽而信之。臣言得行，宗社之利也，臣之榮也。如臣之積忱，未足以仰動天聽，坐受斧鉞，九隕無悔！謹杜門席藁，以聽威命之下。臣無任望闕瞻天，激切屏營之至！〔註22〕

書奏不報，先生束擔，將出關。丞相遣人謂：「先生不可。」差知瑞州。十一月，赴郡。十二月，迎親就養。行釋米於西澗書院，與諸生討論經傳，有講義。

《講義》曰：《易》曰：「君子進德修業，忠信，所以進德也；修辭立其誠，所以居業也。」中心之謂忠，以實之謂信，無妄之謂誠，三者，一道也。夫所謂德者，忠信而已矣。辭者，德之表，則立此忠信者，修辭而已矣。德是就心上說，業是就事上說。德者統言，一善，固德也；自其一善，以至於無一之不善，亦德也。德有等級，故曰進。忠信者，實心之謂；一念之實，固忠信也；自一念之實，

〔註22〕參見《文天祥全集》卷四《癸亥上皇帝書》，第97～100頁。

以至於無一念之不實，亦忠信也。忠信之心，愈持養則愈充實，故曰忠信所以進德。

修辭者，謹飭其辭也。辭之不可以妄發，則謹飭之。故修辭所以立其誠，誠即上面忠信字，居有守之之意。蓋一辭之誠，固是忠信，以一辭之妄間之，則吾之業頓隳，而德亦隨之矣。故自其一辭之修，以至於無一辭之不修，則守之如一，而無所作輟，乃居業之義。德業如形影，德是存諸中者，業是德之著於外者。上言進，下言修。業之修，所以為德之表也；上言修業，下言修辭，辭之修，即業之修也。以進德對修業，則修是用力，進是自然之進；以進德對居業，則進是未見其止，居是守之不變。惟其守之不變，所以未見其止也。

辭之義有二，發於言則為言辭，發於文則為文辭。子以四教，文、行、忠、信。雖若歧為四者，然文行安有離乎忠信？有忠信之行，自然有忠信之文；能為忠信之文，方是不失忠信之行。子曰：「言忠信，行篤敬。」則忠信，進德之謂也。言忠信，則修辭立誠之謂也。未有行篤敬，而言不忠信者；亦未有言不忠信，而可以語行之篤敬者也。天地間只一箇誠字，更撋撲不碎。觀德者，只觀人之辭，一句誠實，便是一德；句句誠實，便是德進而不可禦。人之於其辭也，其可不謹其口之所自出，而苟為之哉？

嗟乎！聖學浸遠，人偽交作，而言之無稽甚矣。誕謾而無當，謂之大言；悠揚而不根，謂之浮言；浸潤而膚受，謂之游言；遁天而倍情，謂之放言。此數種人，其言不本於其心，而害於忠信，不足論也。最是號為能言者，卒與之語，出入乎性命道德之奧，宜若忠信人也。夷考其私，則固有行如狗彘而不掩焉者。而其於文也亦然，滔滔然寫出來，無非貫串孔、孟，引接伊、洛，辭嚴義正，使人讀之，肅容斂袵之不暇；然而外頭如此，中心不如此，其實則是脫空誑謾。先儒謂：「這樣無緣做得好人。」為其無為善之地也。外面一副當雖好，裏面卻踏空，永不足以為善。蓋由彼以聖賢法語，正可借為議論之助，而使之實體之於其身，則曰此迂濶也，而何以便吾私？是以心口相反，所言與所行如出二人。

嗚呼！聖賢千言萬語，教人存心養性，所以存養此真實也，豈

以資人之口體而已哉？俗學至此，遂使質實之道衰，浮偽之意勝，而風俗之不競。從之，其陷於惡而不知反者，既以妄終其身，而方來之秀，習於其父兄之教，良心善性，亦漸漬泊沒，而墮於不忠不信之歸。昔人有言：「今天下溺矣，吾黨之士，猶幸而不盡溺於波頹瀾倒之衝，纓冠束帶，相與於此求夫救溺之策，則如之何？」噫！宜亦知所勉矣。

或曰：「至誠無息，不息則久，積之，自然如此，豈卒然旦暮所及哉？今有人焉，平生無以議為，而一日警省，欲於誠學旋生用工夫，則前妄猶可贖乎？」曰：「無傷也。」溫公五六歲時，一婢子以湯脫胡桃皮，公紿其女兄曰：「自脫也。」公父呵之曰：「小子何得謾語？」公自是不敢謾語。然則溫公腳踏實地，做成九分人，蓋自五六歲時一覺基之。溫公猶未免一語之疵也。元城事溫公凡五年，得一語曰誠，請問其目，曰：「自不妄語入。」元城自謂：「予初甚易之，及退而自櫽括日之所行，與凡所言，自相掣肘矛盾者多矣，力行七年而後成。」然則元城造成一簡言行一致，表裏相應，蓋自五年從遊之久，七年持養之熟，前乎此，元城猶未免乎掣肘矛盾之媿也。人患不知方耳，有能一日渙然而悟，盡改心志，求為不謾不妄，日積月累，守之而不懈，則凡所為人偽者，出而無所施於外，入而無所藏於中，自將銷磨泯沒，不得以為吾之病。而縱橫鈔用，莫非此誠，《乾》之君子在是矣。

或曰：「誠者，道之極致，而子直以忠信訓之，反以為入道之始，其語誠若未安？」曰：「誠之為言，各有所指，先儒論之詳矣。如周子所謂誠者，聖人之本，即《中庸》所謂誠者天之道，蓋指實理而言也。如所謂聖誠而已矣，即《中庸》所謂天下至誠，指人之實有此理而言也。溫公元城之所謂誠，其意主於不欺詐，無矯偽。正學者立心之初，所當從事，非指誠之至者言之也。然學者，其自溫公、元城之所謂誠，則由《乾》之君子，以至於《中庸》之聖人，若大路然，夫何遠之有？不敏何足以語誠？抑不自省察，則不覺而陷於人偽之惡，是安得不與同志極論其所終，以求自拔於流俗哉！愚也，請事斯語，諸君其服之無斁。〔註23〕

〔註23〕 參見《文天祥全集》卷十一《西澗書院釋菜講義》，第412頁～415頁。

郡兵火後，瘡痍乍復，先生撫以寬惠，鎮以廉靜。郡兵素驕，取其桀黠寘之法，張布綱紀，上下肅然。於交承外，積緡錢萬，創便民庫。去之日，塡兵出前寘名為楮，百萬有奇，遺愛在民，久益不忘。

五年甲子二十九歲。十月召赴行在，尋除禮部郎官。十一月，除江西提刑，辭免，不允。

度宗咸淳元年乙丑三十歲。二月，就瑞州交割提刑職事。時大赦，先生推廣德意，全宥居多。臨江城銀匠陳姓者，見負關會過於市，歎曰：「我輩困苦，止欠此駄耳！」市之鬻餌者，適聞其語，翼早盜殺負關會人，捕司跡盜甚急，鬻餌者告所聞。捕司鞫陳箠楚，誣服。陳將受刑，辭其母曰：「為子不能終養，必宿冤債，無可說者。望吾母焚紙錢於吾死處，告土神，乞指引我到盜殺人處。又焚紙錢於盜殺人處，告土神，乞指引我到殺人正賊之家。」母如其言。後月餘，母夢子告曰：「已得正賊，乃府衙後李某，所得關會，具在暗閣上竹籠內，用草為遮蓋，塵灰積滿。一二日，文提刑到，請母陳訴。」越數日，先生到，陳母乞屏左右，以所夢訴。先生即命人與陳母詣李閣，悉如夢。遂以李償負關會人死，推司及元捕人償陳死，官贍養陳母終身。四月，行部至吉州太和縣。伯祖母梁夫人沒，申解官承心制。而臺臣黃萬石，以不職論罷。

二年丙寅三十一歲。長男道生生。

三年丁卯三十二歲。次男佛生及女柳女環生。九月，除尚左郎官，辭免，不允。十二月，赴闕供職。

《誥詞》曰：蘇軾有云：「仁宗皇帝，在位最久，得人最盛，進士高科，類至顯位。我理宗享國，庶幾仁祖，取士之數，卻又夥焉。當時袞然之選，今其存者，無不登進。獨爾以陳情之表，讀禮之文，淹恤在外，尚遲嚮用。夫風之積不厚，則其負大翼無力。若爾之植立不凡，非特以高科也，而又益培厥哉，則其滋長也孰御？尚左高於郎位，其以是起家。方天之休，敬之哉！可。馮夢得行。〔註24〕

四年戊辰三十三歲。正月，兼學士院權直，兼國史院編修官、實錄院檢討官。是月，臺臣黃鏞奏免所居官。冬至，除福建提刑。臺臣陳懋欽奏寢命。

五年己巳三十四歲。四月，差知寧國府，辭免不允。十一月，領府事。府極凋弊。先生始至，爬梳條理，曠然無事。寧國為郡，居上流鬥絕，稅務無所取，辦則椎剝為民害。先生奏罷之，別取郡計以補課額。百姓歡舞。去後，爭醵錢

〔註24〕參見《文天祥全集》卷十七《紀年錄》，第689頁。

立祠。

先生自寧國歸，憩胡翁店，胡以宿諾請。先生笑曰：「諸擔中任取其一。」胡擇一擔以告，啟視之，則扇也。先生曰：「此遠方土宜，為鄉里親友餽者，汝無用焉。」命折直與之。蓋胡以先生五馬貴，如他人皆輜重充濫，不知先生行橐固椆然也。

六年庚午三十五歲。正月朔，除軍器監，兼右司，辭免不允。四月，供監職，免，兼右司，尋兼崇政殿說書，兼學士院權直，兼玉牒所檢討官，侍講熙明殿。

進講《敬天圖》《周易・賁卦》，曰：臣聞賁，文飾也。色相間則成文，故柔來交剛，剛上文柔，剛柔相間，所以為賁。賁，離下艮上。離之體，中以一柔間兩剛，是柔來文剛；艮之體，上以一剛乘兩柔，是剛上文柔。使獨剛獨柔，不相為用，則不成文矣。此言賁之卦義也。天之文，為二曜五行，象緯交錯，故曰觀乎天文，此言天之賁也。人之文為三綱五常倫理次序，故曰「觀乎天文」，此言人之賁也。以上象《易象》大意。

臣竊窺先皇帝作圖之旨，以敬天為名，其於賁卦，實摘取「觀乎天文，以察時變」一條。臣謹按圖義而之辭。臣竊惟天一積氣耳，凡日月星辰，風雨霜露，皆氣之流行而發見者。流行發見處有光彩，便謂之文。然有順有逆，有休有咎，其為證不一，莫不以人事為主。時，時世也。象《易》：聖人不曰天變，而曰時變。蓋常變雖麗於天，而所以常變，則繫於時。人君一身，所以造化時世者也。故天文順其常，則可以知吾之無失政。一有變焉，咎即在我。是故天文者，人君之一鏡也。觀鏡可以察妍媸，觀天文可以察善否。且如曆家算日食云「某日當食幾分」，固是定數，然君德足以消弭變異，則是日陰雲不見。天雖有變，而實制於其時。

又如旱魃，災也，才側身修行，則為之銷去；熒惑，妖也，才出一善言，則為之退舍。天道人事，實不相遠。自古人君，凡知畏天者，其國未有不昌。先皇帝深識此理，故凡六經之言天文者，類聚而為之圖，以便觀覽，且恐懼修省焉。聖明知敬嚴父之圖，即敬天在此矣。嗚呼！曷其奈何不敬？先生講篇非一如講詩之定之方，中一篇諷當時修繕事，今亡其辭云。〔註25〕

〔註25〕參見《文天祥全集》卷十一《熙明殿進講義》，第415〜416頁。

時平章事賈似道託疾歸紹興，乞致仕。旨令學士院降詔，不允。似道以誤國權奸，有要君之志，先生當制裁之以正義。

《制》曰：《書》曰：「三人占，則從二人之言。」蓋占取其同。自二人之同，推之卿士庶民，無往不同者。師相欲去，二府以為不可去，是千萬人皆以為不可去矣。朕自師相有請，寢食不為安。朕必不能違眾心，師相亦必不忍違朕心。嗚呼！尚鑒時忱，永綏在位，師相其聽之哉！所請，宜不允。〔註26〕

又擬曰：周公相成王，終身未嘗歸國。孟子當齊世不合，故致為臣。蓋常情以去就為輕，惟大臣以安危為重。苟利諸國，皇恤其身！若時元勳，為我師相。先帝付託，大義所存；太母留行，前言可覆。胡為以疾，而欲告休。惟醫藥所以輔精神，惟安身所以保家國。古者之賜幾杖，雖當七十，而不得引年。我朝之重辯章，雖過九旬，而尚使為政。勉釐重務，勿困眇懷！所以請，宜不允。〔註27〕

留平章二批已進呈。時內制相承，皆呈藁當國改竄，惟命重，失王言之體。先生直道而行，似道怒其不先呈已，嫌其所擬無過褒之辭，諷諭別直院官，改作進呈批出，竟不用先生所擬。先生引先朝楊大年在翰林草詔不合真宗聖意，翼朝援唐故事，亟求解職，乞祠引去。賈似道曰：「直院援楊大年故事，豈非亦有大年性氣耶？如此者，在先朝以為異，後來皆以為常，直院特未知之耳。幸不必過為突兀，而有遁心。」先生連上章力乞祠，束擔出國門，而似道嗾臺臣張志立劾罷之。先生有詩曰「當年祇為青山誤，直草君王一詔歸」是也。

先生嘗憤似道誤國，庚辰在燕獄《集杜詩》，首言似道事。《集杜詩》凡二百篇，《自序》見庚辰二月。

《集杜詩》第一篇《社稷》，《小序》曰：「三百年宗廟社稷，為賈似道一人所破壞，哀哉！」詩曰：「南極連銅柱，煌煌太宗業。始謀誰其間，風雨秋一葉。」〔註28〕

第三篇《誤國權臣》，《小序》曰：「似道喪邦之政，不一而足。其羈虜使，開邊釁，則兵連禍結之始也。哀哉！」詩曰：「蒼生倚大臣，北風破南極。開邊一何多，至死難塞責。」〔註29〕

〔註26〕參見《文天祥全集》卷四《擬進御筆　為馬丞相、趙僉書上奏留平章》，第102頁。
〔註27〕參見《文天祥全集》卷四《又擬》，第102頁。
〔註28〕參見《文天祥全集》卷十六《集杜詩》，第621頁。
〔註29〕參見《文天祥全集》卷十六《集杜詩》，第621頁。

　　七年辛未三十六歲。冬至，除湖南運判。臺臣陳堅表寢命。是年，起宅文山。《宋史》曰：「所居對文筆峰，故號文山。」山在廬陵南百里，為先生家之上游。兩山夾一溪，溪中石林立。水曲折其間，從高注下，姿態橫出。山下石尤奇怪，跨溪綿谷，低仰臥立，各有天趣。山上下流泉四出，隨意灌注，無所不之。其高處，面勢數百里，俯視萬壑，雲煙芊綿，直廣大之觀也。其南曰南涯，可五里。先生日領客其間。窮幽極勝，樂而忘疲。其北曰北涯，以南長潭為止，清遠深絕，蓋以時至焉。宅基在南涯，其地平曠，長可百丈餘，深可三十丈。溪水至其前，泓渟演迤。山勢盤礡，如拱如趨，蓋融結非偶然者。宅當其會，青山屋上，流水屋下，誠隱者之居也。先生之言曰：「予於山水外，別無嗜好。衣服飲食，但取粗適，不求鮮美。於財利至輕，每有所入，隨至隨散，不令有餘。常歎世人乍有權望，即外興獄訟，務為兼併。登弟之日，自矢之天，以為至戒。故平生無官府之交，無鄉鄰之怨，閒居獨坐，意常超然。雖凝塵滿室，若無所睹，其天性澹如也。於宦情亦然。自以為起身白屋，邂逅早達，欲俟四十三歲，即請老致仕，如錢若水故事，使國家無虞，明良在上，退為潛夫，自求其志，不知老之將至矣。」山中新宅，後聞江上有變，即罷匠事，惟廳堂儘成。〔註30〕

　　《山中堂屋上樑文》曰：戴符尋隱，久矣買山；潘岳奉親，昉茲築室。未說胸中之全屋，姑營面北之一堂。凡私計之綢繆，皆上恩之旁薄。自昔園林臺館之勝，難乎溪山泉石之全。瑯琊兩峰，似太行之盤谷；建陽九曲，類武夷之桃源。然而有竊而深者，無曠而夷；有清而屬者，無雄而峭。所在罕並於四美，其間各擅於一長。而況索之於杖屨之餘，去人遠甚；未有納之於戶庭之近，奉親居之。

　　主人白髮重闈，彩衣四世。出隨園鵠，付軒冕於何心；歸對林鳥，覺簞瓢之有味。頃辟上游之叢翳，偶逢小隱之坡陀。江村八九家，得重洲小溪，澄潭淺渚之勝；山行六七里，有詭石怪木，奇卉美箭之饒。攀飛雪而窺空谾，度修蕪而陟窮巘。雲奔虎鬥，根穴相呀；斗折蛇行，嵌巖差互，看輞川畫，如登南坨，過華子岡；讀黃溪詩，如上西山，至袁家渚。其遐詭，足以騁懷而游目；其深靚，足以養道而棲真。自天作之，非人力也。未為禪翁釋子之所物色，惟有樵童牧豎之相往來。偶然幻出種竹齋，見山堂，尚欲敞為拂雲亭，澄虛閣。

〔註30〕參見《文天祥全集》卷十七《紀年錄》，第690～691頁。

先生酒壺釣具，無日不來，夫人步輿輕軒，有時而至。乃若波濤洶潵，雪月紛披，煙雨吐吞，虹霞變現。將使山間四時之樂，盡為堂上百歲之娛。啜菽水，盡其歡，先廬固在；得萱草植之背，別墅何防。乃相南隅，乃規中奧。有護田一水，排闥兩山之勢；得栽芋百區，種魚千里之基。間之陰陽，天與我時，地與我所；若有神物，水增而廣，山增而高。不管相如四壁之蕭條，且作樂天三問之瀟灑。摠中列岫，庭際俯林；舍北生雲，離東出日。或積土室編蓬戶，或通行溜縛柴門。宛然林鑒坻島之中，更有花木樓臺之意。眼前突兀見此屋，人生富貴何須時。苟美苟完，爰居爰處。謳吟月露，供燕喜之詩；判斷煙霞，博平仄之笑。何必瑤池、崑崙、閬風、玄圃，方是神仙？不須終南、太華、天台、赤城，亦雲山水。被褐而還都，卻軌而杜門。彈琴以詠先生之風，高臥自謂羲皇之上。不知老將至，聊復得此生。今日幽居，便可號為秘書外監；他年全宅，亦無華於昌黎先生。小住郇斥，齊聽巴唱：

拋梁〔註31〕東，紅日照我茅屋東。繞盡湖陰橋上看，世間無水不流東。

拋梁南，說與山人住水南。江上梅花都自好，莫分枝北與枝南。
拋梁西，堤東千頃到堤西。往來各任行人意，湖水東流江水西。
拋梁北，濁酒一盃北摠北。白雲去往總何心，或在山南或山北。
拋梁上，莫道青山在屋上。青山一疊又青山，有錢連屋青山上。
拋梁下，試看流水在屋下。他時戲綵畫堂前，福祿來崇更來下。

伏願上樑之後，千山歡喜，萬竹平安。舉壽觴，和慈顏，兒童稚齒，昆弟斑白；濯清泉，坐木術，虎豹遠跡，蛟龍遁藏。陰陽調而風雨時，神祇安而祖考樂。一新門戶，永鎮江山。〔註32〕

《山中廳屋上樑文》曰：舍一畝之白雲，已開別業；屋四圍之流水，更啟前榮。發揮已定之規模，展拓方來之閎閣。有相之道，迺績于成。主人未了書癡，頗有山癖。先人之弊廬在，苟安風雨之餘；慈母以輕軒來，亦愛園林之近。頃斸蒼苔之地，盼營萱草之堂。

〔註31〕《文天祥全集》卷十二《三種堂屋上樑文》中，沒有「拋梁」二字。參見第452～453頁。
〔註32〕參見《文天祥全集》卷十二《山中堂屋上樑文》，第451～453頁。

雖環堵之間，粗云具體；然閭廬之制，未畢全功。相協厥居，聿來胥宇。堦阤所以行僎價，屏著所以肅賓嘉。不日成之，以時可矣。是用戒良梓，筮吉辰。蕭蚴螃於水端，架蜿蟺於雲表。然後翼之以廡，承之以門。移石而立庭皋，通泉而周戶外。清湍峻嶺，為不斷之藩垣；野草幽花，作自然之丹臒。老之將至，訖可少休。昔晦翁愛武夷而不能家，歐公卜穎水而非吾土。余何為者，乃幸得之。未問君王，便比賜鑑湖之宅，何湏將相，方謀歸綠野之堂。凡與同工，齊聽善頌：

拋梁東，日光穿竹翠玲瓏坡。茅屋栽門在半峰荆，鳳袂欲抱浮丘翁谷。

拋梁南，水面沙邊綠正涵荆。道人為作小蒲蓊坡，山上仙風舞檜杉坡。

拋梁西，雨過橫塘水滿堤豐。漁簑背雨向前溪荆，水聲秋碎入簾幃豐。

拋梁北，澄碧泓渟涵玉色歐。夜深山月吐半壁谷，誰來共枕溪中石坡。

拋梁上，亂峰深處開方丈歐。風雨戶牖當塞向谷，五更曉色來書幌坡。

拋梁下，門前白練長江瀉坡。鼓吹卻入農桑社坡，翠浪舞翻紅稨稐坡。

伏願上樑之後，山輝川媚，神比天同。俾耆俾艾，俾熾俾昌，壽母多祉，爰居爰處，爰笑爰語，君子攸寧。自此定居，永為安宅。〔註33〕

《集杜詩‧思故鄉七首》，《小序》曰：「余始創文山，其間水石竹木蕭然，有輞川盤谷之趣，蓋將終焉。承平時，鄉曲賓朋，日夕宴聚，樂以忘憂，真人世之清福。今思之，非惟平生故人，半為塵土，而故鄉萬里，並隔世外，惟死則魂識歸吾故鄉耳。哀哉！」

詩其一曰：天地西江遠，無家問死生。涼風起天末，萬里故鄉情。

其二曰：江漢故人少，東西消息稀。異花開絕域，野風吹征衣。

〔註33〕參見《文天祥全集》卷十二《山中廳屋上樑文》，第453～454頁。

其三曰：老大悲華年，天涯故人少。每望東南雲，決眥入飛鳥。

其四曰：人生無家別，親故傷老醜。剪紙招我魂，何時一樽酒。

其五曰：春水滿南國，慘淡故園煙。三年門巷空，永為鄰里憐。

其六曰：迢迢萬里餘，絕域誰慰懷。我園日蒼翠，回首望兩崖。

其七曰：春日漲雲岑，故國當北斗。窈窕桃李花，紛披為誰秀。

〔註34〕

八年壬申三十七歲。先生既數斥，遂援錢若水例致仕。此出《宋史本傳》，而胡廣所撰傳仍之，然《紀年錄》出於先生手筆，而無是語。且乙亥勤王，則固無論致仕與否，而是歲既致仕，則癸酉之領湖南事，甲戌之赴贛州，又何也？是誠有不敢知者，而姑從史傳存之。〔註35〕

九年癸酉三十八歲。正月，除湖南提刑，辭免不允。三月，領事。疏決滯淹，一路無留獄。連平邵永巨寇，道路肅清。夏，見古心江丞相萬里於長沙。萬里素奇先生志節，從容語及國事，愀然曰：「吾老矣！觀天時、人事，當有變。吾閱人多矣，世道之責，其在君乎？君其勉之！」先生《紀年錄》曰：「居一年而難作，江公義不辱，自沉而死。予灑血攘袂，顛沛驅馳，卒以孤軍陷沒，無益於天下。追念公言，輒為流涕！」〔註36〕

萬里為人峭直，臨事輒言。賈似道以去要君，帝至，拜留之。萬里以身披帝曰：「自古無此君臣禮，陛下不可拜，似道不可復言去。」似道不知所為，下殿回舉笏謝曰：「微公，似道幾為千古罪人！」然以此益忌之。萬里上疏求退，以資政殿大學士奉祠，又拜左相。以襄樊為憂，屢請益師往救，似道不答，萬里遂力求去，出知福州。已而，聞襄樊破，鑿池芝山後圃，扁其亭曰「止水」，人莫喻其意。虜陷饒州，萬里執門人陳偉器手曰：「大勢不可為，余雖不在位，當與國為存亡！」虜執其弟知南劍州萬頃，支解之。萬里赴止水死，左右及子鎬繼投沼中，積屍如疊。翌日，萬里屍獨浮出水上。事聞，贈太傅，益國公，諡文忠。先生嘗有壽詩、賀書、謝啟。

《賀古心壽詩序》曰：「古心江先生，以舊弼出鎮長沙，癸酉十

〔註34〕參見《文天祥全集》卷十六《集杜詩・思故鄉七首》，第668～670頁。

〔註35〕這段話，原文係小字。這段考訂語，很重要，說明作者並非完全遵循《紀年錄》，儘管《紀年錄》是他編訂此《文山詳傳》的基本史料，但還是參考其他材料，即如《宋史・文天祥傳》，作為補充材料。文天祥自訂的《紀年錄》沒有記載這條史料，甚至於八年都沒有事蹟。

〔註36〕參見《文天祥全集》卷十七《紀年錄》，第691頁。

月乙亥，是為七十六歲。門人文某，以一節趨走部內，謹擬古體一首為壽。」詩曰：「炎圖啟丕運，皇路熙以平。蜿蟺發令姿，有美洵一人。鴻藻舒朝華，大音鏘韶鈞。黼黻麗三階，火龍昭紱紘。桓圭殿南服，熊旆被金城。瞻彼鶉為火，翼軫宣其精。祥鸑舞瑤席，鳴鳳翔媧笙。孟冬兆陽氣，西北無浮雲。駕言酌春酒，可以寫我情。揚袴下祝融，纚履朝奉清。嘉猷扇九垓，還以遂古淳。君子保金石，所以永國成。純嘏錫千歲，綿綿贊休明。〔註37〕

《賀江端明書》曰：夏五之月，伏從下土，而竊聽朝命。恭惟天子蒐選洪儒，布滿侍從，而先主以海內達尊，居然冠文昌之首。僕自惟念正人登崇，天下誠幸誠賀，不敢以草野自疏，輒奉狀以為斯人之慶。記史登錄，及徹巖視，私心欣喜，莫可涯涘。山澤深遠，與廊廟本不相接。一日，閭巷風傳歡呼，則謂先生以某日踐政地，參樞筦。主上聖明，君子終為大用，莫不舉手加額，以為共相天子，活百姓，遂在旦夕。以一方推而放諸，知懽欣交通，人情莫不皆然。人望有所宗，而斯民之譽，猶出於直道。僕為之舞之蹈之，中夜以思，不能成寐。夫以穹壤之大，人倫之眾，而先生之進，大夫士庶民皆欣欣然相告，如其父兄親屬之得用，將有所利賴於己者。此其心豈千金之所可得，而家至戶曉所能同哉！

我朝先正，得此氣像，惟前有范文正，後有司馬公。范自諫府以來，以言事傾動中外，後來出師西邊，入班兩地。巖穴之士，慕下風而望餘光。蓋皆延頸企踵，以庶幾其一日之為相。司馬居洛中十餘年，當時兒童婦女，識與不識，競曰司馬相公。元祐初，衛士之感泣，都人之遮留，其由來者漸矣，非一朝一夕之故也。范公得經世之望，司馬公得救民之望，尚恨士大夫所以積望於平日，得望於當時。蓋幾世幾年而後得此。二公有以厭服天下之心口，聳動時人之耳目。而范公不及用，司馬公不及盡用，天之未欲平治天下，其如之何哉？今先生早以言語妙天下，中以政事動中朝，後以氣槩風度，上結人主之知，而下為四海所傾慕，則先生都范、馬之望於一身。蓋二公之後，又凡幾世幾年而後得此。天下之所以責望於先生者，豈與伈伈俔俔，笑與秩終，而甘同草木俱腐者同日而語哉！

〔註37〕參見《文天祥全集》卷二《壽江古心》，第53頁。

　　方今西有叛將，東有逆雛，而江淮與強敵為鄰，強兵富財之道，無所於講。主上不得怡，宰相以為憂，其顯證莫過於此。而學士大夫私相擬議，痛心疾首，以為方來無窮之變，伏於不足慮之中，而發於不測而不可禁者，其幾猶切凜凜。天下無事，則代天理物之地，猶可從事於牽補架漏，以庶幾不至於敗缺。不幸搶攘憂危之間，倘非碩德重名，積孚於人心，一日舉之以從民望，則鎮服危疑，收拾渙散，精神氣勢，未能一旦動天下之聽也。今當捄身定大亂，奠安方極，不敢自以為功，而方嘉與天下之賢者，共圖久安長治之策。先生從容於廟朝，訏謨於帷幄，則當捄所以隆體貌，敷腹心，未能或之先也。鄭侯所以舉代於平陽，茂弘所以深怨於安石，其為天下國家計者甚悉，豈曰身為功業而已哉！則夫先生之一身，其關係於方來之世道，誠重且大。而閨閤之內，父子骨肉，私憂過計，以為脫有倉卒，則所以寄命而幸全者，非先生疇依。然則先生之望，近世以來，絕無而僅有者。將范、馬不及為之事，先生將來雖欲逃之而不為，其亦何辭以謝天地神人之所期哉！僕鄙野無足道，又執方不通於世修問之書，每視以為甚重，而未敢輕發。其於先生，獨亹亹不倦，自天下之公而言，則僕之喜談樂道，與人情若不相遠，自一身之私而言，則僕誠何人，而辱先生特達之知，此其所以伸紙行墨，樂為四海誦其情，而不自覺其僭且瀆也。伏惟先生少垂察焉。〔註38〕

　　《謝江樞密啟》曰：領祠官之香火，敢望彈冠；掌冊苑之丹鉛，誤蒙推穀。薦非由於識面，事真可以語人。頂踵銜私，額手奏記。竊以觀遠臣以所主，孟子以言進退之間，遇大賢而相知，韓公以為遭逢之盛。蓋受恩非天下之所少，而知已得君子之為難。乃若初無左右之先容，獨受門墻之隆遇。以古道之相與，尤人生之至榮。

　　伏念某才不逾人，學未聞道，雖家庭疇昔之教，動欲行其本心，然山林樸野之資，知無補於當世。執經而後，承恩以來，念景行在四海之達尊，而科第非終身之能事。頗欲自拔於常人之類，庶幾無負於上帝之衷。頃趨闕下之時，適際江干之警。主憂臣辱，念我生之不時，外阻內訌，繫禍至之無日。回撫躬而思奮，遂投匭而獻言。當時破腦而刳心，何嘗爝頭而爛額。有倉卒尋死之慮，無毫髮近名

〔註38〕參見《文天祥全集》卷六《賀簽書樞密江端明古心》，第231～233頁。

之心。六太息之陳，豈曰賈生少年之過！三十字之獻，幸寬鄒模東
市之誅。逮時事之既平，滋人言之無據。小體者，戚其失措；好事
者，高其得名；痛癢無知者，以文采為賢；操挾不正者，以譁競為
議。匪躬之故，俱莫諒於初心；尚口乃窮，嗟難行於直道。既奉祠
而竊祿，頹閉門而讀書，未可與俗人言，姑盡吾分內事。不謂見知
於長者，遂勤延譽於諸公。承明之廬，著作之庭，未嘗夢想；寂寞
之濱，寬閒之野，遽沐寵光。非華袞有一字之褒，何弊帚增千金之
重。雖深慚於負乘，然幸出於鈞陶。永堅乃心，欲報之德。

　　茲蓋伏遇某官，清朝碩輔，昭代真儒，胸中括石渠、東觀之藏，
海內仰天球、河圖之瑞。睠惟世道，深屬我公。整頓乾坤，共屹江
流之柱；獻納日月，入旋斗極之樞。非徒耀不世之功名，將有意太
平之禮樂。凡今小往大來之會，多出前推後輓之功，遂使疏庸，例
叨拔擢，某敢不力持素節，勉企前修。稱彥博於都堂，幸借鄒公之
譽；薦仲淹於館職，敢忘元獻之知。〔註39〕

　　《集杜詩》曰：星拆臺衡地，斯文去矣休。湖光與天遠，屈注
滄江流。〔註40〕

冬，乞便郡養親，改知贛州。

十年甲戌三十九歲。三月，赴贛州。平易近民，與民相安無事。十縣素服
威信，人自相戒，無有出甲。廣人以按堵，故具官設位，家置香火以報恩。
六月，慶祖母劉夫人年八十七，郡民自七十以上，與錢酒米帛有差，有婦人
百三歲者。〔註41〕

七月，度宗崩，子嘉國公顯即位，謝太后理宗皇后臨朝。

　　稗史云：謝後臨朝，夢天傾東南，一人擎之，力若不勝，蹶而
復起者三。已而，一日墜地，傍有一人捧之而奔。覺而訪於朝，擎
天者，文天祥；捧日者，陸秀夫。此雖非正史，而後人文字多襲用，
故記之。

十一月二十一日，哀痛詔至。

　　詔曰：先帝傾崩，嗣君沖幼，吾至哀耄，勉御簾帷。曾日月之

〔註39〕參見《文天祥全集》卷七《謝江樞密萬里》，第253～254頁。
〔註40〕參見《文天祥全集》卷十六《集杜詩・江丞相萬里》，第633～634頁。
〔註41〕參見《文天祥全集》卷十七《紀年錄》，第691頁。

幾何，凜淵冰之是懼。憤茲醜虜，闖我長江，乘隙抵巇，誘逆犯順。
古未有純是夷虜之世，今何至泯然天地之經！慨國步之阽危，皆吾
德之淺薄。天心仁愛，示以星文而不悟；地道變盈，警以水患而不
思。田里有愁歎之聲，而莫之省憂；介冑有飢寒之色，而莫之撫慰。
非不受言也，而玩為文具；非不恤下也，而壅於上聞。靖言思之，
出涕滂若。三百餘年之德澤。入人也深；百千萬姓之生靈，祈天之
祐。亟下哀痛之詔，庶回危急之機。尚賴文經武緯之臣，食君之祿，
不避其難；忠肝義膽之士，敵王所愾，以獻其功。有國而後有家，
胥保而相胥告。體上天福華之意，起諸路勤王之師，勉策勳名，不
吝爵賞。故茲詔諭，想宜知悉。」〔註42〕

《文山先生詳傳》卷之二

孝恭帝顯德祐元年乙亥四十歲。

正月朔，得報，虜師渡江。詔下，召諸路勤王。先生奉詔涕泣，起兵。移
檄諸路，聚兵積糧。時賈似道駐師魯港，復先生書，勉以宗忠潛功名。二月，
似道師潰，章鑑乃啟除先生右文殿修撰、樞密副都丞旨、江西按撫副使兼知贛
州，尋兼江西提刑，進集英殿修撰、江西安撫使。陳繼周發郡中豪傑，並結溪
洞蠻。四月，用老將王輔佐為總統，領兵下吉州。輔佐尋卒，以方興代之，使
召吉州兵。諸路豪傑皆應，有眾萬人。加權兵部侍郎。五月，丁祖母劉夫人憂。
六月，葬夫人，而起復命下。先生累疏乞終制，不許。仍趣兵移洪。初，左相
王熵主先生遷擢，屢趣先生入衛，與右相陳宜中不合，熵引嫌去國。京學生上
書訟宜中沮先生事，宜中出關。留夢炎代相，索厚宜中，又黨江西制置使黃萬
石。萬又忌先生聲望出己右，以先生軍烏合兒戲無益，遂趣萬石入衛，以先生
移屯隆興，經略九江。時先生義聲一倡，土豪蠻蜒裹糧景從，而時議目之以倡
狂。有人作詩。

> 詩曰：出師自古尚張皇，何況長江恣擾攘。聞道義旗離槽口，
> 己趨北騎走池陽。先將十萬來迎敵，最好諸軍自裹糧。說與無知饒
> 舌者，文魁元不是倡狂。〔註43〕

察院孫嶸叟奏言：「天祥以身許國，義不辭難。上下東西，惟命奔走。天

〔註42〕參見《文天祥全集》卷十七《紀年錄》，第691～2頁。
〔註43〕參見《文天祥全集》卷十七《紀年錄》，第692頁。

祥猥起書生，豈諳兵事！待罪一州，忠憤激發，不能坐視，移繳諸路，冀有盟主，顧率兵以從。人心未易作興，世事率多阻沮撓，北兵日迫，血淚橫流。徒手自奮，立為司存。今已結約諸豪，溪峒慓悍之徒，悉已糾集。會合諸郡民丁，來赴闕下，忽得留屯隆興指揮，觀廳之間，便生疑惑。天祥所統，純是百姓，率之勤王，正以忠義感激使行，又有官資在前，為之勸勵。此曹銳氣方新，戰鬥可望勝捷。若閉之城郭，責以守禦，日月淹久，烏合之眾，不堪安坐，必至潰逃。此勤王與留屯較然，利害之不同也。特收回隆興之命。」

已而，萬石陰與呂師夔通，退屯撫州。嗾守臣趙必岊以宜黃令趙時秘狀稱，寧都連、謝、吳、唐、明、戴六家義士，劫樂安、宜黃，將至撫州，申樞密院。先生言：「寧都六姓招募數千人，駐吉州，候旨入衛。未嘗有一足之撫州境內。」守臣張皇誑惑，欲沮阻撓勤王大計，有旨責降。必岊時秘趨先生入衛，先生有友止之曰：「元兵三道鼓行，破郊畿，薄內地。君以烏合萬餘赴之，是何異驅羊而搏虎！」先生曰：「吾亦知其然，第國家養育臣庶三百餘年，一朝有急，徵天下兵，無一人一騎入關者，吾深恨於此。故不自量力，而以身徇之。庶天下忠臣義士，將有聞風而起者。義勝者謀立，人眾者功濟，如此則社稷猶可保也。」先生性豪華，平生自奉甚厚，聲伎滿前。至是痛自抑損，盡以家貲為軍費。每與賓佐語及時事，輒流涕撫几言曰：「樂人之樂者，憂人之憂；食人之食者，死人之事。」聞者為之感動。

七月，先生以兵二萬，至衢州。軍容伉健有紀，秋毫無犯，朝廷始大驚，除權工部尚書，兼都督府，參贊軍事。

> 誥詞曰：自吾有敵難，羽檄召天下兵，惟卿首倡大義，糾合熊羆之士，誓不與虜俱生。文而有武，儒而知兵，精忠勁節，貫日月，質神明，惟寵嘉之。投袂纓冠，提兵入衛，師律嚴肅，勝氣先見。宗社生靈，恃以為安。縣少常伯進長冬卿，未足以酬賢勞，相臣督師於外，命卿參佐，庶幾集允文采石之功。夫移孝為忠，以國為家，古有明訓。翔危急之秋，其往求朕攸濟，理考親擢魁彥，以貽孫謀，意其在此，又何遜乎？故茲詔示，想宜知悉。〔註44〕

八月，先生至臨安，朝論猶以宜中未入為嫌。先生駐兵西湖上兩月，累奏乞終喪。又奏「古有墨衰從戎，無有墨衰登要津」者，乞仍以樞密副都丞旨、江西安撫使、領兵國門，不許。九月，除浙西江東制置使，兼江西安撫大使，

〔註44〕參見《文天祥全集》卷十七《紀年錄》，第 693～694 頁。

兼知平江府，留不遣，俟宜中至，乃發。

　　誥詞曰：朕未堪多難，疆圉孔棘，御事罔不曰艱大，天毖我成
　功，所惟時魁儒秉忠倡義，獎率三軍，入衛社稷，國勢為之增重，
　人心恃以為安。精神折衝，文武是憲。若稽高廟，命臣頤浩，開制
　閫于江浙，宏濟中興之業，著定救功。卿器度才猷，克邁前哲。惟
　長江之險要未復，畿甸之備守當嚴。命卿以大常伯，兼領二使，表
　裏撐拓，以固吾圉；東西運掉，以清虜氛。儒帥一臨，士勇百倍，
　用保又我文祖受命，民茲惟豐芑貽謀之意，亟其禍牙，紓朕宵旰之
　憂，所辭宜不允。〔註45〕

　時朝議以呂文煥為元鄉導，詔諭使通和議，追封呂文德為和義郡王，以文
德子師孟為兵部侍郎，欲賴以求好。師孟益偃蹇自肆。先生上疏言：「朝廷姑
息牽制之意多，奮發剛斷之義少，乞斬師孟，爨鼓以作將士之氣。」且言：「本
朝懲五季之亂，削藩鎮，建郡邑，一時雖足以矯尾大之弊，然國亦以寖弱。故
敵至一州，則一州破；至一縣，則一縣殘。中原陸沈，痛悔何及！今宜分境內
為四鎮，建都統御於其中。以廣西益湖南，而建閫於長沙；以廣東益江西，而
建閫於隆興；以福建益江東，而建閫於番陽；以淮西益淮東，而建閫於揚州。
責長沙取鄂，隆興取蘄黃，番陽取江東，揚州取兩淮。使其地大力眾，足以抗
敵，約日齊奮，有進無退，日夜以圖之。彼備多力分，疲於奔命，而吾民之豪
傑者，又伺間出於其中，如此，則敵不難卻也。」全文不傳。時議以先生議論濶
遠，書奏不報。〔註46〕

　　張氏時泰曰：信國公之謀略，其條理謹嚴，可謂不世出之高識。
　信為禦敵之上策也。議者反謂迂闊而不報，宋事不可為矣。

　元軍攻常州，始遣先生就戍。十六日，除端明學士。

　　制詞曰：元戎十乘先行，式倚真儒之望；師中三命承寵，適隆
　方面之權。朕若稽先朝之舊章，最重承明之遴職。內以傳畿廷之彥，
　外亦襃帥閫之賢。王素之牧平涼，程勘之涖益部，皆膺茲選，今得
　其人。某官實學濟時，英猷緯國，文有武備，義棐質於神明；儒知
　軍情，忠忱貫於霜日。傳檄召兵而志士奮，纓冠赴難而國勢張。不
　負素定之榮，允謂寡二之略。予欲復江表之疆宇，命爾攘除；予欲

<hr>

〔註45〕參見《文天祥全集》卷十七《紀年錄》，第695頁，有刪節。
〔註46〕參見《宋史》卷二五五《文天祥傳》，第12535頁。

壯浙西之翰藩,恣爾修扞。咸稜肇前茅之令,夷虜折破竹之威。惟任之專者位必崇,惟名之至者功必集。乃躋班規殿之峻,以增華師闥之嚴。噫!邦咸喜,戎有良翰,茂對陟明之渥;身雖外,心在王室,趣成敵愾之勳。〔註47〕

十月,先生入平江,宜中遣張全將淮兵二千援常州。

十一月,朝廷賜先生詔。

> 詔曰:卿秉忠忱,以濟時難。倡義旅以衛王室,經營四方以召虎,獎率三軍如武侯,爰諗常伯之英,趣奮制閫之寄。將士用命,遂汎掃於虜氛;精神折衝,益振揚於勝氣。有嘉體國之志,亟奏攘夷之勳。元戎啟行,周邦咸喜,載加錫賞,式示眷懷。今賜卿金二十兩,注盌一副,金十五兩,盤盞一副,細色二十四,纈羅二十四,龍涎香三十餅,度金香合一具,十兩清馥香三十帖,龍茶十斤,至可領也。故茲箚示,其體吾注倚之意。〔註48〕

先生以張全為淮將,必經歷老成,遂遣朱華、尹玉、麻士龍,將三千人從之。全無統馭之才,自為畦町,提淮軍往橫林設伏虞橋,元兵至,士龍戰死,全不救,走回五木一作牧。五木乃朱華軍所駐,如掘溝塹,設鹿角,張全皆不許。朱華措置,殊不曉其意。二十七日,元兵薄朱華。自辰至未,朱華與廣軍對。元兵自路塘直來,死於水者不可勝計。至晚,元兵繞山後,薄贛軍,尹玉當之。曾全、胡遇、謝雲、曾玉先遁走,尹玉死焉。張全提軍隔岸,不發一矢,有利災樂禍之心。朱華軍渡水,挽張全軍船,張全令諸軍斷挽船者之旨,於是溺死者甚眾。張全並宵遁。惟尹玉殘軍五百人,與元兵角一夕,殺元兵及馬,委積田間。質明,止有四人得歸,無一人降者。尹玉,寧都人,以捕盜功為贛州三寨巡檢,素驍勇敢戰,從先生勤王。至是,以所部三寨及義士五百人殊死戰,手殺七八十人。元軍橫四鎗於其項,以敲棍擊死之。先生初欲先斬張全,然後取一時敗將並從軍法。張全為朝廷所遣,請於都督乃宥,張全使自贖,獨斬曾全以殉。贈尹玉團練,使立廟死所,官其二子。後先生有弔五木及哭尹玉詩,悔未斬張全詩見下。元兵破常州,憤其堅守,殺戮無遺。進攻獨松關急,留夢炎、陳宜中、陳文龍議棄平江,趣先生移守餘杭,先生猶豫未決,辭以吳門空虛,顧分兵戍守兩府。劄再至,先生乃委印通判王橐之一作矩之,責環衛王邦

〔註47〕參見《文天祥全集》卷十七《紀年錄》,第695頁。
〔註48〕參見《文天祥全集》卷十七《紀年錄》,第695頁。

傑以城守。先生去平江三日，舉之、邦傑開門迎降。都人大駭，議先生棄平江。先生出兩府，劄榜朝天門，眾始定。先生赴闕時有詩。

> 詩曰：楚月穿春袖，吳霜透曉韉。壯心欲填海，苦膽為憂天。
> 役役慚金注，悠悠歎尾全。大夫竟何事，一日定千年。先生《指南錄》
> 第一卷起此篇，止使北諸詩，第二卷起杜架閣，止沈頤家，第三卷起定計難，止哭
> 金路分應，第四卷起懷楊通州，止自歎詩，先生有自序，又有後序。〔註49〕

內批：「先生進資政殿學士，浙西、江東制置大使，兼江西安撫大使，置屯餘杭，守獨松關。」

> 《集杜詩·蘇州小序》曰：「予領兵赴闕，時陳宜中歸永嘉，留
> 丞相夢炎當國。夢炎意不相樂，予以制闇，守吳門，尋以獨松事急，
> 陳丞相、留丞相、陳樞密文龍，連書趣還宿衛，予不得已行。未幾，
> 姑蘇陷。哀哉！」詩曰：「嵯峨閶門北，朱旗散廣川。控帶莽悠悠，
> 慘憺凌雲煙。」〔註50〕

十一月，劉槃以隆興府降。初，先生遺書彭震龍，復永新縣。震龍，字雷可，永新人。先生次妹婿，性跌宕，喜事功，與城南袍陂八姓龍吳段左張潭顏劉倡義，王師大振。槃亦永新人，而素無行為，士人所疾，及降虜。導虜屠永新，震龍為親黨張履翁所執，至帥府腰斬。八姓知勢不可為，各挈妻孥赴潭水死，少長共三千人，號袍陂為忠義里，潭為忠義潭。蕭敬夫、燾夫兄弟皆工詩，為先生客。與震龍謀復永新縣，縣陷，兄弟俱死之。孫桌，字實甫，龍泉人，先生長妹婿。先生兵出，邑人奉桌以邑返正，虜軍來攻，據守不能下，為親黨所賣，遇害於隆興。制置黃萬石移闇撫州，聞元兵至而遁，都統密宥迎敵就擒，通判施至道以城降，留夢炎遁。

二年五月以後為端宗景炎元年丙子四十一歲。正月初二日已未，除先生知臨安府，辭不拜。引輕兵至闕，朝廷送吉王、信王閩廣，從先生劄議也。大臣日請三宮渡江，太皇太後不允。初八日，先生請以福王或沂王判臨安，以繫人望，身為少尹以輔之。有急，則密移三宮，當以死衛社稷。又請自將京師義士二十萬，與城內外軍數萬人，背城一戰，以為守。議不合，少保張世傑宿重兵於六和塔，亦請移三宮入海，而已背城一戰，宜中不許。世傑者，元將

〔註49〕參見《文天祥全集》卷十三《指南錄》卷一《赴闕》，第480頁。文中凡是作
　　　　者考訂性的文字，皆以小字標出，乃關鍵性論述。
〔註50〕參見《文天祥全集》卷十六《集杜詩·蘇州》，第636頁。

柔元將弘範之父之從子，從柔戍犯罪來奔，阮思聰見而奇之。言於呂文德，召置麾下，累功至都統制，將兵拒元。與劉師勇諸將大出師焦山，令以十舟為方，碇江中，非有號令，毋得發碇，示以必死。元阿朮以火矢攻之，蓬檣俱焚，諸軍欲走不能前，多赴江死。張弘範、董文炳復以銃卒橫衝，世傑大敗，奔圖山。尋以兵入衛，加檢校少保。十五日，在朝臣多逸，朝廷擬除先生江東西廣東西制置大使，兼廣東經略，知廣州。未及出命，十七日，伯顏至皋一作高亭山，距臨安三十里。十八日，至臨安，宜中遣使，絡繹講解世傑及劉師勇、蘇劉義等，以不戰議降，遂去。世傑次於定海。十九日早，除先生樞密使。午，又除右丞相兼樞密使，都督諸路軍馬。先生懇辭不拜。伯顏以兵屯榷木教場，城中將官紛紛自往納降。時先生所部兵，皆聚於富陽，先生欲召入城，而已不及事。三宮九廟，百萬生靈，立有魚肉之憂。使轍交馳，上下震恐。諸執政侍從，會於左丞相吳堅府，不知計所出。伯顏邀宜中相見，宜中許之。是夜四鼓，宜中逃。

　　《集杜詩·將相棄國》曰：扈聖登黃閣，大將赴朝廷。胡為入
　　雲霧，浩蕩乘滄溟。〔註51〕

　　《拜相小序》曰：事已無及，無可奈何矣！予不敢當亡國之名，
　　請有危難捐軀而已。詩曰：我來屬時危，朝野色枯藁。倚君金華省，
　　不在相逢早。〔註52〕

有旨，令先生詣北軍講解，眾謂：「先生一行，為可以紓禍，國事至此，先生不得愛身，且意虜尚可以口舌動也。」二十日，遂以資政殿舊職，詣虜營。獨杜滸力爭其不可，陳志道逐滸。滸，字貴卿，號梅壑，天台人，游俠於臨安，及臨安危，糾合義兵四千人，當國者不省。見先生西湖上，先生嘉其有志，頗獎異之。先生既北行，諸客皆散，莫敢從。滸慨然請行，與先生同發。

　　《集杜詩·出使》曰：隔河見胡騎，朝進東門營。皇皇使臣體，
　　詞氣浩縱橫。〔註53〕

　　《發京師》曰：東下姑蘇臺，揮涕戀行在。蒼茫雲霧浮，風帆
　　倚翠蓋。〔註54〕

〔註51〕參見《文天祥全集》卷十六《集杜詩·將相棄國》，第626頁。
〔註52〕參見《文天祥全集》卷十六《集杜詩·將相棄國》，第637頁。
〔註53〕參見《文天祥全集》卷十六《集杜詩·出使》，第637頁。
〔註54〕參見《文天祥全集》卷十六《集杜詩·發京師》，第637頁。

　　先生見伯顏，陳大誼，詞旨慷慨曰：「宋承帝王正統，非遼金比。今北朝將欲為與國乎？將毀其宗社乎？若以為與國，則宜退兵平江，或嘉興，然後議歲幣，與金帛犒師，天祥躬督所議，悉輸軍前。北朝完師以還，此為不戰而全勝，策之上也。若欲毀其宗社，則兩淮、兩浙、閩、廣尚多未下，窮兵取之，利鈍未可知。假能盡取，豪傑並起，兵連禍結，必自此始。」伯顏初以危言折之，先生謂：「宋狀元宰相所欠一死報國耳。宋存與存，宋亡與亡；刀鋸在前，鼎鑊在後，非所懼也，何怖我為？」伯顏改容回謝曰：「前日已遣程鵬飛詣宋，太皇太后簾前親聽處分。候鵬飛至，即與丞相定議。」明日，左丞相吳堅、右丞相賈餘慶同知樞密院事，謝堂僉書樞密院事，家鉉翁同僉書樞密院事，劉岊與呂師孟奉降表至。監察御史楊應奎奉傳國璽。

　　《表》曰：宋國主顯謹百拜奉表言：顯眇然幼沖，遭家多難，
　　權奸賈似道，背盟誤國，至勤興師問罪，顯非敢趨避，以求苟全。
　　今天命有歸，顯將焉往？謹奉太皇太后命，削去帝號，以兩浙、福
　　建、江東西、湖南、二廣、四川、兩淮，見存州郡，悉上聖朝，為宗
　　社生靈祈哀請死。伏望聖慈垂念，不忍顯三百餘年宗社，遽至隕絕，
　　令趙氏子孫世世有賴，不敢弭忘云。

　　伯顏引先生同坐，堅等各就車歸，獨留先生營中，不遣。初，伯顏辭屈而不敢怒，諸酋相顧動色，稱為丈夫。是晚，諸囚相議良久，留先生而失信。先生直前責伯顏，辭色甚厲，不復顧死。譯者再四失辭，先生迫之益急，伯顏怒且愧。諸酋羣起呵斥，先生益自奮不屈。呂文煥徒傍慰解之，勸先生去。虜之左右皆嘖嘖稱男子。先生始至，適與文煥同坐，先生不與語。至是，文煥與諸酋勸先生坐。野中以少遲一二日即入城，皆紿辭也。始先生赴平江，入疏言「叛逆遺孽，不當待以姑息，乞舉《春秋》誅亂賊之法」，意指呂師孟，朝廷不能行。至是，文煥云：「丞相何故罵煥以亂賊？」先生謂：「國家不幸至今日，汝為罪魁，汝非亂賊而誰！三尺童子皆罵汝，何獨我哉？」煥云襄守六年不救。先生謂：「力窮援絕，死以報國，可也。汝愛身，惜妻子，既負國，又隳家聲。今合族為逆，萬世之賊臣也！」師孟在傍甚忿，直前云：「丞相上疏欲見殺，何為不殺取師孟！」先生曰：「汝叔侄皆降北，不族滅汝，是本朝之失刑也，更敢有面皮來做朝士，余實恨不殺汝叔侄！汝叔侄能殺我，我為大宋忠臣，正是汝叔侄周全我，我又不怕！」師孟語塞，諸酋皆失色動顏。唆都以告伯顏，伯顏吐舌云：「文丞相心直口快，男子心！」唆都閒云：

－117－

「丞相罵得呂家好！」〔註55〕

初，先生聞宜中將以元月十五日會伯顏於長堰，力言不可，宜中為尼其行。先生自知非不明後，卒自蹈深悔，其一出之誤，作《自歎》及《鐵錯》詩。

《自歎》詩曰：長安不可詣，何故會高亭？倦鳥非無翼，神龜弗自靈。乾坤增感慨，身世付飄零。回首西湖曉，雨餘山更青。〔註56〕

《鐵錯》詩曰：貔貅十萬眾，日夜望南轅。老馬翻迷路，羝羊竟觸藩。武夫傷鐵錯，達士笑金昏。單騎見回紇，汾陽豈易言！〔註57〕

聞故人劉小村、陳蒲塘引兵而南，流涕不自堪，作《所懷》詩。

詩曰：只把初心看，休將近事論。誓為天出力，疑有鬼迷魂。明月夜推枕，春風晝閉門。故人萬山外，俯仰向誰言。〔註58〕

虜酋以先生議論太烈，愈疑憚，不得歸。先生聞將校官屬日有叛，去悲歎作詩，諸詩竝附見

詩曰：悠悠天地闊，世事與誰論？清夜為揮涕，白雲空斷魂。死生穌子節，貴賤瞿公門。前輩如瓶戒，無言勝有言。〔註59〕

《愧故人》詩曰：九門一夜漲風塵，何事癡兒竟誤身。子產片言圖捄鄭，仲連本志為排秦。但知慷慨稱男子，不料蹉跎愧故人。玉勒雕鞍南上去，天高月冷泣孤臣。〔註60〕

《求客》詩曰：眼看銅駝燕雀愁，東風花柳自皇州。白雲萬里易成夢，明月一間都是愁。男子鐵心無地著，故人血淚向天流。雞鳴曾脫函關厄，還有當年此客不？〔註61〕

《記事》詩七首。其一曰：三宮九廟事方危，狼子心腸未可知。若使無人折狂虜，東南那箇是男兒。

其二曰：春秋人物類能言，宗國常因口舌存。我亦瀕危專對出，北風滿野負乾坤。

〔註55〕參見《文天祥全集》卷十三，《指南錄》卷一《紀事四首序》改編，第483~484頁。

〔註56〕參見《文天祥全集》卷十三，《指南錄》卷一《自歎》，第481頁。

〔註57〕參見《文天祥全集》卷十三，《指南錄》卷一《鐵錯》，第481頁。

〔註58〕參見《文天祥全集》卷十三，《指南錄》卷一《所懷》，第480頁。

〔註59〕參見《文天祥全集》卷十三，《指南錄》卷一《和言字韻》，第481頁。

〔註60〕參見《文天祥全集》卷十三，《指南錄》卷一《愧故人》，第481~482頁。

〔註61〕參見《文天祥全集》卷十三，《指南錄》卷一《求客》，第482頁。

其三曰：單騎堂堂詣虜營，古今禍福了如陳。北方相顧稱男子，
似謂江南尚有人。

其四曰：百索無厭不可支，甘心賣國問為誰？豺狼尚畏忠臣在，
相戒勿令丞相知。

其五曰：慷慨輕身墮蒺藜，牝羊生乳是歸期。豈無從吏私袁盎，
恨我從前少侍兒。

其六曰：英雄未肯死前休，風起雲飛不自由。殺我混同江外去，
豈無曹翰守幽州！

其七曰：狼心那顧歃銅盤，舌在縱橫擊可汗。自分身為齏粉碎，
虜中方作丈夫看。〔註62〕

《記呂文煥事》詩四首。其一曰：不拚一死報封疆，忍使湖山
牧虎狼。當日本為妻子計，而今何面見三光。

其二曰：虎頭牌子織金裳，北面三年蟻夢長。借問一門朱與紫，
江南幾歲謝君王。

其三曰：梟獍何堪共勸酬，衣冠塗炭可勝羞。袖中若有擊賊笏，
便使凶渠面血流。

其四曰：麟筆嚴於首惡書，我將口舌擊奸諛。雖非周勃安劉手，
不愧當年產祿誅。〔註63〕

　先生既為虜所留，唆都使信世昌來伴先生。世昌，字雲父，東平府人。公
子無忌之後，為虜太常丞，北方之儒也。知古今，識道理，可語以中原遺黎，
甚倦倦於本朝，頗輸情焉。作詩贈先生，有云：「宗廟有靈賢相出，黔黎無害
大皇明。」世昌以為高麗地方數千里，昨喪其半，遂稱藩。大元喜其不拒，並
侵疆歸之，今傳國如故。大宋衣冠正統非高麗比，北必不敢無禮於吾社稷也。
先生愛其人，贈詩。

　詩曰：東魯夷黎老子孫，南方心事北方身。幾多江左腰金客，

〔註62〕參見《文天祥全集》卷十三，《指南錄》卷一《紀事》，第482～483頁。
〔註63〕參見《文天祥全集》卷十三，《指南錄》卷一《紀事四首》改編，第484頁。
　　　編者按：此處完全根據作者之意，重新進行了編排。不僅打破了原詩在《文天
　　　祥全集》中的順序，而且也重新給予了題目。這四首詩在《文天祥全集》中，
　　　儘管也是收在《指南錄》中，題目則是《紀事四首》，而此處改為《記呂文煥
　　　事》，更為明確指明係批評呂文煥父子的。實際上這裡前面根據其詩序來敘述
　　　文天祥跟伯顏和呂文煥見面的情形，直接作為其敘事的來源，但並沒有將詩
　　　歌緊繼其後，而是改變了原來詩序與詩直接相連的關係。

便把君王作路人。〔註64〕

世昌好為詩，而辭甚俚近。一日，問先生以詩法。先生因宮詞數章，比興悠長，意在言外。世昌恍有所得，明日袖出一絕，云：「東風吹落花，殘英猶戀枝。莫怨東風惡，花有再開時。」言先生之不忘王室，而王室之必中興也。先生曰：「雲父居近闕里，濡染孔氏之遺風，故其用意深厚，而超悟如此云。」〔註65〕

二十一日，賈餘慶等既以國降，令學士降詔，俾天下州郡歸附之。又各州付一省劄，惟樞密使家鉉翁，於省劄上，不肯押號。吳堅一惟餘慶之命，程鵬飛見鉉翁不肯奉命，堂中作色，欲縛之去。鉉翁云：「中書省無縛執政之理！」歸私廳以待執，虜竟不敢誰何！先生以忠義孤立，聞其事以自壯，作《則堂》詩。則堂，翁號也。〔註66〕

　　詩二首。其一曰：山河四塞舊甌金，藝祖高宗實鑑臨。一日盡
　　將輸敵手，何人賣國獨甘心。

　　其二曰：中書堂帖下諸城，搖首庭中號獨清。此後方知樞密事，
　　從今北地轉相驚。〔註67〕

二十四日，伯顏遣鎮撫唐兀兒、宋趙興相等，先罷散先生所招義兵一萬餘眾，令各歸鄉里，給與文榜。先生聞之流涕，思陳蒲塘方將軍作詩。

　　《思陳》詩曰：揚旌來冉冉，捲旆去堂堂。恨我飛無翼，思君濟
　　有航。麒麟還共處，熊虎已何鄉。南國應無恙，中興事會長。〔註68〕

　　《思方》詩曰：始興溪子下江淮，曾為東南再造來。如虎如熊
　　今固在，將軍何處上金臺。〔註69〕

唆都謂先生曰：「大元將興學校，立科舉，丞相在大宋為壯元宰相，今為大元宰相無疑。」丞相常說：「國存與存，國亡與亡，這是男子心。天下一統，做大元宰相，是甚次第！『國亡與亡』四箇字休道！」先生哭而拒之。唆都常

〔註64〕 參見《文天祥全集》卷十三，《指南錄》卷一《信雲父二首》改編，第484～
　　　　5頁。
〔註65〕 參見《文天祥全集》卷十三，《指南錄》卷一《信雲父二首》改編，第485頁。
〔註66〕 編者按，此處係《則堂二首》小序改編。
〔註67〕 參見《文天祥全集》卷十三，《指南錄》卷一《則堂二首》，第485頁。
〔註68〕 參見《文天祥全集》卷十三，《指南錄》卷一《思蒲塘陳》，詩的題目與《指南
　　　　錄》中不同，第486頁。
〔註69〕 參見(《文天祥全集》卷十三，《指南錄》卷一《思方將軍》，詩的題目與《指
　　　　南錄》中不同，第485頁。

恐先生之伏死節也。先生有詩。

　　　詩曰：虎牌氍笠號公卿，不直人間一唾輕。但願扶桑紅日上，

　江南匹士死猶榮。〔註70〕

　　唆都、忙古歹一日問先生以度宗幾子，答曰：「三子。」問：「皇帝是第幾
子？」答曰：「第二子，立嫡也。」問：「第一子、三子封王乎？」曰：「一吉
王，一信王。」問：「今何在？」曰：「大臣護之去矣。」駁云：「去何處？」
曰：「非閩則廣。宋疆土萬里，盡有世界在。」云：「既是一家，何必遠去？」
曰：「何為恁地說？宗廟社稷所關，豈是細事！北朝若待皇帝好，則二王為人
臣；若待皇帝不是，即便別有皇帝出來。」二酋為之愕眙，不能對。先生有詩。

　　　詩曰：一馬渡江開晉土，五龍夾日復唐天。內家苗裔真隆準，

　虜運從來無百年。〔註71〕

　　唆都問先生曰：「何以去平江？」先生曰：「有詔趣入衛。」問：「先生兵
若干？」先生曰：「五萬人。」唆都喟然歎曰：「天也！使丞相在平江，必不降。」
先生問：「何以知之？」云：「相公氣槩如何肯降，但累城內百姓。」先生曰：
「果廝打亦未見輸贏。」唆都大笑，先生有詩。

　　　詩曰：氣槩如虹俺得知，留吳那肯豎降旗。北人不解欺心語，

　正恐南人作淺窺。〔註72〕

　　虜既劫詔書，佈告歸附，又逼幼主拜表獻土。吳堅、賈餘慶、謝堂、家鉉
翁、劉岊五人，奉表北庭，號祈請使。餘慶幸國難，自詭北人氣焰不可向邇，
堂無識附和；堅老儒，畏怯不能爭；岊狎邪小人，方乘時取美官，揚揚自得；
惟鉉翁非願從者。猶以為趙氏祈請，意虜主或可語，冀一見陳說，為國家有一
線，故引決所未忍也。五人之行，皆出虜意。堅初以老病求免，且已許之，故
表中所述賈、謝、家、劉四人，堅不與焉。二月初八日，四人登舟。忽伯顏趣
先生與吳堅入北，先生不在使列。蓋驅逐之，使去盡出，賈餘慶計也。先生陷
在難中，無計自脫。初九日，與堅同被逼脅，黽勉就船。先一夕，先生作家書，
處置家事，擬翌日定行止，行則引決，不為偷生。及見堅，及鉉翁。堅殊無徇
國之意，鉉翁則以為死傷勇，祈而不許，死為未晚。先生以是徘徊隱忍，猶冀
一日有以報國。惟餘慶凶狡殘忍，出於天性。密告伯顏，使啟虜主拘先生於沙

〔註70〕參見《文天祥全集》卷十三，《指南錄》卷一《唆都》，第486頁。

〔註71〕參見《文天祥全集》卷十三，《指南錄》卷一《二王》，第486～487頁。

〔註72〕參見《文天祥全集》卷十三，《指南錄》卷一《氣概》，第487頁。

漢。謝堂已宿謝村。至九日，忽駕舟而回。或謂唆都為之地，伯顏得賄而免。堂曲意而承虜，可鄙惡。先生悲憤作詩。

詠餘慶曰：自說家鄉古相州，白麻風旨出狂酋。中書盡出降元表，北渡黃河衣錦遊。

詠堅曰：至尊馳表獻燕城，肉食那知以死爭。當代老儒居首揆，殿前陪拜率公卿。

詠嵒曰：江南浪子是何官？只當空盧雜劇看。撥取公卿如糞土，沐猴徒自辱衣冠。

詠堂曰：公子方張奉使旗，行行且尼復何為？似聞傾盡黃金塢，辛苦平生只為誰？

詠鉉翁曰：廷爭堂堂負直聲，飄零沙漠若為情。程嬰存趙真公志，賴有忠良壯此行。

自詠三首。其一曰：初修降表我無名，不是隨班拜舞人。誰遣附庸祈請使，要教索虜識忠臣。

其二曰：客子飄搖萬里程，北征情味似南征。小臣事王寧無罪，只作幽州謫吏行。

其三曰：使斿盡道有回期，獨陷羈臣去牧羝。中爾含沙渾小事，白雲飛處楚天低。〔註73〕

先生之行也，獨杜滸從之。先生曰：「梅壑憐予孤苦，慨然相從，天下義士也。」朝旨特改宣教郎，除禮兵架閣文字。先生作《杜架閣詩》二首。

其一曰：仗節辭王室，悠悠萬里轅。諸君皆雨別，一士獨星言。啼鳥亂人意，落花銷客魂。東坡愛巢穀，頗恨晚登門。

其二曰：昔趨魏公子，今事霍將軍。世態炎涼甚，交情貴賤分。黃沙揚暮靄，黑海起朝氛。獨與君攜手，行吟看白雲。〔註74〕

初十日，泊謝村。是夜，先生擬與滸逃去。二更，虜遣劉百戶等二三十人，

〔註73〕參見《文天祥全集》卷十三，《指南錄》卷一《使北》，第487～488頁。基本內容都是來自《指南錄》，但是在詩的名稱，還有個別的稱呼上，作了適當改正。《指南錄》是文天祥自己寫的，而現在作者將文中第一人稱都改為第三人稱，這是一個最大的不同。同時，基本上加上了每首詩的題目，事實上，在《指南錄》中，這一個部分的內容都是置於《使北》這個標題之下，編入此書之中，作者也沒有加上這個題目。

〔註74〕參見《文天祥全集》卷十三，《指南錄》卷二《杜架閣二首》，第489頁。

擁一舟來，逼下船。遂不果。作《聞雞詩》。

> 詩曰：軍中二十日，此夕始聞雞。自入北營，未嘗有雞唱，因泊謝村
> 始有聞。塵暗天街靜，沙長海路迷。銅駝隨雨落，鐵騎向風嘶。曉起
> 呼詹尹，何時脫蒺藜？〔註75〕

劉百戶者，中原人，尚可告語也。賈餘慶語鐵木兒曰：「文丞相心腸別。」
翌日早，鐵木兒自駕一舟來，令命裏千戶捽先生上船。凶燄嚇人，見者莫不流
涕。命裏高鼻而深目，面毛而多鬚，回回人也。先生作詩。

> 詩曰：熊羆十萬建行臺，單騎誰教免冑來。一日捉將沙漠去，
> 遭逢碧眼老回回。〔註76〕

十一日，宿處岸上，有留遠亭。虜人然火亭前，列坐行酒。賈餘慶有名風
子，滿口罵坐，毀本朝人物無遺，以此獻佞，虜惟疊疊笑。劉岊數奉以淫褻，
為虜所薄。呂文煥曰：「國家將亡，生出此等人物！」先生聞之，悲憤不已。
及是，諸酋專以為笑具。於舟中取一村婦至亭中，使薦岊寢，嗾婦抱岊以為戲。
衣冠掃地，殊不可忍！鉉翁尤憤疾之。先生作詩。

> 《詠餘慶》曰：甘心賣國罪滔天，酒後倡狂詐作顛。把酒逢迎
> 酋虜笑，從頭罵坐數時賢。

> 《詠岊》曰：落得稱號浪子劉，樽前百媚表佞斿裘。當年鮑老
> 不如此，留遠亭前犬也羞。〔註77〕

至平江府，先生託病臥舟中，舊吏三五人來謁。遺民聞先生經過，無不垂
涕。舟到即解纜，夜行九十里，虜蓋以防先生云。先生感念悽愴曰：「向使朝
命不令入衛，則予可以死守；不死於是，即至今存可也。」遂作詩。

> 詩曰：樓臺俯舟楫，城郭滿干戈。故吏歸心少，遺民出涕多。
> 鳩居無鵲在，魚網有鴻過。使遂睢陽志，安危今若何？〔註78〕

〔註75〕參見《文天祥全集》卷十三，《指南錄》卷二《聞雞》，第489頁。

〔註76〕參見《文天祥全集》卷十三，《指南錄》卷二《命裡》，第489～490頁。上面
一段說明文字與下面的詩歌，是一個整體。都是摘自《指南錄》中的，只是個
別文字略有改動。凡摘錄《指南錄》中的文字皆同。

〔註77〕參見《文天祥全集》卷十三，《指南錄》卷二《留遠亭二首》，第490頁。

〔註78〕參見《文天祥全集》卷十三，《指南錄》卷二《平江府》，第490頁。前面敘述
的文字，乃是《文天祥全集》中的詩序部分，作者將其改編為敘述性的文字，
一則敘述文天祥的經歷和思想；二則也為下文詩歌的寫作背景。內容上幾乎
沒有變化，只是文字的先後有所調整，以便更符合敘事的格式。這種改編，完
全沒有違和之感，顯得相當自然。

　　至無錫，憶已未歲，攜弟璧赴廷對，從長江趨京口。回首十八年，復由此路。感今懷昔，悲不自勝，作詩。

　　　　詩曰：金山冉冉波濤雨，錫水泯泯草木春。二十年前曾去路，三千里外作行人。英雄未死心為碎，父老相逢鼻欲辛。夜讀程嬰存趙事，一回惆悵一沾巾。〔註79〕

　　至五木，有《弔五木》《哭尹玉》詩。至常州，亦有詩。

　　　　《弔五木》詩曰：首赴勤王役，成功事則天。富平名委地，好水淚成川。我作招魂想，誰為掩骼緣？中興須再舉，寄語慰重泉。〔註80〕

　　　　《哭尹玉》詩曰：團練濠州廟贛川，官其二子賜良田。西臺捕逐多亡將，還有焚香到墓前。〔註81〕

　　　　《常州》詩曰：山河千里在，煙火一家無。壯甚睢陽守，冤哉馬邑屠！常州，宋睢陽郡也。虜兵憤其堅守，殺戮與遺種。哀哉！蒼天如可問，赤子果何辜？唇齒提封舊，撫膺三歎籲。〔註82〕

　　至鎮江，先生念十八年前，曾自鎮江趨京。今自京趨鎮江，俯仰流涕，作詩。

　　　　詩曰：鐵甕山河舊，金甌宇宙非。昔隨西日上，今見北軍飛。豪傑非無志，功名自有機。中流懷士雅，風雨濕雙扉。〔註83〕

　　十八日，諸祈請使至鎮江府，阿术在瓜洲，即請十九日渡江。至則鮮腆倨傲，令人裂眥。諸使皆與之語，先生始終獨無言。後得之監守者云：「阿术言『文丞相不語，肚裏有僂儸』。」蓋知先生不心服也。先生作詩二首。

　　　　其一曰：跨江半壁闊千帆，虎在深山龍在潭。當日本為南制北，如今翻被北持南。

　　　　其二曰：眼前風景異山河，無奈諸君笑語何！坐上有人正愁絕，胡兒便道是僂儸。〔註84〕

　　先生既到京口，日謀得間問舟，為脫去計，而連日不如志。賦詩。

　　　　詩曰：早作田文去，終無蘇武留。偷生寧伏劍，忍死欲焚舟。

〔註79〕參見《文天祥全集》卷十三，《指南錄》卷二《無錫》，第491頁。
〔註80〕參見《文天祥全集》卷十三，《指南錄》卷二《弔五木》，第492頁。
〔註81〕參見《文天祥全集》卷十三，《指南錄》卷二《哭尹玉》，第492頁。
〔註82〕參見《文天祥全集》卷十三，《指南錄》卷二《常州》，第492頁。
〔註83〕參見《文天祥全集》卷十三，《指南錄》卷二《鎮江》，第492～493頁。
〔註84〕參見《文天祥全集》卷十三，《指南錄》卷二《渡瓜州二首》，第493頁。

逸驥思超乘，飛鷹志脫韝。登樓望江上，日日數行艘。〔註85〕

虜人使先生不得離，岸上故得沈頤家坐臥而已。虜不意先生有逃計也。先生作詩。

詩曰：孤舟霜月迴，曉起入柴門。斷岸行簪影，荒畦落屨痕。

江山渾在眼，宇宙付無言。昨夜三更夢，春風滿故園。〔註86〕

二十九日，始定計趨真州，杜滸與帳前將官余元慶實與謀。元慶，真州人也，滸謂先生：「事集萬萬幸，不幸謀泄，皆當死，死有怨乎？」先生指心自誓云：「死靡悔！」且辦匕首，挾以俱。事不濟，自殺。滸亦請以死自效，於是計遂定。是為定計難，先生有詩。

詩曰：南北人人苦泣歧，壯心萬折誓東歸。若非硏案判生死，

夜半何人敢突圍？〔註87〕

《集杜詩·去鎮江》曰：京口渡江航，窮途仗神道。蕭條向水

陸，雲雨白浩浩。〔註88〕

杜滸如顛狂人，醉遊於市，遇有言本朝而感憤追思者，即捐金與之。密告以欲遁之謀，無不願自效，以無舟而輟。前後毋慮十數。其不謀泄，真幸耳！是為謀人難，先生有詩。

詩曰：一片歸心似亂雲，逢人時漏話三分。當時若也私謀泄，

春夢悠悠郭璞墳。〔註89〕

京口無城，通衢多隘，去江尚十里，偶得一老校馬，引間道出三數巷，即荒涼野。走至江岸，路頗近。若使不知間道，只行市井正路，無可出之理。是為踏路難，先生有詩。

詩曰：煙火連甍鐵甕關，要尋間道走江干。何人肯為將軍地？

北府老兵思漢官。〔註90〕

北船滿江，百姓無一舟可問。杜滸與人為謀，皆以無船，長歎而止。是後，

〔註85〕參見《文天祥全集》卷十三，《指南錄》卷二《回京口》，第493頁。

〔註86〕參見《文天祥全集》卷十三，《指南錄》卷二《沈頤家》，第494頁。

〔註87〕參見《文天祥全集》卷十三，《指南錄》卷三《定計難》，第495頁。

〔註88〕參見《文天祥全集》卷十六《集杜詩》之《去鎮江第五十八》，第638頁。全書將《指南錄》與《集杜詩》融合在一起，按照時間先後，以文天祥的生平事蹟發生的先後為線索，將同時寫出來的詩歌編在一塊，體現作者的編纂意識。

〔註89〕參見《文天祥全集》卷十三，《指南錄》卷三《謀人難》，第495頁。

〔註90〕參見《文天祥全集》卷十三，《指南錄》卷三《踏路難》，第495～496頁。

余元慶遇其故舊，為虜管船，遂密叩，許以承宣使，銀千兩。其人云：「吾為宋救得一丞相回，建大功業，何以錢為！但求批帖，為他日趁承之證。」後授以一批帖，約除簾車，及強委之白金。義人哉！使先生無此一遭遇，已矣！是為得船難，先生有詩。

　　　詩曰：經營十日苦無舟，慘慘椎心淚血流。漁父疑為神物遣，
　　相逢楊子大江頭。〔註91〕

　先生得船甚喜！是午，催過瓜洲。賈餘慶諸人皆渡，惟先生與吳堅在河次，得報最遲。於是托故，以來日同吳丞相渡江。幸而虜人不見疑，驅迫稍緩，是夕遂逃。若非得此一給，從前經營，皆枉用心，惟有死耳。是為給北難，先生有詩。

　　　詩曰：百計經營夜負舟，倉皇誰趣渡瓜洲？若非給〔註92〕虜成
　　宵遁，哭死界河天地愁。〔註93〕

　老兵有踏路者，杜滸日與之飲，顏情甚狎。是夜逃者十二人。先生與杜滸、金應、張慶、余元慶、夏仲、呂武、李茂、王青、吳亮、蕭發、鄒捷，共十二人。二人坐舟，猶有十人，作一陣走。恐出門大冗，則事易知覺。路必過老兵之門。於是遣三人，先就老兵家，伺過門同遁。忽老兵中變，醉不省。其妻詰問之，欲喚四鄰發覺。一人亟走報杜滸，亟呼老兵出來，直至先生前，藏之帳中。三人者，同時而回。老兵酒醒，以銀三百星繫其腰，云事至與之。遂至二更，引路而行。是舉垂成，幾為老兵老嫗所誤。全得杜滸機警，將敵作使，始得脫危。是為定變難。先生有詩。

　　　詩曰：老兵中變意差池，倉卒呼來朽索危。若使阿婆真一吼，
　　自〔註94〕生隨後悔何追。〔註95〕

　始，虜人之欸諸宰執於鎮江府也，惟吳堅以病不離舟，先生為遁計，宿府治，即托故還裏河舟中。虜亦不之疑。先生得以坐臥沈頤家。初，虜人分遣諸酋監諸宰執。從先生者曰王千戶，狠突可惡，相隨上下，不離頃刻。先生在沈頤家，千戶亦同臥席前後。是夜，先生醉居停主人，復醉王千戶者。伺其寢熟，

〔註91〕參見《文天祥全集》卷十三，《指南錄》卷三《得船難》，第496頁。
〔註92〕《文天祥全集》卷十三《指南錄》，卷三《給北難》，「給」字作「給」。
〔註93〕參見《文天祥全集》卷十三，《指南錄》卷三《給北難》，第496頁。
〔註94〕《文天祥全集》卷十三，《指南錄》卷三《定變難》，「自」字作「目」，第497頁。
〔註95〕參見《文天祥全集》卷十三，《指南錄》卷三《定變難》，第496～497頁。

啟門而出。使微有知覺，豈不危哉？是為出門難。先生有詩。

　　詩曰：羅剎盈庭夜色寒，人家燈火半闌珊。夢回跳出鐵門限，

　世上一重人鬼關。〔註96〕

　　虜遣兵齪巷，禁夜，不得往來。先是，有一酋忽入沈頤家。先生問：「何人？」曰：「劉百戶。」問：「何職？」曰：「管夜禁。」問：「官句當何如？」曰：「官燈提照，往來從便。」杜滸聞之，即隨劉百戶出，強與之好。已而約為兄弟，拉之飲於妓舍。杜強劉宿，劉俾杜歡。杜云：「我隨丞相在此，夜安置後，方可出，怕禁夜耳。」「唵送爾燈，唵送小番隨著，不妨事。」杜遂約後遁，果如約。先生變服色，隨杜滸出諸巷，皆不呵問。滸至人家漸盡處，即以銀與小番，約之便歸。來日候於其所。小番方十五六歲，無知，於是得遁。是為出巷難，先生有詩。

　　詩曰：不時徇鋪路縱橫，小隊戎衣自出城。天假漢兒燈一炬，

　旁人只道是官行。〔註97〕

　　虜人於市井盡處設險，以十餘馬攔路。先生一行至隘所，馬驚，意甚恐。幸北軍皆睡，因得脫。是為出隘難，先生有詩。

　　詩曰：袖攜匕首學銜枚，橫渡城關馬欲猜。夜靜天昏人影散，

　北軍鼾睡正如雷。〔註98〕

　　先生先遣二校坐舟中，密約待于甘露寺下。及至，船不知所在。意窘甚，爭謂船已失約，奈何？先生攜匕首，不忍自殘，甚不得已，有投水耳。余元慶褰裳涉水，尋一二里許，方得船所在。李茂、呂武乃以船至，各稽首以更生為賀。是為候船難，先生有詩。

　　詩曰：待船三五立江干，眼欲穿時夜漸闌。若使長年期不至，

　江流便作汨羅看。〔註99〕

　　先生既登舟，意溯流直上，他無事矣。乃不知江岸皆北船，連亙數十里，鳴榔唱更，氣焰甚盛。不得已，從北邊船經過，幸而無問者。至七里江，忽有

〔註96〕參見《文天祥全集》卷十三，《指南錄》卷三《出門難》，第497頁。在《文天祥全集》中，因為此書乃是在元朝時才刊出的，凡是提到元人，書中原本用「虜人」「夷」「胡」者，皆改為「北人」「北」，完全失去原來貶斥之意。在本書中則一律恢復原來之用詞，以便更符合文天祥最初之用意和心境。這樣的用詞貫穿全文，能夠更恰當地表達文天祥尊華攘夷之心路歷程。

〔註97〕參見《文天祥全集》卷十三，《指南錄》卷三《出巷難》，第497～498頁。

〔註98〕參見《文天祥全集》卷十三，《指南錄》卷三《出隘難》，第498頁。

〔註99〕參見《文天祥全集》卷十三，《指南錄》卷三《候船難》，第498頁。

巡者,喝曰:「是何船?」梢工答以河鮋船。巡者大呼云:「歹船!」歹者,虜人以是名反側奸細之稱。巡者欲經船前,適潮退閣淺,不能至。是時舟中皆流汗,其不來,僥倖耳。是為上江難,先生有詩。

　　　詩曰:蒙衝兩岸夾長川,鼠伏孤篷棹向前。七里江邊驚一喝,
　　天教潮退閣巡船。〔註100〕

　　一行纔為七里巡船所驚,忽有聲如人哨,齒甚清麗。船梢立船頭,拜且禱曰:「神道來送。」問:「何神?」曰:「江河田相公也。」即得順風送上。是為得風難,先生有詩。

　　　詩曰:空中哨響到孤篷,盡道江河田相公。神物自來扶正直,
　　中流半夜一帆風。〔註101〕

　　初得順風,意五更可達真州城下。風良久遂靜。天明,尚隔真州二十餘里。恐虜船自後追躡,又懼有哨騎在淮岸,一時憂迫不可言。在舟之人,盡力搖櫓撐篙,可牽處,沿岸拽纜。然心急而力不逮。既望見城,又不克進。甚矣,脫虎口之難也!是為望城難,先生有詩。

　　　詩曰:自來百里半九十,望見城頭路愈長。薄命只愁追者至,
　　人人搖櫓渡滄浪。〔註102〕

　　真州濠與江通。然潮長,舟方可到城。是日泊五里,遂上岸。城外荒涼,寂無人影。四平如掌,一無關防。幸而及城門,無他慮。當行路時,盼盼回首,唯恐有追騎之猝至。既入城門,聞昨日早晨,哨馬正到五里頭云。是為上岸難,先生有詩。

　　　詩曰:岸行五里入真州,城外荒荒鬼也愁。忽聽路人嗟歎說,
　　昨朝哨馬到江頭。〔註103〕

　　三月初一日上岸。既至真州城下,問者羣望。告以文丞相在鎮江走脫,徑來投奔,城子諸將校皆出,即延入城。守將苗再成迎見,語國事移時,感憤流涕。即款之州治中,住清邊堂,從者之始至也。引至直司,搜身上軍器。既知無他,然後見信。其關防之嚴密如此。向使一疑橫於胸中,閉門不受,則天地茫茫何所歸宿?嘻,其危哉!是為入城難,先生有詩。

〔註100〕參見《文天祥全集》卷十三,《指南錄》卷三《上江難》,第498～499頁。
〔註101〕參見《文天祥全集》卷十三,《指南錄》卷三《得風難》,第499頁。
〔註102〕參見《文天祥全集》卷十三,《指南錄》卷三《望城難》,第499頁。
〔註103〕參見《文天祥全集》卷十三,《指南錄》卷三《上岸難》,第500頁。

詩曰：輕身漂泊入鑾江，太守欣然為避堂。若使閉城呼不應，

人間生死路茫茫。〔註104〕

先生既脫虎口至真州，喜幸感歎，靡所不有。自正月二十日羈縻虜營，至二月二十九日夜，京口得脫，首尾恰四十日。一入真州，忽見中國衣冠，如流浪人乍歸故鄉，不意重覩天日也！先生有詩

詩曰：四十羲娥落虎狼，今朝騎馬入真陽。山川莫道非吾土，

一見衣冠是故鄉。〔註105〕

《集杜詩·至真州》曰：萬里長江邊，去國同王粲。青山意不

盡，皇天照嗟歎。〔註106〕

先生入真州，聚首者夾道如堵，先生曰：「東坡嘗云『被天津橋上人看殺』，久無此境界矣！」遂有詩。

詩曰：聚觀夾道捲紅樓，奪得南朝一狀頭。將謂燕人騎屋看，

而今馬首向真州。〔註107〕

京口船與梢人、北人皆有籍，而先生所得船，乃並緣北船販私鹽者。船與二水手，皆籍所不及。是以得濟，豈非天哉！先生有詩。

詩曰：賣卻私鹽一舸回，天教壯士果安排。子胥流向江南去，

我獨倉皇夜走淮。〔註108〕

先生既以夜遁，翌朝虜人方覺，而先生已在汶上矣。先生聞之作詩。

詩曰：便把長江作界河，負舟半夜泝煙波。明朝方覺田文去，

追騎如云可奈何！〔註109〕

先生逃之明日，北人大索民間，累南人甚多。然先生已逝矣，不可得矣！先生有詩。

詩曰：十二男兒夜出關，曉來來到處捉南冠。博浪力士猶難覓，

要覓張良更是難！〔註110〕

初二日，苗守再成袖出李龍眠畫《漢蘇武忠節圖》，求先生題詠。先生撫

〔註104〕 參見《文天祥全集》卷十三，《指南錄》卷三《入城難》，第500頁。
〔註105〕 參見《文天祥全集》卷十三，《指南錄》卷三《真州雜賦七首》，第500～501頁。
〔註106〕 參見《文天祥全集》卷十六《集杜詩》之《至真州》，第638頁。
〔註107〕 參見《文天祥全集》卷十三，《指南錄》卷三《真州雜賦七首》，第501頁。
〔註108〕 參見《文天祥全集》卷十三，《指南錄》卷三《真州雜賦七首》，第501頁。
〔註109〕 參見《文天祥全集》卷十三，《指南錄》卷三《真州雜賦七首》，第501頁。
〔註110〕 參見《文天祥全集》卷十三，《指南錄》卷三《真州雜賦七首》，第501頁。

卷，慷慨有去國思君之念。遂賦三詩，書於卷後。

其一曰：忽報忠圖記歲華，東風吹淚落天涯。蘇卿更有歸時國，老相兼無去後家。烈士喪元心不易，達人知命事何嗟！平生愛覽忠臣傳，不為吾身亦陷車。

其二曰：獨伴羝羊海上遊，相逢血淚向天流。忠貞已向生前定，老節須從死後休。不死未論生可喜，雖生何恨死堪憂。甘心賣國人何處？曾識蘇公義膽不？

其三曰：漠漠愁雲海戍迷，十年何事望京師？李陵罪在偷生日，蘇武功成未死時。鐵石心存無鏡變，君臣義重與天期。縱饒夜久胡塵黑，百鍊丹心涅不緇。〔註111〕

再成言：「近有樵人破一樹，樹中有生成三字，曰『天下趙』，亟取木視之，果然。木一丈二尺圍，其字青而深。半樹解揚州，半樹留真州。三字瞭然，不可磨也。以此知我朝中興，天必將全復故疆。真州號迎鑾，藝祖發跡於此，非在天之靈所為乎？」先生有詩。

詩曰：皇王著姓復炎圖，此是中興受命符。獨向迎鑾呈瑞字，為言藝祖有靈無？〔註112〕

時苗再成不知朝信已數月矣。因先生始聞京師事，慷慨激烈，不覺流涕而已。諸將校、諸幕皆來，懼憤不自堪，仍謂：「兩淮兵力，足以復興。惜李庭芝怯不敢進，夏貴與淮東，薄有嫌隙，不得合從。得丞相來通兩淮脈絡，不出一月，連兵大舉。先去北巢之在淮者，江南可傳檄定也。」先生問苗守計安出，苗云：「今先約夏貴，以兵出江邊，如向建康之狀，以牽制之。此則以通泰軍，義打灣頭；以高郵、淮安、寶應軍，義打揚子橋；以揚州大軍向瓜洲，再成與趙刺史孟錦，以舟師直搗鎮江，並同日舉。虜不能相救，灣頭、揚子橋皆沿江，脆兵守之，且怨虜人。王師至，即下。聚而攻瓜洲之三面，再成則自江中一面薄之。雖有智者，不能為之謀。此策既就，然後淮東軍至京口，淮西軍入金城。虜在兩浙，無路得出，虜帥可生致也。」先生喜不自制，曰：「不圖中興機會在此！」即作李公書，次作夏老書，再成各以覆帖副之。先生又抵書朱渙、姜才等諸郡將以次發。時與議者皆勇躍。有謂李不能自拔者；又有謂朱渙、姜才

〔註111〕 參見《文天祥全集》卷十三，《指南錄》卷三《題蘇武忠節圖三首有序》，第502～503頁。此處將《序》文刪節，因為有關細節在前文已經敘述過了。

〔註112〕 參見《文天祥全集》卷十三，《指南錄》卷三《天下趙》，第502頁。

各做起來，李不自由者；又有謂李恨不得脫重負，何幸有重臣輔之！先生既遣書，盼盼焉望報，曰：「天欲平治天下，則吾言庶幾不枘鑿乎？」仍作詩三首。

其一曰：清邊堂上老將軍，南望天家雨濕巾。為道兩淮兵定出，相公同作歃盟人。

其二曰：揚州兵了約廬州，其向瓜洲某鷺洲。直下南徐候自管，皇親刺史統千舟。

其三曰：南八空歸唐壘陷，包胥一出楚疆還。而今廟社存亡決，只看元戎進退間。〔註113〕

初三日，苗守約云：「早食後，看城子。」先生欣然諾之。有頃，陸都統來，導先生至小西門城上閒看。未幾，王都統至，迤邐出城外。王出制司小引示之。蓋脫回人朱七三在揚州供云：「虜人密遣一丞相，入真州說降。」李庭芝信之，以先生為來說降也。遣一提舉官謂再成曰：「宰相決無得脫之理，縱得脫，亦無十二人得同來之理！何不以矢石擊之？」乃開城門，放之使入，宜亟殺之以自明。再成不忍殺，又不能庇，將信將疑，而憐之之意多。給先生出相城壘者，以此也。先生見小引方歡惋。間二都統忽鞭馬入城，而小西門已閉，不可復入，彷徨城外，不知死所。時江南與虜人皆知先生忠義，而兩淮獨不知先生者，以先生仕宦聲跡，不曾至淮故也。先生意謂：「虜中亦有智數，見予逃，遣人詐入揚州納供，行反間。」既而思之：「揚州遣提舉官來真州，在三月初二日午前，予以二月晦夕逃。三月朔朝，虜人方覺，必不知走何處。是日便遣人詐入揚州，殆無此理。看來只是吾書與苗守覆帖，初二日早到。制使不暇深省，一概以為奸細，而欲殺之。何不審之甚乎？」仍作詩五首。

其一曰：早約戎裝去看城，聯鑣壕上歡風塵。誰知關出西門外，憔悴世間無告人。

其二曰：揚州昨夜有人來，誤把忠良按劍猜。怪道使君無見解，城門前日不應開。

其三曰：瓊花堂上意茫然，志士忠臣淚徹泉。賴有使君知義者，人方欲殺我猶憐。

其四曰：秦庭痛哭血成川，翻訝中行背可鞭。南北共知忠義苦，平生只少兩淮緣。

〔註113〕參見《文天祥全集》卷十三，《指南錄》卷三《議糾合兩淮復興三首》，第503～504頁。

其五曰：天地沉沉夜泝舟，鬼神未覺走何州？明朝遣問應無是，

莫恐元戎逐客不？〔註114〕

先生在門外，久之，忽有二人來曰：「義兵頭目張路分、徐路分也。」先生告以故。二人云：「安撫傳語，差某二人來送，看相公去那裏。」先生云：「必不得已，惟有去揚州見李相公。」路分云：「安撫謂淮東不可往。」先生曰：「夏老素不識，且淮西無歸路。吾已委命於天，只往揚州。」二路分云：「且行，且行。」良久，有五十人弓箭刀劍來隨。二路分騎馬以從，先生與杜滸連轡而發。滸仰天呼號，幾赴壑死。從者皆無人色，莫知所為。城外不測有兵，先生露立荒坰，又乏飲食。心自念：「豈予死於是乎？」為之踟躕，心膂如割。後得二路分送行，苗守又遣衣被包袱等來還。遂之揚州。是日上巳日也。先生有詩二首。

其一曰：人人爭勸走淮西，莫犯翁翁按劍疑。我問平山堂下路，

忠臣見詘有天知！

其二曰：千金犯險脫旃裘，誰料南冠反見讎！記取小西門外事，

年年上巳哭江頭。〔註115〕

二路分引先生行數里，仍望見真州城。五十兵忽齪刀於野，駐足不行。先生自後至。二路分請下馬，云：「有事商量。」景色可駭。先生下馬問云：「商量何事？」行稍遠，又云：「且坐，且坐。」先生意其殺我於此矣，與之立談。二路分云：「今日事非苗安撫意，乃制使遣人欲殺丞相。安撫不忍加害，故遣某二人來送行。今欲何往？」先生曰：「只往揚州，更何往？」二路分云：「揚州殺丞相，奈何？」曰：「莫管，信命去！」二路分云：「安撫今送往淮西。」先生曰：「淮西對建康、太平、池州、江州，皆北所在，無路可歸。只欲見李制使，若能信我，尚欲連兵以圖恢復。否則，即從通州路，遵海還闕。」二路分云：「李制使已不容，不如只在諸山寨中少避。」先生曰：「做什麼！生則生，死則死，決於揚州城下耳！」二路分云：「安撫見辦船在岸下，丞相從江行，或歸南歸北，皆可。」先生驚曰：「是何言歟？如此，安撫亦疑我矣！」二路分見先生辭真確，乃云：「安撫亦疑信之間。令某二人便宜從事。某見相公一箇恁麼人，口口是忠臣，某如何敢殺相公？既真箇去揚州，某等謹護去。」蓋苗守亦主張。不過使二路分覘先生言語趨向，而後為之處也。若使一時應酬不

〔註114〕參見《文天祥全集》卷十三，《指南錄》卷三《出真州十三首》，第504頁。

〔註115〕參見《文天祥全集》卷十三，《指南錄》卷三《出真州十三首》，第505頁。

當，必被害原野，誰復知之？痛哉！痛哉！時舉所攜銀一百五十與五十兵，且許以至揚州又與十兩。二路分則許以賜金百兩，遂行。先生有詩。

　　詩曰：荒郊下馬問何之，死活元來任便宜。不是白兵生眼孔，
　一團冤血有誰知。〔註116〕

先是海陵唐杜密謂張徐曰：「朝廷事未可知，文公宰相也，今雖奉制司命，他日必將移過於下以說，汝其審之。」張徐然之。既信先生忠義，與先生中路言：「真州備判司行下有安民牓云：『文相公已從小西門外，押出州界去訖。』」為之嗟嘆不已。先生有詩。〔註117〕

　　詩曰：戎衣嘖嘖歎忠臣，為說城頭不識人。押出相公州界去，
　真州城裏牓安民。

《集杜詩·行淮東》曰：客子中夜發，月照白水山。悲辛但狂顧，浩蕩前後間。〔註118〕

二路分所引路，乃淮西路。既見先生堅欲往揚州，復取揚州路。時天色漸晚，張弓挾矢，一路甚憂疑。指某處，瓜洲也；又前某處，揚子橋也；相距不遠。既暮，所行皆北境。惟見虜遣人伏路上，寂如銜枚。使所過虜有數騎在焉，先生一行不可逃矣。先生有詩。

　　詩曰：瓜洲相望隔山椒，煙樹光中楊子橋。夜靜銜枚莫輕語，
　草間惟恐有鷗鶱。

是日行至暮，二路分先辭，只留二十人送揚州。二十人者，又行十數里，勒取白金，亦辭去，不可挽。揚州有販鬻者，以馬載物，夜竊行於途，曰「馬垛子」。二十人者謂：「但隨馬垛子去，即至揚州西門。」先生一行如盲，偍偍然行，客路之危艱如此！先生有詩。

　　詩曰：真州送駿已回城，暗裏依隨馬垛行。一陣西州三十里，
　摘星樓下打初更。〔註119〕

先生夜行，憊甚。有三十郎廟，僅存墙堵，屋無矣。一行人皆枕藉於地，時已三鼓，風寒露濕，苦不可道。先生有詩。

〔註116〕參見《文天祥全集》卷十三，《指南錄》卷三《出真州十三首》，第506頁。
〔註117〕參見《文天祥全集》卷十三，《指南錄》卷三《出真州十三首》，第507頁。
　　　　這是一個部分，下面仍然屬於這個部分。
〔註118〕參見《文天祥全集》卷十六，《集杜詩·行淮東第六十》，第639頁。
〔註119〕參見《文天祥全集》卷十三，《指南錄》卷三《出真州十三首》之第二部分，
　　　　第507～511頁。

詩曰：此廟何神三十郎，問郎行客忒琅璫。荒垣枕藉無人問，
風露滿堂清夜長。〔註120〕

時揚州城中打四更，一行人遂入近城西門，漫坐地上。候啟門者，無慮百
數。城上問何人，從他人應答。一行莫敢語，恐聲不同，即眼生隨後。先生有
詩。

詩曰：譙鼓鼕鼕入四更，行行三五入西城。隔壕喝問無人應，
怕恐人來捉眼生。

先生之出真州，實無所往，不得已趨揚州。猶冀制臣之或見諒也。既至城
下，風露淒然。聞鼓角有殺伐聲，制臣欲令真州見殺。若叩門，恐以矢石相加。
城外去楊子橋甚近，不測；又有哨，進退不可。先生有詩二首。

其一曰：悵悵乾坤靡所之，平山風露夜何其！翁翁豈有甘心事，
何故高樓鼓角悲？

其二曰：城上兜鍪按劍看，四郊胡騎遠團團。平生不解楊朱泣，
到此方知進退難！

杜滸以為：制臣欲殺我，不如早尋一所，逃哨一日，卻夜趨高郵，求至通
州，渡海歸江南，或見二王，伸報國之志，徒死城下無益。金應以為出門便是
哨，五六百里而後至通州，何以能達！與其為此受苦而死，不如死於揚州城下，
不失為死於南。且猶意使臣之或者不殺也。先生欲從金之說，恐制臣見殺；欲
從杜之說，恐北騎見捕，莫知所決。時曉色漸分，去數步，則金一邊來牽往；
回數步，則杜一邊又來拖行。事之難從違，未有如此之甚者。先生有詩三首。

其一曰：吾戴吾頭向廣陵，仰天無告可憐生。爭如負命投東海，
猶會乘風近玉京！

其二曰：海雲渺渺楚天頭，滿路胡塵不自由。若使一朝俘上去，
不如判命死揚州。

其三曰：且行且止正依違，鬑鬑長空曙影微。從者倉皇心緒急，
各持議論泣牽衣。

先生進退未決，余元慶引一賣柴人至云：「相公有福！相公有福！」問：
「能導至高沙否？」曰：「能。」曰：「何處可暫避一日？」曰：「農家可。」
曰：「此去幾里？」曰：「二、三十里。」曰：「有哨否？」曰：「數日不一至。」

〔註120〕參見《文天祥全集》卷十三，《指南錄》卷三《至揚州二十首》之第一首，下
面直到第136頁末，皆係此題，遂不再作注釋，第507頁。

曰：「今日哨至如何？」曰：「看福如何耳。」先生有詩。

　　詩曰：路旁邂逅賣柴人，為說高沙可問津。此去農家三十里，

　　山坳聊可避風塵。

　　是時，同行通十二人矣。初四日，余元慶、李茂、吳亮、蕭發等見先生行止未決，遂生叛心。各攜白金一百五十兩以走。先生有詩。

　　詩曰：問誰攫去橐中金，僮僕雙雙不可尋。折節從今交國士，

　　死生一片歲寒心。

　　先生危急中，四人逃去。外既顛隮，內又飢困。行數十步，喘甚，不能進。倒荒草中，扶起又行。如此數十，而天曉矣。先生有詩。

　　詩曰：顛崖一陷落千尋，奴僕偏生負主心。饑火相煎疲欲絕，

　　滿山荒草曉沉沉。

　　先生隨賣柴人趁其家，而天色漸明，行不得進。至十五里頭，半山有土圍一所，舊是民居。毀蕩之餘，無椽瓦，其間馬糞堆積。時惟恐虜有望高者，見一隊人行，即來追逐。只得入此土圍中暫避，聽死生於天。先生有詩。

　　詩曰：戴星欲赴野人家，曙色紛紛路愈賒。倉卒只從山半住，

　　頹垣上有白雲遮。

　　先生在土圍中，四山闃然，無一人影。時無米可飯，有米亦無煙火可炊，懷金無救也。先生有詩。

　　詩曰：路逢敗屋作雞棲，白屋荒荒鬼哭悲。袖有金錢無米糴，

　　假饒有米亦無炊。

　　土圍糞穢不可避，但掃淨數尺地，以所攜衣服貼襯地面。睡起復坐，坐起復睡。日長難過，情緒奄奄。先生有詩。

　　詩曰：掃退蜣蜋枕敗墻，一朝何止九迴腸！睡餘捫虱沉沉坐，

　　偏覺人間白晝長。

　　虜法，惟午前出哨，午後各歸。若是日起，捱至午後，懽曰：「今日得命矣！」忽聞人聲喧啾甚。自壁窺之，乃虜騎數千，自東而西。於是追咎不死於揚州城下，而被捉於此。忽大風起，黑雲暴興，數點微雨，山色昏冥，若有神功來救助也。先生有詩。

　　詩曰：飄零無緒歎途窮，搔首踟躕日已中。何處人聲似潮沂？

　　黑雲驟起滿山風。

　　數千騎隨山而行，正從土圍後過。一行人無復人色。傍壁深坐，恐門外得

見。若一騎入來，即無噍類矣。時門前馬足與箭筒之聲，歷落在耳，只隔一壁。幸而風雨大作，騎皆徑去。危哉！先生有詩。

　　詩曰：晝闌萬騎忽東行，鼠伏荒村命羽輕。隔壁但聞風雨過，
　人人顧影賀更生。

　　先生與杜濟、金應、張慶、夏仲、呂武、王青、鄒捷共八人，在土圍中。時已過午，謂哨不來。山下一里，有古廟，廟中有丐婦居之，廟前有井。遂遣呂武、鄒捷下山汲水，意或可以得米菜，少救飢餓。不料哨至，二人首被獲。二人解所腰白金，近三百兩，悉以與之。虜受金，得不殺。及哨過，二人方回，相向哀泣，又幸性命之苟全。先生有詩。

　　詩曰：青衣山下汲荒泉，道遇腥風走不前。向晚歸來號且哭，
　胡兒只為解腰纏。

　　先生在土圍中，約賣柴人入城糴米救性命。云：「不奈何忍飢一日！城中衙晡後方開門。米至，則黃昏矣。」是日，虜數百騎薄西城，於是門不開，賣柴人竟不得出。一行飢窘失措，又以土圍中露天不可睡臥。於是下山投古廟中，與丐婦人同居焉。先生有詩。

　　詩曰：眼穿只候賣柴回，今日堡城門不開。糴米已無消息至，
　黃昏惆悵下山來。

　　既至廟中，坐未定，忽有人攜梃至。良久，三四人陸續來，先生意不免矣。乃知其人自城中來。討柴，早入城赴賣，無惡意也。數人煮糝羹，出其餘以遺先生。有未冠者於庭中燒火照明，諸樵不睡。一行且困且睡。先生有詩。

　　詩曰：既投古廟覓藜羹，三五樵夫不識名。僮子似知予夢惡，
　生柴燒火到天明

　　先生見諸樵夫，幸而可與語。告以患難，厚許之，使導往高沙。賴其欣然見從。謂此處不是高沙路，方駐堡城北門賈家莊，小駐一日，卻為入城糴米賈肉，以救兩日之飢。又僱馬，辦乾糧，以備行役。五更，隨諸樵夫往焉。時樵夫知先生無聊，又有所攜，使萌不肖心，得財豈不多於所許？淮人依本分感激，亦似有天意行於其間也。先生有詩。

　　詩曰：樵夫偏念客途長，肯向城中為裹糧。曉指高沙移處泊，
　司徒廟下賈家莊。〔註121〕

<hr/>

〔註121〕 參見《文天祥全集》卷十三，《指南錄》卷三《至揚州二十首》，第507～511
　　　　頁。儘管是以《指南錄》卷三《至揚州二十首》為依據，但編者進行了改編，

　　初五日黎明，先生至賈家莊。枵腹已經一日半，懇樵夫入城糴米買肉，至午而得食。是夜，偏馬趨高沙。先生有詩。

　　　　詩曰：行邊無鳥雀，臥處有腥臊。露打鬚眉硬，風搜顴頰高。

　　流離外顛沛，饑渴內煎熬。多少偷生者，孤臣歎所遭！〔註122〕

　　至晚，揚州地分官五騎，咆哮而來，揮刀欲擊，凶燄甚於虜。嘔出濡沫，方免毒手。急令離地分去，告以入城。則曰：「入城必被殺云。」幸而脫北方之難，不意又困折於我土地！天地雖大，無所容身。先生有詩。

　　　　詩曰：五騎馳來號徼巡，咆哮按劍一何嗔。金錢買命方無語，

　　何必豺狼罵北人。〔註123〕

　　樵夫云：「昨夜北營甘泉西，去城四十里，有白鬚老子，設青罣罳，飯於救生寺竈前。稱南朝相公。」先生問其何如，曰：「面大而體肥。」先生以意逆之，流涕曰：「此必家則堂也。因知昨日虜人驅奉使北去者此也。予雖不免顛踣道路，較諸家先生，不以彼易此也。家先生嘗云：『某四十規行矩步，今日乃有此厄也。』」仍有詩。

　　　　詩曰：白鬚老子宿招提，香積廚邊供晚炊。借問魚羹何處少？

　　北風安得似南枝！〔註124〕

　　先生偏馬趨高沙，越四十里，至板橋，迷失道。一夕行田畝中，不知東西。風露滿身，人馬飢乏。且在霧中，不相辨。須臾，四山漸明，即初七日，忽隱見虜騎。道有竹林，嘔入避。須臾，二十餘騎遶林呼噪。虞候張慶，右眼中一箭，項二刀，割其髻，裸於地。帳兵王青縛去。杜滸、金應林中被獲，出所攜黃金賂邏者，得免。先生藏處距杜滸不遠，虜馬入林，過先生傍三四，皆不見，遂得全。僕夫鄒捷臥叢篠下，馬過，踏其足，流血。總轄呂武、親隨夏仲，散避他所。是役也，先生自分必死。當其急時，萬竅怒號。虜倉卒不盡得，疑有神明相之。馬既去，聞其有焚林之謀，嘔趨對山，復尋叢篁以自蔽。既不識路，人又乏糧食，人生窮蹙，無以加此！未幾，呂武報虜騎已還灣頭，又知路邊為

　　　　一則將詩序進行了順序的調整，使之更符合敘事的特徵；二則對文字進行了刪節，使之更加簡練些。體現了作者的編纂意識。在這個編纂過程中，經常性地將《集杜詩》中的相關內容，也穿插進來，以便更好地說明文天祥的事跡。

〔註122〕參見《文天祥全集》卷十三，《指南錄》卷三《賈家莊》，第511頁。

〔註123〕參見《文天祥全集》卷十三，《指南錄》卷三《揚州地分官》，原詩有二首，此處選其一。第511～512頁。

〔註124〕參見《文天祥全集》卷十三，《指南錄》卷三《思則堂先生》，第512頁。

鮎魚壩，傳聞不盡信。然他無活策，黽勉趨去，僥倖萬一，倉皇匍匐不能行。先是，自揚州來，有引路三人，牽馬三人。至是，或執或逃，菫存其二。而二人出於無聊，各操梃相隨，有無禮之意。逡巡行路，無可奈何。至晚，忽遇樵者數人，如佛下降。偶得一籃，以繩維之，坐於籃中，僱六夫更迭負送。馳至高郵城西，天已曉，不得渡，常恐追騎之奄至也。宿陳氏店，以茅覆地，忍飢而臥。初八日，黎明過渡，而心始安。痛定思痛，作八十六韻詩。

　　詩曰：三月初五日，索馬平山邊。疾馳趨高沙，如走阪上圓。
夜行二百里，望望無人煙。迷途呼不應，如在盤中旋。昏霧腥且濕，
怒颸狂欲顛。流澌在鬚髮，塵沫滿橐鞬。紅日高十丈，方辨山與川。
胡行疾如鬼，忽在林之巔。誰家苦行園，其葉青芟芟。倉皇伏幽篠，
生死信天緣。鐵騎俄四合，鳥落無虛弦。遠林勢奔軼，地動聲喧闐。
霜蹄破叢翳，出入相貫穿。既無遁形術，又非縮地仙。猛虎驅羣羊，
兔魚落蹄筌。一吏射中目，頸血僅可濺。一隸縛上馬，無路脫紲纏。
一廝躪其足，吞聲以自全。一賓與一從，買命得金錢。一伻與一校，
幸不逢戈鋋。嗟予何薄命，寄身空且懸！蕭蕭數竹側，往來度飛鳶。
遊鋒幾及膚，怒興空握拳。跬步偶不見，殘息忽復延。當其惡迫時，
大風起四邊。意者相其間，神物來蜿蜒。更生不自意，如病乍德痊。
須臾傳火攻，然眉復相煎。一行輒一跌，奔命度平田。幽篁便自托，
仰天坐且眠。晴曦正當晝，焦腸火生咽。斷罌汲勺水，天降甘露鮮。
青山為我屋，白雲為我椽。彼草何荒荒，彼水何潺潺！首陽既無食，
陰陵不可前。便如失目魚，一似無足蚿。不見道傍骨，委積有萬千！
魂魄親蠅蚋，膏脂飽烏鳶。使我先朝露，其事亦復然。丈夫竟如此，
籲嗟彼蒼天！古人擇所安，肯蹈不測淵。奈何以遺體，糞土同棄捐！
初學蘇子卿，終慕魯仲連。為我王室故，持此金石堅。自古皆有死，
義不汙腥羶。求仁而得仁，寧怨溝壑填。秦客戴張祿，吳人納伍員。
季布走在魯，樊期托於燕。國士急人病，倜儻何拘攣？彼人莫我知，
此恨付重泉。鵲聲從何來，忽有吉語傳。此去三五里，古道方平平。
行人漸復出，胡馬覺已還。回首下山阿，七人相牽連。東野御已窮，
而復加之鞭。跰足如移山，攜持姑勉旃。行行重狼顧，常恐追騎先。
揚州二遊手，面目輕且儇。自言同脫虜，波波口流涎。白日各持梃，
其來何翩翩。奴輩殊無聊，似欲為鷹鸇。逡巡不得避，默默同寒蟬。

道逢採樵子，中流得舟船。竹輿當安車，六夫共賴肩。四肢與百骸，
屈曲如栝捲。路人心為惻，從者皆涕漣。星奔不可止，暮達城西阡。
饑臥野人廬，藉草為茵氈。詰朝從東渡，始覺安且便。人生豈無難，
此難何迍邅？重險復重險，今年定何年？聖世基岱嶽，皇風扇垓埏。
中興奮王業，日月光重宣。報國臣有志，悔往不可湔。臣苦不如死，
一死尚可憐。堂上太夫人，鬢髮今猶玄。江南昔卜宅，嶺右今受廛。
首丘義皇皇，倚門望惓惓。波濤避江介，風雨行淮堧。北海轉萬折，
南洋泝孤鶱。周遊大夫蠡，放浪太史遷。倘復遊吾盤，終當耕我綿。
夫人生於世，致命各有權。慷慨為烈士，從容為聖賢。稽首望南拜，
著此泣血篇。百年尚哀痛，敢謂事已遄。〔註125〕

　　《集杜詩・自淮歸浙東》曰：北走驚險難，十步一回首。碧海
吹衣裳，掛席上南斗。〔註126〕

　　初，虜以高郵米擔濟維揚，故自灣頭夜遣騎截諸津，鯰魚壩即其一也。先
生過此，時若非迷途，四更可達壩，當一網無遺。乃知倉皇失道，亦若有鬼神
鼓動於其間。即至高沙，奸細之禁甚嚴。時先生以籃為轎，見者憐之。又張慶
血流滿面，衣衫皆汙。人皆知其為遇虜，不復以奸細疑。然聞制使有文字報諸
郡，有以丞相來賺城，令覺察關防。於是不敢入城，急買舟去。時平淮千里，
莽為丘墟。自出高沙，滿目空曠。高郵水與灣頭通，下海陵，入射陽，過漣水，
皆其路也。至城子河。二日六日，我師大捷於此，故人指為戰場。蓋虜載奉使
柳岳、洪雷震併輜重俱北。稽家莊擊其前，高郵擊其腰，虜大敗。虜入江淮，
惟此戰我師大勝。積屍盈野，水中流屍無數，臭穢不可近，上下幾二十里無間
斷。四顧闃然，掉人心恙，長恐灣頭有人出來，又恐岸上有馬來趕。正慌急間，
偶然舵折，整舵良久，危哉！先生有詩二首。

　　其一曰：曉發高沙臥一航，平沙漠漠水茫茫。舟人為指荒煙岸，
南北今年幾戰場。

　　其二曰：一日經行白骨堆，中流失舵為心摧。海陵棹子長狼顧，
水有船來步馬來。

　　自高郵至稽家莊，方有一團人家，以水為寨。統制官稽聳，其子德潤，其
姪昌；其客林希驥，字千里；林孔時，字願學，皆銳意於事功者。稽設醴甚至，

〔註125〕參見《文天祥全集》卷十三，《指南錄》卷三《高沙道中》，第512～514頁。
〔註126〕參見《文天祥全集》卷十六《集杜詩・自淮歸浙東第六十一》，第639～640頁。

云：「今早報灣頭馬出，到城子河邊。不與之相遇，公福人也。」為之嗟歎不置。孔時同德潤送先生至泰州。先生有詩。

詩曰：小泊稽莊月正弦，莊官驚問是何船？今朝哨馬灣頭出，正在青山大路邊。〔註127〕

《稽莊》詩曰：乃心王室故，日夜奔南征。蹈險寧追悔，懷忠莫見明。雁聲連水遠，山色與天平。枉作窮途哭，男兒付死生。〔註128〕

先生以詩與杜滸。

小序曰：「貴卿與予同患難，自二月晦至今日，無日不與死為鄰。平生交遊，舉目何在？貴卿真吾異姓兄弟也。」詩曰：「天高併地迥，與子獨牢愁。初作燕齊客，今為淮海遊。半生誰俯仰，一死共沉浮。我視君年長，相看比惠州。惠州，予弟璧也。」〔註129〕

《集杜詩‧詠杜滸》曰：昔沒賊中時，中夜間道歸。辛苦救衰朽，微爾人盡非。〔註130〕

十一日，行至海陵，問程趁通州，凡三百里河道。虜與寇出沒其間。登舟後，連日候伴問占，苦不如意。會通州六校，自維揚回，有弓箭可仗。遂以孤舟於二十一日早，徑發行十里。遽聞馬在塘灣，亟回。晚乃解纜，夜宿白蒲下十里。忽五更，通州下文字，馳舟而過，報云：「馬來！馬來！」於是速張帆去，慌迫不可言。二十三日幸達城西門鎖外。越一日，有馬至縣。蓋聞先生舟過海安未遠也。使先生遲發一時，頃已為虜矣！危哉！先生有詩。

詩曰：過海安來奈若何，舟人去後馬臨河。若非神物扶忠直，世上未應僥倖多。〔註131〕

〔註127〕參見《文天祥全集》卷十三，《指南錄》卷三《發高沙四首》，第515～516頁，此處摘選三首，將前三首之詩序，綜合而成詩前的文字。
〔註128〕參見《文天祥全集》卷十三，《指南錄》卷三《稽莊即事》，第516頁。
〔註129〕參見《文天祥全集》卷十三，《指南錄》卷三《貴卿》，第517頁。
〔註130〕參見《文天祥全集》卷十六《集杜詩‧杜大卿滸第一百三十二》，第660頁。
〔註131〕參見《文天祥全集》卷十三，《指南錄》卷三《聞》，第519頁。本文其餘部分幾乎跟《指南錄》是一一對應的，基本上是根據《指南錄》改編而成，甚少有刪節處。唯獨本段跟前段文字，中間刪除甚多。中間有《泰州》《卜神》《旅懷三首》《懷則堂實堂》《憶太夫人》《即事》《紀閣》《聲苦》《即事》《發海陵》等十首詩未錄。前文幾乎沒有出現這樣的情況，或許是點校本有調整？抑或作者看到的是另一個版本？因為《泰州》一下各篇詩，詩序敘述性的文字少，甚至根本沒有，故而不錄。也體現作者是希望藉助詩序來梳理文天祥的事跡，順便附上詩歌而已。

　　過如皋縣。縣隷泰州，朱省二者，受虜命為宰，率民梗道路。先生不知而過之。既有聞，為之驚歎。仍有詩。

　　　　詩曰：雄狐假虎之林梟，河水腥風接海濤。行客不知身世險，
　　一寢春夢送輕舠。〔註132〕

　　二十四日，至通州，得諜者云：「鎮江府走了文丞相。許浦一路，有三千騎追亡。」聞之悚然！賦一詩。

　　　　詩曰：北來追騎滿江濱，那更元戎按劍嗔。不是神明扶正直，
　　淮頭何處可安身？〔註133〕

　　通州地分官以制置司文移為說，甚作難阻，反覆詰問，數日不納。先生不得已吐實。通州守楊思復乃云：「諜報：許浦有馬，根尋文丞相。」甚信先生之言而不直，制司出郊迎先生，館於郡，衣服飲食舟楫，皆其料理也。先生有詩二首。

　　　　其一曰：江波無奈暮雲陰，一片朝宗只此心。今日海頭覓船去，
　　始知百鍊是精金。

　　　　其二曰：喚渡江沙眼欲枯，羈臣中道落崎嶇。乘船不管千金購，
　　漁父真成大大夫。〔註134〕

　　金路分應，病死。應，吉水人，為先生書史，以筆劄往來先生門二十年。性烈而知義，不為下流。去年從先生勤王，補兩武資。今奉授承信郎，東南第六正將，贛州駐劄。及先生使北，轉三官，授江南西路兵馬都監，贛州駐劄。先生之北行也，人情莫不觀望，僚從皆散。雖親僕亦逃去，惟應上下相隨。更歷險難，奔波數千里，以為當然。蓋委身以從，死生休戚，俱為一人者。至通州，駐十餘日矣。閏三月五日，忽伏枕。命醫三四，熱病增劇。至十一日午，氣絕。先生哭之痛！其斂也，以隨身衣服，其棺如常。翌日，葬西門雪窖邊。棺之上，排七小釘，又以一小板片，覆於之七釘之上，以為記。不敢求備者，邊城無主，恐貽身後之禍。惟冀異時遇便，取其骨，歸葬廬陵。先生賦二詩，焚其墓前。

　　　　其一曰：我為吾君役，而從乃主行。險夷寧異趣，休戚與同情。
　　遇賊能無死，尋醫劇不生。通州一丘土，相望淚如傾。

〔註132〕參見《文天祥全集》卷十三，《指南錄》卷三《如皋》，第519頁。
〔註133〕參見《文天祥全集》卷十三，《指南錄》卷三《聞諜》，第520頁。
〔註134〕參見《文天祥全集》卷十三，《指南錄》卷四《懷楊通州》，第521頁。此處
　　　　詩前敘述，並非原詩前的詩序。

其二曰：明朝吾渡海，汝魄在他鄉。六七年華短，三千客路長。招魂情黯黯，歸骨事茫茫。有子應年長，平生不汝忘！〔註135〕

《集杜詩・悼金應》曰：追隨三十載，艱難愧深情。何處埋爾骨，呼號傍孤城。〔註136〕

楊守將得海船送先生，且為先生言：「欲得海船數百艘，當約許帥文德，擁兵勤王。」慨然有誓清之志。自狄難以來，從淮入浙者，必由海，而通為孔道。由是海船發盡。適三月間，方有台州三薑船至。已為曹太監鎮所僱。通州有下文字自定回，張少保世傑恰予之以一船，亦三月方到岸。而先生適來。楊守遂以此舟送先生，與曹太監俱南向。使有薑船而無張少保一舟，先生不能行；有張少保一舟而無薑船，先生又無伴。不先不後，適有邂逅，殆無異於神施鬼設也。先生有詩。

詩曰：海上多時斷去舟，公來容易渡南州。子胥江上逢漁父，莫是神明遣汝不？〔註137〕

十七日發城下，十八日宿石港。同行曹太監鎮兩舟，徐新班廣壽一舟，舟中之人，有識先生者。十九日自石港行十五里，許宿賣魚灣，海潮至，漁人隨潮而上，買魚者邀而即之。先生有詩。

詩曰：飄蓬一葉落天涯，潮濺青紗日未斜。好事官人無句當，呼童上岸買春螺。〔註138〕

自賣魚灣由北海口，二十一日夜，宿宋家林，泰州界也。二十二日出海洋。極目皆水，水外惟天。先生曰：「大哉觀乎！」仍作詩二首。

其一曰：一團蕩漾水晶盤，四畔青天作護闌。著我扁舟了無礙，分明便作混淪看。

其二曰：水天一色月空明，便似乘槎上太清。我愛東坡南海句，茲遊奇絕冠平生。〔註139〕

二十八日，乘風入通州海門界，午拋泊避舟。忽有十八舟，上風冉冉而來。疑為暴客，四船戒嚴。未幾，交語而退。是役非應對足以禦侮，即為魚矣。先

〔註135〕參見《文天祥全集》卷十三，《指南錄》卷三《哭金路分應二首》，第520頁。本詩乃是《指南錄》卷三最後一首，跟前面詩的順序，收入此文時恰好顛倒了。本文在採用轉錄文天祥詩文之時，常有顛倒順序者。
〔註136〕參見《文天祥全集》卷十六《集杜詩・金應第一百一十》，第652～653頁。
〔註137〕參見《文天祥全集》卷十三，《指南錄》卷四《海船》，第521頁。
〔註138〕參見《文天祥全集》卷十三，《指南錄》卷四《即事》，第523頁。
〔註139〕參見《文天祥全集》卷十三，《指南錄》卷四《出海二首》，第523頁。

生有詩。

詩曰：一陣飛帆破碧煙，兒郎驚餌理弓弦。舟中自信妻師德，

海上誰知魯仲連？初謂維揚真賊艦，後聞款乃是漁船。人生飄泊多

磨折，何日山林清晝眠。〔註140〕

自通州至揚子江口，兩潮可到。為避渚沙及許浦，顧諸從行者繞去，出北
海，然後渡揚子江。先生有詩。

詩曰：幾日隨風北海遊，回從楊子大江頭。臣心一片磁鍼石，

不指南方不肯休。先生遂以此名其錄云。〔註141〕

入浙東金鰲山，在台州界。高宗皇帝曾艤舟於此。寺藏御書。四明既陷，
不知天台存亡，先生憂憤。有詩。

詩曰：厄運一百日，危機九十遭。孤蹤落虎口，薄命付鴻毛。

漠漠長淮路，茫茫巨海濤。驚魂猶未定，消息問金鰲。〔註142〕

自北海渡揚子江，至蘇州洋，其間最難得山。僅得蛇山、洋山、大小山，
數山而已。自入浙東，山漸多。入亂礁洋，青翠萬疊，如畫圖中。在洋中者，
或高或低，或大或小，與水相擊觸，奇怪不可名狀。其在兩傍者，如岸上山叢，
山實則皆在海中，非有畔際。是目，風小浪微，舟行石間。天巧捷出，令人應
接不暇。先生孤憤悲絕中，為之心廣目明。遂賦詩。

詩曰：海山仙子國，邂逅寄孤蓬。萬象畫圖裏，千崖玉界中。

風搖春浪軟，礁激暮潮雄。雲氣東南密，龍騰上碧空。〔註143〕

舟入東海，報者云：「前有賊船。」行十數里，報如前。望見十餘舟，張
帆陳口，意甚惡。梢人亟取靈山巖路避之。一夕搖船，極其荒迫。際曉脫去。
三十日，至台州境，地名城門鎮，抵張氏家。張即國初名將永德之後。主人號
哲齋，名不傳，闢堂教子，扁以綠漪，求先生詩。

詩曰：義方堂上看，窗戶翠玲瓏。硯裏雲端月，席間淇水風。

清聲隨地到，直節與天通。庭玉森如筍，千霄雨露功。〔註144〕

〔註140〕參見《文天祥全集》卷十三，《指南錄》卷四《漁舟》，第524頁。
〔註141〕參見《文天祥全集》卷十三，《指南錄》卷四《揚子江》，第524、5頁。
〔註142〕參見《文天祥全集》卷十三，《指南錄》卷四《入浙東》，第525頁。凡是沒
　　　　有詩序，沒有介紹文天祥經歷文字的詩歌，幾乎都被刪除了。本文只是根據
　　　　《指南錄》中詩序所提供的文天祥的生平經歷，進行敘述，故而沒有提及其
　　　　經歷的詩歌，大多並不受作者關注。
〔註143〕參見《文天祥全集》卷十三，《指南錄》卷四《亂礁洋》，第525～526頁。
〔註144〕參見《文天祥全集》卷十三，《指南錄》卷四《綠漪堂》，第526頁。

先生至淮，即變姓名。故詩末題曰「清江劉洙書」。至黃巖，寄二十字曰：「魏睢變張祿，越蠡改陶朱。誰料文山氏，姓劉名是洙。」〔註145〕自城門陸行。四月初八日至溫州。賦詩。

詩曰：萬里風霜鬢已絲，飄零回首壯心悲。羅浮山下雪來未，揚子江心月照誰？秖謂虎頭非貴相，不圖羝乳有歸期。乘潮一到中川寺，暗讀中興第二碑。〔註146〕

先生之過明州東門，有列岸數百艘，初不知為虜把隘船也。後問之東門道士云，是日虜頭目見船過，問左右曰：「此何船？」皆以漁舟對，遂得善去。福州秀才林元龍，字附祖者。三月在無錫道中，忽為數酋擒去，指為文相公。云：「你們年四十，頭戴笠，身著袍，腳穿黑靴。文書上載了你們，如何不是？」縛至京口辨驗，然後得釋。元龍後見先生為言之，是行寄一生於萬死，不復望見天日。至永嘉，從者惟存六人。初，先生建議出益王、廣王於閩、廣。及虜至，二王方出宮。至是，陸秀夫、蘇劉義等聞二王走溫州，追及於道。召陳宜中於清澳，張世傑於定海，俱至溫之江心寺。舊有高宗南奔時御座，眾相率哭座下。奉益王為天下都元帥，廣王副之，建號於永嘉，同趨三山。先生至永嘉，元帥舟去已一月矣。先生亟使副守李玨驛報行府，陳宜中即遣人來議擁立事，先生深贊。大議奉書勸進，議遂決。舊客張汴、鄒鳳，部曲朱華等，皆自閩來迎。先生以通守楊思復海船勤王之計，詳報宜中，宜中不以為信。乃遣毛浚之通州，而不以告先生。浚至通州，守問：「文丞相何以無書？」遂發怒，浚幾不免。浚出，而通州遂降於虜。先生歎惜之。

《集杜詩・泳福安宰相》曰：紛然喪亂際，反覆歸聖朝。秉鈞執為隅，扶顛永蕭條。〔註147〕

五月乙未朔，益王即位於福州，改元景炎。遙上孝恭帝尊號，進封廣王為衛王。

《集杜詩・景炎擁立》曰：漢運初中興，扶顛待柱石。疇能補天漏，登堦奉玉冊。〔註148〕

《福安府》曰：崔嵬扶桑日，澗會滄海潮。傾都看黃屋，此意

〔註145〕參見《文天祥全集》卷十三，《指南錄》卷四《過黃巖》，第527頁。
〔註146〕參見《文天祥全集》卷十三，《指南錄》卷四《至溫州》，第527頁。
〔註147〕參見《文天祥全集》卷十六《集杜詩・福安宰相第六十三》，第640頁。
〔註148〕參見《文天祥全集》卷十六《集杜詩・景炎擁立第二十八》，第629頁。

　　竟蕭條。〔註149〕

　　帝既即位，以陸秀夫直學士院。宜中以秀夫久在兵間，知軍務，每事諮訪。始行，秀夫亦悉心贊之。旋與宜中議不合，宜中使言者劾罷之，謫居潮州。張世傑讓宜中曰：「此何如？」時動以臺諫論人，宜中皇恐，亟召秀夫還行朝。時播越海濱，庶事疏略，獨秀夫儼然整笏，立如治朝。或時在行中，淒然泣下，以朝衣拭淚，左右無不悲慟。先生以觀文殿侍講召赴行在。二十六日，授通議大夫、右丞相、樞密使，都督諸路軍馬。

　　　制詞曰：帝王之立中國，惟修政所以攘夷；輔相之重朝廷，惟用儒所以無敵。朕作其即位，圖厥救功。介臣不二心，歷險夷而一致。諮汝宅百揆，賴文武之全才，亟歸右揆之班，並授元戎之柄，肆揚大號，敷告羣工。具官某：骨鯁魁落之英，股肱忠力之佐。仁不憂，勇不懼，坎維心之亨；國忘家，公忘私，謇匪躬之故。適裔虜之猾夏，率義旅以勤王，慷慨施給鎧之資，豪傑雷動，感激灑登舟之淚，忠赤天知。雖成敗利鈍逆覩之未能，然險阻艱難備嘗之已熟。獨簡慈元之愛，爰升次輔之聯。方單騎以行，驚破夷虜之膽；及免冑而入，大慰國人之心。天地之所扶持，鬼神亦為感泣。今職方雖非周邦之舊，而關輔未忘漢室之恩。伊欲閟輦轂而追三宮，復鍾簴而妥九廟。非內治飭，何以實元氣；非國威振，何以折遐衝？披荊棘於靈武之初，予未知濟；收桑榆於澠池之後，事尚可為。思昔元勳，有如臣浚。在思陵已登於亞相，更孝廟乃復於舊班。式同今日之中興，罔俾前修之專美。況同列崇皋陶之遜，而初政俟公旦之來，庸再秉於國鈞，仍專長於樞宥；優督府珥戈之錫，峻文階黃繳之除；申拓賦會，式隆寵數。於戲！春秋以歸季子為喜，朕方徇於私情；晉人謂見夷吾何憂，爾共扶於興運。尚堅忠孝，大布公忱。迄圖社稷之安，茂紀山河之績。其祗予命，永弼于彝。可！王應麟行。

　　先生始編《指南錄》，有《序》。《序》作於閏三月，至是有《後序》。

　　　《序》曰：予自吳門被命入衛，守獨松關。乃王正二日，除浙西大制撫，領神臬。予辭尹，引帳兵二千人詣行在。日夕贊陳樞使宜中，謀遷三宮，分二王於閩、廣。元夕後，予所部兵皆聚於富陽。朝廷擬除予江東西、廣東西制置大使，兼廣東經略，知廣州、湖南

〔註149〕參見《文天祥全集》卷十六《集杜詩‧福安府第二十九》，第629頁。

策應大使。未及出命,陳樞使已去國。十九日,太皇除予右丞相兼樞密使,都督諸路軍馬。時北兵駐高亭山,距脩門三十里。是日,虜帥即引董參政以兵屯楗木教場。城中兵將官,紛紛自往納降。予欲召富陽兵入城,已不及事。三宮九廟,百萬生靈,立有魚肉之憂。會使轍交馳,北約當國相見,諸執政侍從聚於吳左丞相府,不知計所從出,交贊予一行。國事至此,予不得愛身,且意北尚可以口舌動也。

二十日,至高亭山,詰虜帥前後失信。虜帥辭屈,且謂決不動三宮九廟,決不擾京城百姓,留予營中。既而呂師孟來,予數罵其叔姪,愈不放還。賈餘慶者,逢迎賣國,乘風旨使代予位。於是北兵入城。所以誤吾國、陷吾民者,講行無虛日。北知賣國非予所容也,相戒勿令文丞相知。未幾,賈餘慶、吳堅、謝堂、家鉉翁、劉岊,皆以府第為祈請使,詣北方。蓋空我朝廷,北將甘心焉。

二月八日,諸使登舟,忽北虜遣館伴逼予同往。予被逼脅,欲即引決。又念:未死以前,無非報國之日,姑隱忍就船。方在京時,富陽兵已退趨婺、處等州。予俟間還軍,苦不自脫。至是,欲從道途謀遁,亦不可得。至京口,留旬日,始得鹽商小舟,於二月晦夜走真州。朔日,守苗再成相見。論時事,慷慨流涕。予致書兩淮間,合兵興復,苗贊之甚力。初三日早,制司人來,乃出文書,謂丞相為賺城,欲不利於我。苗不以為然,送予出門,勸奔淮西。予謂此北反間也,否則,托辭以逐客也。李公仁人,使見予,必感動,遂之維揚。苗遣五十兵四騎從行。夜抵西門,欲待旦求見。呵衛嚴密,鼓角悲慘。杜架閣謂李公必不可見,徒為矢石所陷,不如渡海歸從王室。予然之。自是日夜奔南,出入北衝,犯萬萬死,道途苦難,不可勝述。嗚呼!予之得至淮也。使予與兩淮合,北虜懸軍深入,犯兵家大忌,可以計擒,江南一舉而遂定也。天時不齊,人事好乖,一夫頓困不足道,而國事不競,哀哉!

予至通,聞二王建元帥府於永嘉,陳樞使與張少保世傑、方以李、郭之事為己任。狼狽憔悴之餘,喜不自制。跋涉鯨波,將躋履以從。意者,天之所以窮餓困乏而拂亂之者,其將有所俟乎?〔註150〕

〔註150〕參見《文天祥全集》卷十三《指南錄·自序》,第477～478頁。

《後序》曰：德祐二年正月十九日，予除右丞相兼樞密使，都督諸路軍馬。時北兵已迫脩門外，戰、守、遷皆不及施。搢紳大夫士萃於左丞相府，莫知計所出。會使轍交馳，北邀當國者相見。眾謂予一行為可以紓禍。國事至此，予不得愛身，意北亦尚可以口舌動也。初，奉使往來，無留北者。予更欲一覘北，歸而求救國之策。於是，辭相印不拜。翌日，以資政殿學士行。

初至北營，抗辭慷慨，上下頗驚動，北亦未敢遽輕吾國。不幸呂師孟構惡於前，賈餘慶獻諂於後。予羈縻不得還，國事遂不可收拾。予自度不得脫，則直前詬虜帥失信，數呂師孟叔姪為逆。但欲求死，不復顧利害。北雖貌敬，實則憤怒。二貴酋名曰館伴，夜則以兵圍所寓舍，而予不得歸矣。

未幾，賈餘慶等以祈請使詣北。北驅予並往，而不在使者之目。予分當引決，然而隱忍以行。昔人云：「將以有為也。」至京口，得間奔真州，即具以北虛實告東西二閫，約以連兵大舉。中興機會，庶幾在此。留二日，維揚帥下逐客之令。不得已變姓名，詭蹤跡，草行露宿，日與北騎相出沒於長淮間。窮餓無聊，追購又急，天高地迥，號呼靡及。已而得舟，避渚洲，出北海，然後渡揚子江，入蘇州洋，展轉四明、天台，以至於永嘉。

嗚呼！予之及於死者不知其幾矣！詆大酋當死；罵逆賊當死；與貴酋處二十日，爭曲直，屢當死；去京口，挾匕首，以備不測，幾自剄死；經北艦十餘里，為巡船所物色，幾從魚腹死；真州逐之城門外，幾彷徨死；如揚州，過瓜洲揚子橋，竟使遇哨，無不死；揚州城下，進退不由，殆例送死。坐桂公塘土圍中，騎數千過其門，幾落賊手死。賈家莊，幾為巡徼所陵迫死。夜趨高郵迷失道，幾陷死。質明，避哨竹林中，邏者數十騎，幾無所逃死。至高郵，制府檄下，幾以捕繫死。行城子河山，入亂屍中，舟與哨相後先，幾邂逅死。至海陵，如高沙，常恐無辜死。道海安、如皋，凡三百里，北與寇往來其間，無日而非可死。至通州，幾以不納死。以小舟涉鯨波，出無可奈何，而死固付之度外矣。嗚呼！生死晝夜事也。死而死矣。而境界危惡，層見錯出，非人世所堪，痛定思痛，痛何如哉！

予在患難中，間以詩記所遭，今存其本，不忍發，道中手自抄

錄。使北營，留北關外為一卷；發北關外，歷吳門、昆陵、渡瓜洲，復還京口，為一卷；脫京口，趁真州、揚州、高郵、泰州、通州，為一卷；自海道至永嘉，來三山，為一卷。將藏之於家，使來者讀之，悲予志焉。嗚呼！予之生也幸，而幸生也何為？所求乎為臣，主辱臣死，有餘僇；所求乎為子，以父母之遺體，行殆而死，有餘責。將請罪於君，君不許；請罪於母，母不許；請罪於先人之墓，生無以救國難，死猶為厲鬼以擊賊，義也！賴天之靈，宗廟之福，脩我戈矛，從王於師，以為前驅。雪九廟之恥，復高祖之業，所謂誓不與賊俱生，所謂鞠躬盡力，死而後已，亦義也。嗟夫！若予者，將無往而不得死所矣。向也，使予委骨於草莽，予雖浩然無所愧怍，然微以自文於君親，君親其謂予何？誠不自意，返吾衣冠，重見日月，使旦夕得正丘首，復何憾哉！復何憾哉！〔註151〕

先生連上章辭。時國方草刱，陳宜中屍其事，專制於張世傑。先生雖名宰相，徒取充位，遂不敢拜議出督。

《集杜詩‧至福安》曰：握節漢臣回，麻鞋見天子。感激動四極，壯士淚如雨。〔註152〕

先生留永嘉一月，台處諸豪傑皆來自獻，願從海道作戰守規模。先生自福安，欲還永嘉，謀進取。廟謨不以為然，遂改樞密使同都督諸路軍馬。七月初四日，先生發行，都議開督府於廣，廣已陷。十三日，出南劍開府聚兵，為收復江西計。於是幕府選辟，皆一時名士。使呂武招豪傑於江淮，杜滸募兵於溫州。

《集杜詩‧南劍督》曰：劍外春天遠，江閣鄰石面。幕府盛才賢，意氣今誰見。〔註153〕

吉州敢勇軍將官張雲與虜戰死，雲始從先生勤王。先生既奉使拘留，雲引眾歸鄉里。吉城已降，雲不勝憤。至是，引所部夜擊虜，殺數百人。虜不測其眾，寡戰於南柵門外。雲眾舉砲發喊，虜軍經過者來援，雲表裏受敵。天明，戰渴，赴江飲，虜衝擊之，雲眾溺死。先生聞雲死，惜其不能少忍，未得為用。

八月知南安軍，陳繼周及其子逢父被執於贛州。總管楊子死，事聞，贈敷

〔註151〕 參見《文天祥全集》卷十三《指南錄‧後序》，第 478～480。
〔註152〕 參見《文天祥全集》卷十六《集杜詩‧至福安第六十二》，第 640 頁。
〔註153〕 參見《文天祥全集》卷十六《集杜詩‧南劍州督第六十四》，第 641 頁。

文閣侍制，謚忠節。繼周，字碩卿，寧都人。以貢士有軍功，歷任州縣。二十八年，先生將勤王，造門問計，繼周具言閭里豪傑子弟，與凡起兵方略甚詳。逢父亦晝夜參預籌畫調度，繼周雖若不勝衣，以年輩為鄉里所推服，率贛義士以從先生。繼周既死，次子槊從先生，攻江西，死循潮間。

時陳宜中既棄臨安，及至三山勸進，欲倚張世傑，復浙東西，以自洗濯，沮先生永嘉之行。後取定海，兵敗，李玨為制閫，眾方思用先生，而已不及矣。先生在劍州，朝廷嚴趣之汀，先生不得已，十月行帥師行，十一月次於汀州。

《集杜詩·汀州》曰：雷霆乞精銳，斧鉞下青冥。江城今夜客，
慘憺飛雲汀。〔註154〕

遣督參趙時賞督諮趙孟濚，以一軍取道石城，復寧都。遣督贊吳浚，以一軍屯瑞金，復雩都。劉洙、蕭明哲、陳子敬，皆自江西起兵來會。時虜軍逼福安，車駕航海，福安遂陷。

端宗景炎二年丁丑四十二歲。正月，虜兵大入汀，關不守。先生欲據城拒敵，汀守黃去疾聞車駕航海，擁郡兵，有異志。先生移次漳州龍巖縣，時賞孟濚還軍，追及於中途，惟吳浚不至。未幾，虜兵至瑞金，浚降之。衙唆都命來說先生降，人情洶洶，先生責以大義而誅之，以安眾心。時唆都右丞河刺罕、左丞相董文炳等入閩，李玨、王積翁等已降，仍為福建宣慰招撫等使，乃使淮軍羅輝持書來，先生答之。

答書曰：天祥皇恐奉稟制使都丞侍郎：天祥至汀後，即移建以
次淪失。朝廷養士三百年，無死節者，如心先生差強人意，不知今
果死否？哀哉！哀哉！坐孤城中，勢力窮屈，泛觀宇宙，無一可為，
甚負吾平生之志。三年不見老母，燈前一夕，自汀移屯至龍巖，間
道得與老母相見，即下從先帝遊，復何云。都相公去年館伴，用情
甚至，常念之，不忘故回書。復遣羅輝來，永訣！永訣！伏乞台照。

二月復梅州，三月入梅州，始與一家相見。旨授銀青光祿大夫，職任依書。

《集杜詩·梅州》曰：樓角凌風迴，孤城隱霧深。萬事隨轉燭，
秋光近青岑。〔註155〕

梅州通判曾鳳卒。鳳，字朝陽，廬陵人。先生嘗從鳳學，自太學釋褐，累遷國子監丞，隨行府至汀。至是以梅州通判病卒。子三貴繼死。先生哀其清文

〔註154〕參見《文天祥全集》卷十六《集杜詩·汀州第六十五》，第641頁。
〔註155〕參見《文天祥全集》卷十六《集杜詩·梅州第六十六》，第641～642頁。

粹德，一不施於世，而流落以死。四月以都統錢漢英、王福跋扈，斬之以釁鼓，軍政一新。

五月，引兵自梅州出江西，時贛、吉兵皆來會。呂武死於江西。武，太平人，先生陷北營，應募從行，勁烈忠鯁，喜面折人，人皆服之。先生之自鎮江走淮東，患難中賴武自壯，及先生開府南劍，結約江淮，間關數千里，以環衛官，將兵出江西，死一軍，為之流涕。

六月初三日，與虜戰於雩都，大捷。進攻興國縣，縣返正，於是駐屯開府。張汴、趙時賞、趙孟濚盛兵薄贛城下。鄒洬率贛諸縣兵，擣永豐、吉水，招撫副使黎貴達率吉諸縣兵復太和，劉源以兵復黃州，壽昌軍趙璠、張琥、何時諸郡豪傑，皆受約束。贛惟存孤城，虜號令惟行於城中。吉八縣復其半，半垂下。臨、洪、袁、瑞諸郡，莫不響應。永豐、萬安、永新、龍泉以次皆復。大江以西，有席捲包舉之勢。汀州有偽天子黃從斬首，傳至督府，軍勢大振。

　　《集杜詩·贛州》曰：空同殺氣黑，灑血暗郊坰。哀笳曉幽咽，

石壁斷空青。〔註156〕

劉伯文為虜所執，死。伯文，字致中，吉水人，從先生勤王，詣督府，受文書，結約遠近。七月至袁州，家僕醉，漏言。巡兵搜行李，得督府文書，鞠之。伯文慷慨自引，一不以累人，斬於袁市。

虜江西宣慰使李恆遣兵援贛，自將兵攻先生。八月，黎貴達以正軍千人，民兵數千，次太和、鍾步。虜騎兵突正軍，正軍不動；遽出民兵，後民兵驚潰，自相蹂藉死。孟濚收殘兵，保雩都。先生欲引兵就鄒洬於永豐。洬先是被執於寧都，變名姓為卜者得脫。攻興國，復永豐，聚兵數萬，為虜所蹙，亦潰。劉欽、鞠華叔、顏斯立、顏其厓皆死。羅開禮敗，被執，死吉州獄。先生聞之，製服，哭祭之。劉欽，字敬德，吉水人，有志氣，健議論，與先生友善。羅開禮，字正甫，永豐人，以貲力雄鄉里，以土兵復永豐縣，至是死。

李恆追先生，及於廬陵東固方石嶺，都統鞏信率數十卒，短兵接戰，虜駭其以寡敵眾，疑山中有伏，斂兵不進。信坐巨石，餘卒侍左右，箭雨集，屹不

[註156] 參見《文天祥全集》卷十六《集杜詩·贛州第六十七》，第642頁。本年譜，前面一部分，主要的史料來自於《指南錄》，以《指南錄》中的詩序部分為依據，敘述文天祥的生平事迹，同時附上他所寫的詩文。後一部分以《集杜詩》為據，以詩序為根據敘述文天祥的生平事迹，同時附上《集杜詩》中的相應詩歌。作者對於相關文字進行了刪節和重新編排，盡管增加的內容並不多，但是對於文天祥個人事迹更為清晰和條理化了。

動。虜愈疑。獲村夫間道，踰嶺至山後，闃無人就。視信等創遍體，死，未僕。以是虜騎稽滯，先生得遠去。鞏信，安豐軍人，荊湖老將也。沉勇有謀，見信於先生，為都統制兼江西招捕使。信初至，先生付以義士千人，信曰：「此等何用？徒纏手耳！」遂自招募數千自隨，常怏怏曰：「有將無兵，其如彼何？」

二十七日，先生至空坑，潰卒困憊，藉地睡。先生宿山前陳師韓家。夜得報，追騎已逼潰卒。意先生所向，疾至隨護，先生命五百手斫山樹為鹿角，池隘道。頃之，數人負傷，至則五百掔手已摧踣不支。先生即去，先生夫人歐陽氏驚問故，則追騎已林立於前，夫人與佛生、柳小娘、環小娘、顏孺人、黃孺人等皆為俘虜。夫人沿路意有深水險崖即投死，而一路坦平，至恆所，已失佛生矣。先生既遁，追騎將及，是早重霧尋丈，遠不相覿。先生猶聞後喧鬧聲，虜騎見轎中人風姿偉然，問：「為誰？」曰：「姓文。」虜以為先生也，群擁至恆所，問之，必曰：「姓文。」問轎夫，咸不知也。遍求俘虜人識認，乃有曰：「此趙通判時賞也。」以此追騎逗留，先生又得遠去。時賞至隆興，罵不絕口，僚屬有係累至者，輒麾去曰：「小小僉廳官耳，執之何為？」由是得脫者甚眾。臨刑，劉洙頗自辨。時賞叱曰：「死耳！何必！」然時賞和州宗室也，神采明雋，議論慷烈，嘗在軍中見同列盛輜重，飾侍姬，歎曰：「軍行如春遊，其能濟乎？」先生行山，迤逼窄，民老幼負荷，奔走填塞，先生窘迫。忽然山墜巨石，橫壅于路，追騎迂迴攀緣，先生仍逸去。至今指為相公石或神石。〔註157〕

盧陵李鼎克真作《神石銘》，其《序》曰：神石者，宋少保右丞
相信國文公兵敗而護祐于石也。當景炎垂亡，信國開督府於汀州，出
兵恢復，至吉之空坑，兵敗而走。山迤險隘，追兵已及，公方過，大
石忽墜而塞其路，追兵阻於墜石，不能過。比再求路，而公已去矣。
夫石者，頑然無知覺運動之物也，今而能拯忠臣於危迫之際，是石而
神也。其果孰使之然哉？蓋公之忠義有以感之，而天實使之也。

公當宋室潰散不可為之時，猶奉其遺孤於海島，致身竭力，奮
不顧死，圖欲復其宗社。一念之烈，上通於天，能感夫深山之石，
使之震動奔走，以效其用，類若驅策之者。此天之所以佑乎忠義，
而有非人力之所能及者矣。然予疑天既佑之，而終不使之成功，何
哉？豈宋運已終，既不可復，而一時倉卒之間暗昧而死，不足以表

〔註157〕參見《文天祥全集》卷十七《宋少保右丞相兼樞密使信國公文山先生紀年錄》，
　　　　第701頁。

其忠節，必將保祐完護，使之雍容就義，死於燕市，然後精忠大節烈烈然，著當時而垂無窮，於以正千萬年綱常彝倫之道，為臣子之準。上天之意，其在是歟？噫！向非茲石，則公死於斯時矣。此石之所以神也，銘曰：

空坑之原，厥石齒齒，幾千萬年，峙於幽阻。嗟嗟忠臣，兵敗而馳，追騎已及，形迫勢危。歘然而墜，塞其要阨，昔焉夷途，倏爾阻隔。敵師孔武，竟莫能踰，脫其危迫，靡有艱虞。維石之神，維石之功，惟天所使，以完其忠。雍容一死，義盡仁至，千年綱常，由茲弗墜。鳴呼神石，天地悠久，公之忠節，同茲不朽。我作銘詩，以開來哲，烈哉信公，神哉茲石！〔註158〕

十月，先生與母曾夫人、子道生俱奔汀州。劉洙、吳文炳、林棟皆被執，死。繆朝宗自縊，張汴為亂兵所殺，鄒灁得其屍，葬之。劉洙，字淵伯，號小村先生、鄰曲先生，喜象奕，洙雖不敵，然窮思忘日夜，言趣俚下，先生亦以是好之。與從兄子浚從勤王，號忠義。劉監軍專將一軍，為督帳親衛，圓機應物，酬答不倦。至是被執，詣隆興。虜重其才略，誘之使降。洙罵不絕口，與長子同日受害，次子死亂兵，幼子沒于廣。吳文炳、林棟皆閩士，有幹實，俱為督府幹辦。架閣、文炳受刑時，吏卒捽辱之，文炳笑而謂之曰：「我與爾亦各為其主耳，何辱我為？」至死不屈。繆朝宗，淮人，有意氣，從先生於平江，及歸福安，朝宗自婺間道來歸，精練簡實，孜孜奉公。張汴字朝宗，一字次山，蜀人，明銳輕俊，頗習兵事，從先生贛州勤王，仕至秘閣修撰。謝杞、許由、李幼節不知所終。杞，秘書郎太學名士，由、幼節皆閩士之秀並進士，以文采望一府。

先生收拾散兵，自汀州出會昌，入安遠。十一月趍循州，屯南嶺。是冬，元塔術呂師夔、李恆以步卒入嶺，唆都、莆壽庚、劉深以舟師下海。先生將請命行朝，益兵再舉，會道路梗塞，朝訊斷絕，先生柵險以自全，黎貴達潛謀降虜，先生斬之。

《集杜詩‧江西二首》。其一曰：東望西江水，高義在雲臺。到今用鉞地，霜鴻有餘哀。〔註159〕

〔註158〕參見劉文源編《文天祥研究資料集》之《碑銘‧神石銘》，中國社會科學出版社，1991年，第175～176頁。

〔註159〕參見《文天祥全集》卷十六《集杜詩‧江西第六十八》，第642頁。

其二曰：旄頭初俶擾，義士皆痛憤。乾坤空崢嶸，向者留遺恨。
〔註160〕

三年五月以後為帝昺祥興元年戊寅四十三歲，二月，進兵惠州海豐縣，駐於麗江浦，徧遣間使，沿海訪問，車駕命弟璧復惠州。四月，帝崩，年十一。羣臣多欲散去。陸秀夫曰：「度宗皇帝一子尚在，將焉置之？古人有以一旅一成中興者，今百官有司皆具，士卒數萬，天若未欲絕宋，此豈不可為國耶？」乃與眾共立衛王，年八歲。

十六日，大行皇帝遺詔曰：朕以幼沖之資，當艱厄之會，方大皇命之南服，黽勉於行。及三宮胥而北遷，悲憂欲死；臥薪之憤，飯麥不忘，奈何乎？人猶托於我，涉甌而肇霸府，次閩而擬行都。吾無樂乎為君，天未釋于有宋。強膺推戴，深抱懼慚。而夷虜無厭，氛祲甚惡；海桴浮避，澳岸棲存。雖國步之如斯，意時機之有待。乃季冬之月，忽大霧以風，舟楫為之一摧，神明拔於既溺。事而至此，夫復何言？矧驚魂之未安，奄北哨其已及，賴師之武，荷天之靈，連瀕於危，以相所往，沙洲何所？垂閱十旬，氣候不齊，積成今疾。念眾心之鞏固，忍萬古以違離，樂非不良，數不可逭，惟此一髮千鈞之托，幸哉！連枝同氣之依，衛王某聰明夙成，仁孝天賦，相從險阻，久繫本根，可於柩前即皇帝位，傳璽授喪，制以日易月，內庭不用過哀，梓官無得，輒置金玉，一切務從簡約，安便州縣。權暫奉陵寢。嗚呼！窮山極川，古所未嘗之患難；涼德薄祚，我乃有負於臣民！尚竭至忠，共持新運。故茲詔示，想宜知悉。

十七日，祥興皇帝登寶位。詔曰：朕勉承丕緒，祗若令猷皇天付中國，民既勤用德，聖人居大寶位曰：守以仁藐茲眇沖，適際危急，惟我朝之聖神繼統，而家法以忠厚傳心。滲漉在人，億萬年其未泯；遭逢多事，百六數之相乘。先皇帝聰明出乎羣倫，孝友根於天性；痛憤三宮之北，未嘗一日而忘。遺大投艱，丕應徯志；除兇刷恥，惟懷永圖。托於神明，辱在草莽；上霧下潦之所偪薄，洪濤巨浪之所震驚。謂多難以殷憂，宜祈天而永命。胡寧予忍而不其延？日月為之無光；社稷凜乎如髮，攀髯何及？繼志其誰？以趙孤猶幸僅存。蓋使為宗祧之主，以漢賊不容兩立，庶將復君父之讎。大義

攸關，輿情交迫，閔予小子遭家不造於前，寧人鄐功攸終。而況斯今，其難莫甚！尚賴元勳宿將，義士忠臣，合志而並謀，協心而畢力。敵王所愾，扞我於難。茲用大布寬恩，率循彝典。於以導迎和氣，於以迓續洪休！可大赦天下。於戲！人心有感則必通，世運無往而不復。成誦雖幼有周，寧後於四征；少康之興祀夏實，基於一旅。往求攸濟，咸與維新。

帝登壇，禮畢。御輦所向，有黃龍自海中見，既入宮，雲陰不見。上大行帝廟號曰端宗，改元祥興。陳宜中逃入占城，時張世傑秉政，陸秀夫裨助之。外籌軍旅，內調工役；凡有述作，盡出其手。雖忽遽流離中，猶日書《大學章句》以勸講。

五月二十五日，內批文璧除權戶部侍郎、廣東總領，兼知惠州。六月，先生將入覲，為張世傑所格，不得進。遣使奉表起居自劾，督師岡功行朝，降詔獎諭。陸秀夫作也。

> 詔曰：才非盤錯，不足以別利器；時非板蕩，不足以識忱臣。昔聞斯言，乃見今日。卿早以魁彥，受知穆陵，歷事四朝，始終一節。虜氛甚惡，鞠旅勤王；皇路已傾，捐軀殉國。脫危機於虎口，涉遠道於鯨波。去桀就湯，可觀伊尹之任；歸周辟紂，咸喜伯夷之來。方先皇側席以需賢，乃累疏請身而督戰。精神鼓動，意氣慷慨。以匈奴未滅為心，棄家弗顧；當王事靡監之日，將母承行。忠孝兩全，神明對越。雖成敗利鈍，非能逆睹；而險阻艱難，亦既備嘗。如精鋼之金，百煉而彌勁；如朝宗之水，萬折而必東。尚遲赤烏之歸，已抱烏號之痛。朕勉當繼紹，未有知思；政茲圖任舊人，克戡多難。倏來候吏，疊覽封章。巋然靈光之固存，此殆造物者陰相。胡然引咎？益見勞謙。至如諮問之勤，備悉忱悃之至。朕今吉日既戎，六月於征，倚卿愛君憂國之忠，成我刷恥除兇之志。緬懷耆俊，深切歎嘉！

先生又奏：「乞除鄒㵟右文殿修撰、樞密都承旨、江西安撫副使，兼同都督府參謀官；趙孟濚遙縣郡團練使、左驍衛將軍、江西招捕使，兼同提刑都督府諮議官；杜滸帶行軍器監，廣東招諭副使，兼同都督府參謀官；鄒臻帶大府寺丞，同都督府參議；官陳龍復帶行兵即廣東招諭司使，兼同都督府參議；官章從範帶行閤門祇候，同都督府計議官；丘夢雷、林琦、葛鍾各帶行架閣，同

都督府幹辦公事；朱文翁同都督府。准備差遣。」旨特依奏除。

先生又奏：「潮、循、梅三郡，竝已取到返正狀。乞將陳懿除右驍衛將軍，知潮州，兼管內安撫使；張順帶行環衛官，權知循州；李英俊帶行閤門祗候，差梅州通判，暫權州事。」旨特依奏。文璋帶行大理寺丞，知寧武州。

先生欲移軍入朝，優詔不許。先生欲入廣州，凌震、王道夫始復廣，自恣憚公望重，陽遣舟迎，中道散回，遂不果。自去冬，宜中遁占城，世傑以樞副柄國，日以迎候宜中還朝為辭。蓋諸大將嘗受宜中超擢，樂其寬縱，忌先生英氣。又位樞密使出已上，或以副貳受節制，意不便其至。八月，授少保信國公，先生母曾氏封齊魏國夫人。同都督府官屬，各轉五官，金三百兩犒其軍。先生以書抵秀夫：「天子沖幼，宰相遁荒。制詔敕令，出諸公之口，豈得不恤軍士，以游詞相拒？」秀夫太息，不能答。〔註161〕

　　《集杜詩·復入廣》曰：東浮滄海漘，南為祝融客。漂轉混泥

　　沙，迫此短景急。〔註162〕

時督府全軍疾疫，死者數百，先生亦數病。九月七日，曾夫人薨。弟璧自惠州，中道得訃奔赴，與先生及璋、次妹哭斂，行朝遣使宣祭曾夫人。自虜難後，璧奉侍，赴惠州，弟璋從焉。己而之廣、之循、之梅。先生至梅州，母子兄弟始相見。既已出江西，尋復入廣。夫人游二子間，無適無莫。雖兵革紛擾，處之怡然。璧知惠州，弟璋復在侍夫人藥。八月，兩國齊魏之命下，時已得病，至是薨。先生起復，璧與弟妹奉柩還，權殯於河源縣義合鄉古氏之里。十月，長子道生卒。

　　《集杜詩·駐惠境》曰：朱鳳日威垂，羅浮展衰步。北風吹蒹

　　葭，送此齒髮暮。〔註163〕

初，陳懿兄弟五人，號五虎，本劇盜。據潮州叛，張世傑招之。懿叛附不常，又不聽督府節制。先生聲其罪討之，懿走山寨。士民請移行府潮州。十一月，進屯潮陽縣。

　　《集杜詩·駐潮陽》曰：寒城朝煙淡，江沫擁春沙。羣盜亂豺

　　虎，回首白日斜。〔註164〕

鄒㶚自空坑敗後，竄身谿峒，約結酋傑，以兵數千至，子俊收散兵，保洞

〔註161〕參見《文天祥全集》卷十七《紀年錄》，第703～704頁。
〔註162〕參見《文天祥全集》卷十六《集杜詩·復入廣第七十》，第643頁。
〔註163〕參見《文天祥全集》卷十六《集杜詩·駐惠境第七十一》，第643頁。
〔註164〕參見《文天祥全集》卷十六《集杜詩·駐潮陽第七十二》，第643頁。

源，引軍會潮陽。先生駐和平市，攻陳懿黨，與殘凶攻逆，稍正天討，假以歲月，因潮之民，阻山海之險，增兵峙糧，以立根本。為莒即墨懿黨，劉興據數郡跋扈，殺掠尤慘，先生遂誅之。

　　十二月十五日，聞虜帥張弘範，自明秀步騎，水陸並進。先生自度勢不敵，乃入南嶺，柵險自固。亦意後隔海港，虜騎未能遽前。陳懿以問罪窘迫，百計不能救解，乃挾重賄，迎導虜帥。二十日，弘範以水陸兵奄至，先生引避山谷間，懿潛具舟海岸濟，虜帥輕騎疾馳。先生在五坡嶺坐虎皮胡床，與客飯，弘範弟弘正以騎猝至。先生度不能免，即取懷中腦子盡服之。虜眾擁先生上馬，先生求死於鋒鏑不可得。以腦子必得冷水乃死，告監者以渴甚，於田間蹄洿中掬水飲之。時先生病目旬餘，遂泄瀉，而目愈，竟不得死。鄒㵆、劉子俊、陳龍復、蕭明哲、蕭資死，趙孟濚遁，師皆潰。眾謂事未可圖，遂退。獨陳子全所部據險待命。虜軍環而攻之，子全中流矢而死。

　　鄒㵆，字鳳叔，吉水人。以豪俠行臺郡間，貌膴寑，挾枯龜，不類貴將。從先生勤王，補武資。至將軍後，以寺丞領江西招諭副使，聚兵甚盛。至是，聞先生被執，即自到，扶入南嶺，踰十日死。劉子俊，字民章，號逸軒先生。里中姻戚領漕貢，從開府，行府敗，被執，虜爇油鼎於前，脅之使降。子俊奮罵不屈，虜烹之。陳龍復，泉州老儒，登丙辰進士，沉厚樸茂，有前輩風流，號清陂，平生所歷州縣，皆以清儉著名。先生開府南劍，舉辟多知名士，如三山林俞、林元雨皆卒汀州。龍復以老成重一府，及行府敗，被執遇害，年七十三。蕭明哲，字元甫，吉之泰和人。嘗預鄉貢，剛毅，遇事有膽氣，明於大節。至是被執，遇害於隆興。臨刑，大罵不絕口，南北壯之。蕭資，吉水人，與金應俱為先生書吏。隨先生家入嶺，忠勤曲盡，至是遇害。陳子全，攸縣士人，少剛猛殺人，晚入佛學，徒千數百人，聚眾數千。善撫御，為眾所懷。至是死，妻子死於獄，無遺類。先生見弘正大罵，求死不得。越七日，至潮陽，踴躍請死。弘範必欲以禮相見，左右命之拜，先生曰：「吾不能拜，吾嘗見伯顏阿朮，惟長揖耳。」左右曰：「奈何不拜？」先生曰：「吾能死，不能拜！」日且昃，弘範知不能屈，乃曰：「殺之名在彼，容之名在我。且彼見伯顏皋亭山，吾實在傍，遂以平揖相見，敘間濶如客禮。」蓋歲除前三日也。

　　《集杜詩‧同府之敗》曰：送兵五千人，散足盡兩靡。留滯一
　老翁，蓋棺事則已。〔註165〕

────────────

〔註165〕參見《文天祥全集》卷十六《集杜詩‧同府之敗》，第643～644頁。

《行府之敗・小序》曰：自國難後，行府白手起兵。展轉患難，東南跋涉萬餘里，事不幸不濟，然臣子盡心焉爾矣。成敗，天也！獨奈何哉！詩曰：「翠蓋蒙塵飛，仗鉞奮忠烈。千秋滄海南，事與雲水白。〔註166〕

先生幕府及從先生起義者，至是多殉節不屈。林琦，閩士也。先生屯餘杭時，琦結集赭山忠義，捍禦海道。及南劍開府，琦就辟，外文采，內忠實，權惠州通判。潮陽敗，被執；逃奔惠州，又被獲。鎖其項，至建康，病卒。陳子敬，贛人，以貲力雄鄉里，行府至汀，子敬請招集義兵，置屯皂口，據贛下流，以遏北船，忠效甚著。行府敗，連結山寨，虜襲其寨，寨潰，不知所終。趙璠，衡山人，甲戌進士，與其叔父漂起兵湘鄉。張唐，長沙人，宜公栻諸孫。熊桂，湘潭人，年七十餘，與劉斗元皆起兵，復劻諸縣。戊寅，同府之敗，所復縣皆陷。璠漂不知所終。執唐，至行省參政，崔斌欲降之，唐罵曰：「紹興至今百五十年，乃我祖魏公收拾撐拓者，今日降，何以見魏公於地下？」遂遇害。桂為湘潭人所掩殺，並屠其家。吳希奭，家世積善急義；王夢應，甲戌進士，與趙璠相應。希奭復醴陵，遇虜軍，眾寡不敵，死之，一門三十口無免者。夢應，嘗率數百人遇虜於明府嶺，戰數合，殺曹千戶大小頭目，北軍敗走。先生既被執，夢應間行入永新境，死。陳莘，字緯節，居饒撫間，奉督府命起兵，謀取信州敗，走伏窘中不食，死。傅卓，旴江人，受督府命，招諭起兵，遇害。何時，字了翁，撫州樂安人，先生同年進士，嘗為臨江軍司理參軍郡獄，相傳舊斬一寇，屍能行一里許，眾神之壞為肉身，皋陶時至取故牘閱，此寇嘗掠殺數人，曰：「如此可為神乎？」命鞭之，湛於水，人服其明，故知興國縣。從先生勤王，及南劍開府，起兵趨興國，復崇仁縣。未幾，虜至，兵敗，變姓名，竄跡嶺南，賣卜自給，號堅白道人。數年乃歸，病死。劉士昭，吉之泰和人，為鍼工，與鄉人同謀復泰和縣，事敗，血指書帛云：「生為宋民，死為宋鬼，赤心報國，一死而已。」以帛自經。士人王士敏慷慨不撓，題獄中云：「此生斷不望生還，留得虛名在世間。大地盡為胡血染，好藏吾骨首陽山。」臨刑歎曰：「恨吾病失聲，不能朗罵。」又萬安縣有僧起兵，舉旗號降魔，又曰：「時危聊作將，事定復為僧。」旋亦敗，死。唐仁，南安土豪也，奉督府命，通江西音，問結約取贛，約日舉火為號，城內外夾擊，北軍先覺，閉營掩捕格殺，仁軍不見火，遽退，贛軍殲焉。仁

〔註166〕參見《文天祥全集》卷十六《集杜詩・行府之敗第七十四》，第644頁。

偽投拜北官，要索倨甚，仁怒殺其來使，置酒臠其肉，與同督府來使食，已
而仁病死。鍾震，桂東土豪也。與茶陵賀、尹二姓，稟命督府，間行至厓山。
未幾，厓山潰，被虜脫歸，死。胡文可，字可山，泰和野陂里社溪人，有謀
略，便騎射；弟文靜，字靜山，負氣節，志在綱常。先生起兵勤王，遣蕭明
哲入野陂，連結諸寨。文可兄弟整家貲，招義勇從之。由南贛間關海上，與
參謀議，先生禮為上賓。文可寄文靜詩曰：「劍戟揮揮過贛城，勤王又會數千
兵。丹心一寸堅如鐵，矢石前頭定不驚。」又曰：「奮義於今有弟昆，腥膻未
必及吾門。操持端作奇男子，莫負當年大宋恩。」又曰：「仗劍脫京口，風波
度赤城。鶯聲猶故國，何處返龍旌。」及先生敗，文可被執，赴難竟死，人
稱為胡勤王家。文可既死，文靜猶慷慨，欲有為，邑侯何聞其事，躬詣野陂，
招致之。文靜抗節不屈，曰：「吾寧死不負趙氏！」遂殺之。函其首以赴元。
張哲齋始延款先生見丙子，先生與謀興復，張欣然聚海艘，移檄海上，豪傑聽
命。及先生至福安，請自取明州，為陳宜中、張世傑沮止，張亦以失約，不
得舉事。至是，張弘範見檄書於墻壁間，捕至軍前，張知不免，語弘範曰：
「某生為宋民，死為宋鬼，何怪我為？」弘範殺其父子，碎其家。先生之友
王幼孫，字季稚錯聞先生已死，為文而遙祭。

其文曰：嗚呼！人皆貪生，公死如歸。人為公悲，我為公祈。
我知公心，豈此而止！而至於此，則又何俟？方其從容，人已或訾。
我知公心，感慨易耳！山嶽崔嵬，有時忽頹；滄溟浩發，有時忽竭。
月胡而虧，日胡而昃？理數至此，天地無策。公心烈烈，上陋千古。
謂山可平，謂天可補。奮身直前，努力撐拄，千周萬折，千苦萬苦。
初何所為，以教臣忠。策名委質，視此高風。我與公友，褎衣裒褐。
我安南畝，公盡臣節。此心則同，所處則異。幸公末著，可以無媿。
昭昭青史，垂法將來。彼徒生者，尚何為哉！〔註167〕

《文山先生詳傳》卷之三

帝昺祥興二年己卯四十四歲。正月初二日，張弘範驅先生登海艘；初六日發
潮陽；初八日過官富塲，十二日過零丁洋，賦詩。

詩曰：辛苦遭逢起一經，干戈落落四周星。山河破碎風飄絮，

〔註167〕參見王幼孫《生祭文丞相信國公文》，劉文源編：《文天祥研究資料集》，第183
頁。

身世飄搖雨打萍。皇恐灘頭說皇恐，零丁洋裏歎零丁。人生自古誰
無死，留取丹心照汗青。先生《指南後錄》第一卷起此篇，止《東海集序》。
第二卷起八月二十四日發建康，止己卯歲除師。第三卷起《庚辰元月詩》，止《病
目詩》。先生皆有小序。〔註168〕

至甲子門，獲斥堠捋劉顧凱，知帝所在。十三日至崖山。厓山者，在新
會縣南八十里。距海中，與奇石山相對，立如兩扉，潮汐之所出入也，故有
鎮戍。先是，張世傑自硇州北還，以厓山為天險，可扼以自固，乃奉帝移駐。
造行宮三十間，軍屋三千間，官民兵尚二十萬。虜既至，或謂世傑曰：「虜兵
以舟師塞海口，則我不能進退，盍往？據之，幸而勝，國之福也；不勝，猶
可西走。」世傑恐久在海中，士卒離心，動則必散，乃曰：「頻年航海，何時
已乎？今須與決勝負。」遂焚行朝草市，結大舶千餘，作一字陣碇海中。中
艫外舳，貫以大索，四周起樓棚如城堞。奉帝居其間，為死計，人皆危之。
崖山北淺，舟膠不可進。弘範由山東轉而南入大洋，與世傑相遇，薄之。時
虜師大小船五百，而二百舟失道，久而不至。虜人乍登舟嘔暈，執弓矢不支
持。又水道生疏，舟工進退失據，使虜初至，乘其未集擊之，蔑不勝矣。行
朝依山幫縛，不可復動，以遊舟數出，得小捷。北船皆閩浙水手，其心莫不
欲南向。若南船摧鋒直前，閩浙水手在虜舟中必為變，則虜可盡殲。世傑不
知合變，縱虜入山門，虜作長蛇陣，出騎兵，斷官軍汲路，世傑舟堅不能動。
弘範乃以舟載茅，沃以膏脂，乘風縱火焚之。世傑戰艦皆塗泥，縛長木以拒
火，舟不爇，弘範無如之何。時世傑有甥韓在元軍中，弘範三使韓招世傑，
不從，曰：「吾知降生且富貴，但義不可移介。」因歷數古忠臣以答之。既而
李恆自廣州以師來會。上巳日，弘範令恆過船，請先生作書招諭世傑。先生
曰：「我自救父母不得，乃教人背父母，可乎？」強之急，先生乃書過《零丁
洋》詩與之，恆不能強。持詩以達，弘範笑曰：「好人！好詩！」竟不能逼。
自此守護益謹，然禮貌益隆。弘範遣人語厓山士民曰：「汝陳丞相已去，文丞
相已執，汝復欲何為？」士民亦無叛者。世傑兵士茹乾糧，下掬海水飲之。
水鹹，飲則嘔洩，兵士大困。世傑率蘇劉義、方興等旦夕大戰。二月初五日，
都統張達夜襲虜軍大敗。初六日，弘範四分其軍，自將一軍，相去里許，令
諸將曰：「宋舟西艤厓山，潮至必東遁。急攻之，聞吾樂作乃戰，違令者斬。」
時黑氣出山西，李恆乘早潮退，攻其北；張世傑以淮兵殊死戰至午潮上，元

〔註168〕參見《文天祥全集》卷十四，《指南後錄》卷一上《過零丁洋》，第534頁。

軍樂作，世傑以為且懈不設備，弘範以舟攻其南。世傑南北受敵，兵士皆疲不能戰。俄有一舟檣僕，諸舟之檣皆僕。世傑知事去，乃抽精兵入中軍，諸軍大潰。翟國秀、淩震等皆解甲降，虜軍簿中軍。會日暮，風雨昏霧，四塞咫尺不相辨。世傑遣小舟至帝所，欲取帝至其舟中，旋謀遁去。陸秀夫恐來舟不得免，又慮為人所賣，或被俘辱，執不肯赴。秀夫以帝舟大，且諸舟環結，度不得出走。乃先驅其妻子入海。謂帝曰：「國事至此，陛下當為國死。德祐皇帝辱已甚，陛下不可再辱。」即負帝同溺。後宮諸臣從死者不知數。世傑與蘇劉義斷維奪港，乘昏霧潰去。餘舟尚八百，盡為弘範所得。越七日，屍浮海上者十餘萬人。虜卒有求物屍。間者，遇一屍，小而皙，衣黃衣，負詔書之寶，取寶以獻，弘範亟往求之，已不獲矣。遂以帝崩報，年九歲。世傑行收兵，遇楊太后，欲奉以求趙氏後。楊太后聞帝崩，撫膺大慟曰：「我忍死艱關至此者，正為趙氏一塊肉耳，今無望矣。」遂赴海死。世傑葬之海濱。世傑將赴占城，土豪疆之還廣東，乃回舟議南恩之海陵山，散潰稍集，謀入廣。颶風大作，將士勸世傑登岸。世傑曰：「無以為也。」登柁樓，露香祝曰：「我為趙氏亦已至矣。一君亡，復立一君；今又亡，我未死者庶幾，敵兵退，別立趙氏以存祀耳。今若此，豈天意耶？」風濤愈甚，世傑溺死。諸將函其骨，葬潮居里。蘇劉義出海洋，為其下所殺。先生在虜舟中，目擊始末，痛苦酷罰，無以為生。日夕謀欲蹈海，而防閑益牢，不可出矣。先生不勝悲憤，作長歌哀之，南北傳誦。

其《敍》曰：二月六日，海上大戰，國事不濟。孤臣天祥坐北舟中，向南痛哭，為之詩。」詩曰：「長平一坑四十萬，秦人欣趙人怨。大風揚沙水不流，為楚者樂為漢愁。兵家勝負常不一，紛紛干戈何時畢？必有天吏將明威，不嗜殺人能一之。我生之初尚無疚，我生之後遭陽九。厥角稽首併二州，正氣掃地山河羞。身為大臣義當死，城下師盟愧牛耳。間關歸國洗日光，白麻重宣不敢當。出師三年勞且苦，咫尺長安不得覩。非無貔虎士如林，一日不幸為人擒。樓船千艘下天角，兩雄相遭爭奮搏。古來何代無戰爭，未有鋒銳交滄溟。遊兵日來復日往，相持一月為鷸蚌。南人志欲扶崑崙，北人氣欲黃河吞。一朝天昏風雨惡，炮火雷飛箭星落。誰雌誰雄頃刻分，流屍漂血洋水渾。昨朝南船滿厓海，今朝只有北船在。昨夜兩邊桴鼓鳴，今朝船船鼾睡聲。北兵去家八千里，椎牛釃酒人人喜。惟有

孤臣淚兩垂，冥冥不敢向人啼。六龍杳靄知何處？大海茫茫隔煙霧。我欲借劍斬佞臣，黃金橫帶為何人？〔註169〕

先生又有《六噫》《哭崖山》《言志》諸詩。

《六噫》詩曰：颶風起兮海水飛，噫！文武盡兮火德微。噫！鷹鸇相擊兮靡所施，噫！鴻鵠欲舉兮將安歸？噫！櫂歌中流兮任所之，噫！獨抱春秋兮莫我知。噫！〔註170〕

《哭崖山》詩曰：寶藏如山席六宗，樓船千疊水晶宮。吳兒進退尋常事，漢氏存亡頃刻中。諸老丹心付流水，孤臣血淚灑南風。早來朝市今何處？始悟人間萬法空。〔註171〕

《言志》詩曰：九垠化為魅，億醜俘為虜。既不能變姓名卒於吳，又不能髡鉗奴於魯；遠引不如四皓翁，高蹈不如仲連父。冥鴻墮矰繳，長鯨陷網罟。鸚燕上下爭誰何？螻蟻等閑相爾汝。狼藉山河歲雲杪，飄零海角春重暮。百年落落生涯盡，萬里遙遙行役苦。我生不辰逢百罹，求仁得仁尚何語。一死鴻毛或太山，之輕之重安所處！婦女低頭守巾幗，男兒嚼齒吞刀鋸。殺身慷慨猶易免，取義從容未輕許。仁人志士所植立，橫絕地維屹天柱。以身殉道不苟生，道在光明照千古。素王不作《春秋》廢，獸蹄鳥跡交中土。閏位適在三七間，禮樂終當屬真主。李陵衛律罪通天，遺臭至今使人吐。種瓜東門不可得，暴骨匈奴固其所。平生讀書為誰事？臨難何憂復何懼！已矣夫！易簀不必如曾參，結纓猶當效子路。〔註172〕

《集杜詩·詠祥興二首》。其一曰：孤矢暗江海，百萬化為魚。帝子留遺恨，故國莽丘墟。〔註173〕

其二曰：朱厓雲日高，風浪無晨暮。冥冥翠龍駕，今復在何許？」〔註174〕《詠陸秀夫》曰：「文彩珊瑚鈎，淑氣舍公鼎。炯炯一心在，天水相與永。〔註175〕《詠南海》曰：「開帆駕洪濤，血戰乾坤赤。

〔註169〕參見《文天祥全集》卷十四，《指南後錄》，卷一上《二月六日，海上大戰，國事不濟。孤臣天祥坐北舟中，向南痛哭，為之詩》，第535頁。
〔註170〕參見《文天祥全集》卷十四，《指南後錄》卷一上《又六噫》，第535頁。
〔註171〕參見《文天祥全集》卷十四，《指南後錄》卷一上《哭崖山》，第536頁。
〔註172〕參見《文天祥全集》卷十四，《指南後錄》卷一上《言志》，第536頁。
〔註173〕參見《文天祥全集》卷十六《集杜詩·祥興帝三十四》，第630～631頁。
〔註174〕參見《文天祥全集》卷十六《集杜詩·祥興帝三十五》，第631頁。
〔註175〕參見《文天祥全集》卷十六《集杜詩·陸樞密秀夫第五十二》，第636頁。

風雨聞號呼，流涕灑丹極。」〔註176〕

三月，南安城陷，縣人李梓發死之。梓發，字材甫，始與邑人黃賢守縣。江西陷，獨南安一縣不下。推前尉葉茂為主治守具，虜至輒敗。丙子冬，元丞相塔出引大軍圍之，邑猶彈丸，城牆及肩。梓發死守，晝則隨機應變，夜則鳴金鼓劫寨，殺獲無筭。塔出等相顧曰：「城子如楪大，人心乃爾硬耶！」丁丑正月，塔出至城下諭降。邑人裸噪大罵，砲發幾中塔出，力攻凡三十五日。虜軍死者數千，不能克。二月，茂出降，虜軍退。梓發與賢堅守如故。戊寅冬，先生被執，未幾，崖山亡。至是，元參政賈居貞往諭降，城上詬罵如初。時邑人稍稍徙去，心力懈於前，居貞進攻十五日，城破，屠之。梓發全家自焚，望煙燄五色，或以為忠義之感。十三日，虜舟還至廣州，先生日俟生死之命，弘範禮貌日隆，盡取先生所亡婢妾僕役以奉之。十四日，弘範置酒海上，會諸將，因舉酒從容謂先生曰：「國已亡矣，忠孝之事盡矣。丞相改心易慮，以事大宋者事大元，大元賢相非丞相而誰？正使殺身以忠，誰復書之？」先生流涕曰：「國亡不能救，為人臣者死有餘罪。況敢逃其死而貳其心乎？殷之亡也，夷齊不食周粟，亦惟盡其義耳。未聞以存亡易心也。豈論書與不書！」弘範為改容，先生因成一詩。

詩曰：高人名若浼，烈士死如歸。智滅猶吞炭，商亡正采薇。

豈因徵後福，其肯蹈危機？萬古春秋意，悠悠雙淚揮。〔註177〕

副元帥龐鈔兒赤起行酒，先生不為禮，龐怒罵之。先生亦大罵，願速死。是日，弘範具先生不屈與所以不殺，狀奏於虜主。四月十一日，使還，言虜主有誰家無忠臣之歎，令善視以來。先生曰：「使予死於兵、死於刑則已矣。而萬里行役不得逃焉，命也。」或曰：「明知其不可為而為之，奈何？」先生曰：「吾所謂盡人心者，人人諉天下之責，古今世道不屬之人乎？是烏可以成敗為是非哉。」先生在途有《戰塲》《感傷》諸作。

《戰塲》詩曰：三年海嶠擁貔貅，一日蹉跎白盡頭。垓下雌雄
羞故老，長安咫尺泣孤囚。魚龍沸海地為泣，煙雨海山天也愁。萬
死小臣無足憾，蕩陰誰共待中遊？〔註178〕

〔註176〕參見《文天祥全集》卷十六《集杜詩‧南海第七十五》，第644頁。
〔註177〕參見《文天祥全集》卷十四，《指南後錄》卷一上《張元帥謂予：「國已亡矣，殺身以忠，誰復書之？」予謂：「商非不亡，夷齊自不食周粟。人臣自盡其心，豈論書與不書。」張為改容，因成一詩》），第537頁。
〔註178〕參見《文天祥全集》卷十四，《指南後錄》卷一上《戰塲》，第538頁。

《感傷》詩曰：地維傾渤澥，天柱折崑崙。清夜為揮淚，白雲空
斷魂。死生蘇子節，貴賤翟公門。高廟神靈在，乾坤付不言。〔註179〕

先生之在五羊，杜滸、徐榛來見。初行府之屯潮陽，滸護海舟，尋趂厓山，
與行府遂隔。及厓山潰，滸並陷，至是來見。病，無復人形。在虜網羅中，無
所容力，已而死焉。

《集杜詩‧詠杜滸》曰：高隨海上查，子豈無扁舟。白日照執
袂，埋骨已經秋。〔註180〕

榛，溫州人。其父官湖北，榛往省，迷失道，歸督府。以筆劄精練典機密，
小心可信。先生之被執也，榛得脫，至五羊，願從北行。扶持患難，備殫忠歖。
後至豐城病死。二十二日，先生離五羊北行，與厓山朝士鄧光薦俱發廣州。光
薦名剡，光薦其字。以字行。別字中甫，因號中齋。先生同郡人。虜陷廣，光薦避地深
山。適強寇至，妻子兒女等匿暗室，寇無所睹。焚其居，十二口同時死。中甫
隨駕至厓山，除禮部侍郎。己卯春，除學士院權直。陸秀夫在海上《記二王事》
為一書，甚悉，以授光薦曰：「君後死，幸傳之！」未數日，虜至，厓山潰。
光薦赴海，虜舟拔出之。弘範待以客禮，與先生俱行。弘範使都鎮撫石嵩護先
生以去。五月初二日《詠生朝》詩。

詩曰：客中端二日，風雨送牢愁。昨夜猶潘母，今年更楚囚。
田園荒吉水，妻子老幽州。莫作長生祝，吾心在首丘。〔註181〕

初四日，出梅嶺。二十五日，至南安軍，石嵩與囊家歹議出江西，慮有劫
奪先生者，遂鎖先生於船，繫頸縶足。先生即絕粒不食，作《告先太師墓》及
《哭妻文》。又為《別諸友詩》。遣從者孫禮取黃金市，登岸馳歸。約六月二日，
復命於吉州城下。

《告太師文》曰：維己卯五月朔，越二十有六日。孝子某自嶺
被執，至南安軍，謹具香幣，遣人馳告於先太師革齋先生墓下。嗚
呼！人誰不為臣，而我欲盡忠不得為忠；人誰不為子，而我欲盡孝
不得為孝。天乎，使我至此極耶！始我起兵赴難勤王，仲弟將家遁
于南荒。宗廟不守，遷我異疆。大臣之誼，國亡家亡。靈武師興，
邂逅歸國。再相出督，身荷憂責。江南之役，義聲四克。為親拜墓，

〔註179〕參見《文天祥全集》卷十四，《指南後錄》卷一上《感傷》，第538頁。
〔註180〕參見《文天祥全集》卷十六《集杜詩‧杜大卿滸第一百三十三》，第661頁。
〔註181〕參見《文天祥全集》卷十四，《指南後錄》卷一下《生朝五月初二日》，第539
頁。

－163－

以剪荊棘。大勳垂集,一跌崎嶇。妻妾子女,六人為俘。收拾散亡,息於海隅。庶幾奮厲,以為後圖。惡運推遷,天所廢棄。有母之喪,尋失嫡子。哭泣未乾,兵臨其壘。倉皇之間,二女夭逝。剪為囚虜,形影獨存。仰藥不瘥,竟北其轅。繫頸縶足,過我里門。望墓相從,恨不九原。爰指松楸,有言若誓。繼令支子,實典祀事。有姪曰陞,我身實嗣。興言及此,血淚如雨。嗚呼!自古危亂之世,忠臣義士孝子慈孫,其事之不能兩全也久矣。我生不辰,罹此百凶。求仁得仁,抑又何怨!幽明死生,一理也;父子祖孫,一氣也。冥漠有知,尚哀鑑之。〔註182〕

《哭妻文》曰:烈女不嫁二夫,忠臣不事二主。天上地下,惟我與汝。嗚呼哀哉!〔註183〕

《別里中諸友》詩曰:青山重回首,風雨暗啼猿。楊柳溪頭釣,梅花石上樽。故人無復見,烈士尚誰言?長有歸來夢,衣冠滿故園。〔註184〕

先生將以心事白諸幽明,即瞑目長往,含笑入地矣,乃以水盛乘風駛前。一日,達廬陵,孫禮期不至。先生且行,忍死以待。垂至豐城,忽有見孫禮在他舟,乃悟。竟不曾往,為之痛哭流涕。暮始見主者,取孫禮還舟。明早飯已送之豐城岸,徙其自便,追之不可及矣。先生至是不食,已八日,若無事。然私念死廬陵,不失為首丘。今使命不達,委身荒江,誰知之者?盍小須臾從容取義乎?復飲食如初。曰:「昔讀《左傳》,申包胥哭秦庭七日,勺飲不入口,亦不聞有它。乃知飢踣西山,非一朝之積也。」初眾議以先生漸殆,欲行無禮,掩鼻以灌粥酪,至是遂止。先生曰:「乃知夷齊,由其獨處荒山,故得行其志耳。」予嘗服腦子二兩,不死,絕食八日,又不死。竟不曉其何如也!從者七人,或逃、或死、或逐,僅存一人曰劉榮。先生在途《和鄧中甫》詩。諸詩竝附見

詩曰:萬里論心晚,相看慰亂離。丹成俄已化,璧碎尚無緇。

禾黍西原夢,川原落日悲。斯文今已矣,來世以為期。〔註185〕

《南華山》詩曰:北行近千里,迷復忘西東。行行至南華,忽

〔註182〕 參見《文天祥全集》卷十四,《指南後錄》卷一下《告先太師墓文》,第544～545頁。

〔註183〕 參見《文天祥全集》卷十四,《指南後錄》卷三《哭妻文》,第581頁。

〔註184〕 參見《文天祥全集》卷十四,《指南後錄》卷一下《別里中諸友》,第543頁。

〔註185〕 參見《文天祥全集》卷十四,《指南後錄》卷一下《又呈中齋》,第540頁。

忽如夢中。佛化知幾塵？患乃與我同。有形終歸滅，不滅惟真空。
笑者曹溪水，門前坐松風。先生自註曰：「六祖禪師真身，蓋數百年矣。為亂
兵刳其心肝。乃知患難，雖佛不免，況人乎！」〔註186〕

《南安軍》詩曰：梅花南北路，風雨濕征衣。出嶺誰同出？歸
鄉如不歸。山河千古在，城郭一時非。餓〔註187〕死真吾志，夢中行
采薇。〔註188〕

《黃金市》詩曰：閉蓬絕粒始南州，我過青山欲首丘。巡遠應
無兒女態，夷齊肯作稻粱謀？人間早見黃金市，天上猶遲白玉樓。
先子神遊今二紀，夢中揮淚濺松楸。〔註189〕

《泰和》詩曰：書生曾擁碧油幢，恥與羣兒共豎降。漢節幾回
登快閣，楚囚今度過澄江。丹心不改君臣誼，清淚難忘父母邦。惟
有鄉人知我瘦，下帷絕粒坐蓬窗。〔註190〕

六月初一日，發吉州，有詩。

詩曰：己卯六月初一日，蒼然亭下楚囚立。山河顛倒紛雨泣，
乙亥七夕此何夕？煌煌斗牛劍光濕，戈鋌〔註191〕彗雲雷電擊。三百
餘年火為德，須臾風雨天地黑。皇綱解紐地維折，妾婦偷生自為賊。
英雄扼腕怒鬢赤，貫日血忠死窮北。首陽風流落南國，正氣未亡人
未息。青原萬丈光赫赫，大江東去日夜白。〔註192〕

時吉州學士王炎午字鼎翁，號梅邊以先生被執，踰月而無殉節之報，作生祭
先生文。

其文曰：維年月日，里學生舊太學觀化齋生王炎午，謹採西山
之薇，濯汨羅之水，哭祭于文山先生未死之靈而言曰：

嗚呼！大丞相可死矣。文章鄒魯，科第郊祁，斯文不朽，可死；
喪父，受公卿祖奠之榮；奉母，極東西迎養之樂，為子孝，可死；
二十而巍科，四十而將相，功名事業，可死；仗義勤王，使命不辱，

〔註186〕參見《文天祥全集》卷十四，《指南後錄》卷一下《南華山》，第541頁。
〔註187〕《文天祥全集》卷十四，《指南後錄》卷一下《南安軍》，「餓」字作「飢」。
〔註188〕參見《文天祥全集》卷十四，《指南後錄》卷一下《南安軍》，第542頁。
〔註189〕參見《文天祥全集》卷十四，《指南後錄》卷一下《黃金市》，第542頁。
〔註190〕參見《文天祥全集》卷十四，《指南後錄》卷一下《泰和》，第542～543頁。
〔註191〕《文天祥全集》卷十四，《指南後錄》卷一下《發吉州》，「鋌」字作「鋌」。
〔註192〕參見《文天祥全集》卷十四，《指南後錄》卷一下《發吉州》，第543頁。

不負所學,可死;華元跟蹌,子胥脫走,丞相自敘,死者數矣。誠有不幸,則國事未定,臣節未明。今鞠躬盡瘁,則諸葛矣;保捍閩、廣,則田單、即墨矣;倡義勇出,則顏平原、申包胥矣。雖舉事率無所成,而大節亦已無愧,所欠一死耳。奈何再執,涉月踰時,就義寂寥,聞者驚惜,豈丞相尚欲脫去耶?尚欲有所為耶?或以不屈為心,而以不死為事耶?抑舊主尚在,不忍棄捐耶?伏橋之廁舍之後,投築於目盲之餘,於是希再縱,求再生,則二子為不知矣。尚欲有所為耶?

識時務者在俊傑,昔東南全勢,不能解裏圍;今以亡國一夫,而欲抗天下。況趙孤蹈海,楚懷入關,商非前日之頑,周無未獻之地。南北之勢既合,天人之際可知。彼齊廢齊興,楚亡楚復,皆兩國相當之勢,而國君大臣固無蜣耳。今事勢無所為,而國君大臣皆為執矣。臣子之於君父,臨大節,決大難。事可為,則屈意忍死以就義;必不幸,則仗大節以明分。故身執而勇於就義,當於杲卿、張巡諸子為上。李陵降矣,而曰欲有為,且思刎頸以見志。其言誠偽,既不可知,況形拘事禁,不及為者,十常八九。惟不刎,刎豈足以見志!況使陵降後,死他故,則頸且不及刎,志何自而明哉?丞相之不為陵,不待知者而信,奈何感慨遲回,日久月積,志氣消餒,不陵亦陵,豈不惜哉!欲不屈而不死耶?蘇子卿可。漢室方隆,子卿使耳,非有興復事也,非有抗誓師讎也。丞相事何事?降與死當有分矣。

李光弼討史思明,方戰,納劍於靴,曰:「夫戰,危事也。吾位三公,不可辱於賊,萬一不利,自當刎。」李存勗伐梁,梁帝朱友貞謂近臣皇甫麟曰:「晉,吾世讎也,不可俟彼刀鋸,卿可盡我命。」麟於是哀泣,進刃於帝,而亦自刎。今丞相以三公之位,兼眯眥之讎,投機明辨,豈堪在李光弼、朱友貞下乎?屈且不保,況不屈乎?丞相不死,當有死丞相者矣。自死於義,死於勢,死於人。以怒罵為烈,死於怒罵,則肝腦腸腎,有不忍言者矣。雖鑊湯刀鋸,烈士不辭,苟可就義以歸全,豈不因忠而成孝!事在目睫,丞相何所俟乎?以舊主尚在,未忍棄捐也。李昇篡楊行密之業,遷其子孫於廣陵,嚴兵守之,至子孫自然匹耦,然猶得不死。周世宗征淮南,下

詔撫安楊氏子孫，李璟驚疑，盡殺其族。夫撫安本以為德，而反速禍，幾微一失，可不懼哉！蜀王衍既歸唐，莊宗發三辰之誓，全其宗族。未幾，信伶人景進之計，衍族盡誅。幾微之倚伏，可不畏哉！夫以趙祖之遇降主，天固巧於報施，然建共暫處，倨坐苟安，舊主正坐於危疑，羈臣尤事於骯髒。而聲氣所逼，猜嫌必生，豈無李璟之謀，或有景進之計，則丞相於舊主，不足為情而反為害矣。

　　炎午，丞相鄉之晚進士也，前成均之弟子員也。進而父沒，退而國亡。生雖媿陳東報汴之患，死不效陸機入洛之恥。丞相起兵次鄉國時，有少年狂子，持斐牘，叫軍門。丞相察其憂憤而進之，憐其親老而退之。非僕也耶？痛惟千載之事，既負於前；一得之愚，敢默於後。進薄昭之素服，朱元亮之挽歌，願與丞相商之。盧陵非丞相父母邦乎？趙太祖語孟昶母曰：「勿戚戚，行遣汝歸蜀。」昶母曰：「妾太原人，願歸太原，不願歸蜀。」契丹遷晉出帝及李太后、安太妃於建州，太后疾死，謂帝曰：「我死，焚其骨，送范陽僧寺，無使我為虜地鬼也。」安太妃臨卒，亦謂帝曰：「當焚我為灰，向南颺之，庶遺魂得返中國也。」彼婦人，彼國後，一死一生，尚眷眷故鄉，不忍飄棄仇讎外國，況忠臣義士乎！

　　人不七日穀則斃，自梅嶺以出，縱不得留漢廄而從田橫，亦當吐周粟而友孤竹，至父母邦而首丘焉。盧陵盛矣，科目尊矣。宰相忠烈，合為一傳矣。舊主為老死於降邸，宋亡而趙不絕矣。不然，或拘囚而不死，或秋暑冬寒，五日不汗，瓜蒂噴鼻而死，溺死、畏死、排墻死、盜賊死、毒蛇猛虎死，輕一死於鴻毛，虧一簣於泰山，而或遺舊主憂，縱不斷趙盾之弒君，亦將悔伯仁之由我，則鑄錯已無鐵，噬臍寧有口乎？嗚呼！四忠一節，待公而六，為位其間，聞訃而哭。〔註193〕

炎午與其友劉堯舉對床共賦，堯舉先賦云：「天留中子憤孤竹，誰向西山飯伯夷？」炎午問其下句義，則謂伯夷久不死，必有飯之矣。炎午謂「向」字，有憂其饑，而願人餉之之意，請改作「在」字如何？堯舉然之。炎午以為寂寥短章，不足用吾情，遂不復賦。曰：「丞相初起兵，僕嘗赴其召，進狂言，有

────────────

〔註193〕參見《文天祥全集》卷二十《附錄二・生祭文丞相文　王炎午》，第795～798頁。原文有序，此處摘錄之時，將《序》刪除。

云：『願明公復毀家產，供給軍餉，以倡士民助義之心；請購淮卒，參錯戎行，以訓江、廣烏合之眾。』他所議論，狂斐尤多，慷慨戀愚，丞相嘉納。令何見山進之幕，授職從戎。僕以身在太學，父沒未葬，母病危殆，屬以時艱，恐進難效忠，退復虧孝，悾憁感泣，以母老控辭。丞相憐而從之。僕於國恩為已負，於丞相之德則未報，遂作《生祭丞相文》，以速丞相之死。堯舉讀之流涕，遂相與謄錄數十本，自贛至洪，於驛途水步山墻店壁貼之，冀丞相經從一見。雖不自揣量，亦求不負此心耳。堯舉，名應鳳，文章超卓，為安城名士云。」〔註194〕

初五日，先生過隆興，觀者如堵，北人有駭其英毅者，曰諸葛軍師也。○先生於途中有《隆興府》、《安慶府》《魯港采石》等詩。

《隆興府》詩曰：平生幾度此登臨，流落而今雪滿簪。南浦不知春已晚，西山但覺日初陰。誰憐龜鶴千年語，空負鵬鯤萬里心。無限故人簾雨外，夜深如有廣陵音。〔註195〕

《安慶府》詩曰：風雨宜城路，重來白髮新。長江還有險，中國自無人。梟獍蕃遺育，鱣鯨蟄怒鱗。泊船休上岸，不忍見遺民。〔註196〕

《魯港》詩曰：方誇金塢築，豈料玉床搖。國體真三代，江流舊六朝。鞭投能幾日？瓦解不崇朝。千古燕山恨，西風捲怒潮。蓋傷似道之敗於魯港，以致國事至此也。〔註197〕

《采石》詩曰：不上峨嵋二十歲，重來為墮山河淚。今人不見虞久文，古人曾有樊若水。長江潤處平如驛，況此介然衣帶窄。欲從謫仙捉月去，安得燃犀照神物。〔註198〕

十二日至建康囚，邸中有《金陵驛》等諸篇。《金陵驛》詩二首。

其一曰：草舍離宮轉夕暉，孤雲飄泊復何依。山河風景元無異，城郭人民半已非。滿地蘆花和我老，舊家燕子傍誰飛？從今別卻江南日，化作啼鵑帶血歸。

其二曰：萬里金甌失壯圖，袞衣顛倒落泥塗。空流杜宇聲中血，半脫驪龍頷下鬚。老去秋風吹我惡，夢回寒月照人孤。千年成敗俱

〔註194〕參見《文天祥全集》卷二十《附錄二‧生祭文丞相文　王炎午》，這一段實際上是以《生祭文丞相文》之《序》改編而成的。第795頁。

〔註195〕參見《文天祥全集》卷十四，《指南後錄》卷一下《隆興府》，第545頁。

〔註196〕參見《文天祥全集》卷十四，《指南後錄》卷一下《安慶府》，第545頁。

〔註197〕參見《文天祥全集》卷十四，《指南後錄》卷一下《魯港》，第546頁。

〔註198〕參見《文天祥全集》卷十四，《指南後錄》卷一下《采石》，第546頁。

塵土，消得人間說丈夫！〔註199〕

《南康軍和東坡醉江月》曰：盧山依舊，淒涼處，無限江南風物。空翠晴嵐浮汗漫，還障天東半壁。鶚過孤峰，猿歸老嶂，風急波翻雪。乾坤未歇，地靈尚有人傑。堪嗟飄泊孤舟，河傾斗落，客夢催明發。南浦閒雲連草樹，回首旌旗明滅。三十年來，十年一過，空有星星髮。夜深愁聽，胡笳吹徹寒月。〔註200〕

十三日，鄧光薦以病遷寓天慶觀就醫，留不行，先生惜別，多與唱酬。又序其《東海集》，仍歎曰：「中甫禍亂之慘不減予，而獨免北行，幸而脫歸，為管寧，為陶潛，不亦善乎？」

《和中齋即鄧光薦韻二首》，其一曰：功業飄零五丈原，如今局促傍誰轅？俛眉〔註201〕北去明妃淚，啼血南雅飛望帝魂。骨肉凋殘惟我在，形容變盡只聲存。江流千古英雄恨，蘭作行舟柳作樊。〔註202〕

其二曰：見說黃沙接五原，飄零隻影向南轅。江山有恨銷人骨，風雨無情斷客魂。淚似空花千點落，鬢如碩果數根存。肉飛不起真堪歎，江水為籠海作樊。〔註203〕

《和友人》曰：落落南冠過故都，近來我意亦忘吾。騎來驛馬身如寄，遣去家書字亦無。景伯未囚先立後，嵇康縱死不為孤。江南只有歸來夢，休問田園燕不燕。〔註204〕

《和友人驛中言別》曰：乾坤許〔註205〕大，算蛟龍元不是池中物。風雨牢愁無著處，那更寒蛩四壁。橫槊題詩，登樓作賦，萬事空中雪。江流如此，方來還有英傑。　　堪笑一葉飄零，重來淮水，正涼風新發。鏡裡朱顏都變盡，只有丹心難滅。去去龍沙，向江山

〔註199〕參見《文天祥全集》卷十四，《指南後錄》卷一下《金陵驛二首》，第546～547頁。

〔註200〕參見《文天祥全集》卷十四，《指南後錄》卷一下《南康軍和東坡醉江月》，第549頁。

〔註201〕《文天祥全集》卷十四，《指南後錄》卷一下《和中齋韻》中，「俛眉」作「俯首」。

〔註202〕參見《文天祥全集》卷十四，《指南後錄》卷一下《和中齋韻》，第548頁。

〔註203〕參見《文天祥全集》卷十四，《指南後錄》卷一下《再和》，第548頁。

〔註204〕參見《文天祥全集》卷十四，《指南後錄》卷一下《和友人》，第548頁。

〔註205〕《文天祥全集》卷十四，《指南後錄》卷一下《和》，「許」字作「能」。

回首，青山如髮。故人應念，杜鵑枝上殘月。〔註206〕

《懷中甫》曰：久要何落落，末路重依依。風雨連兵幕，泥塗滿客衣。人間龍虎變，天外燕鴻違。死矣煩公傳，北方人是非。〔註207〕

《東海集序》曰：《東海集》者，友人客海南以來詩也。海南詩而曰《東海集》者何？魯仲連天下士，友人之志也。友人自為舉子時，已大肆力於詩。於諸大家，皆嘗登其門而涉其流。其本贍，其養銳，故所詣特深到。余嘗評其詩，渾涵有英氣，鍛鍊如自然。美則美矣，猶未免有意於為詩也。

自喪亂後，友人挈其家避地，遊宦嶺海，而全家燬於盜。孤窮流落，困頓萬狀。然後崖山除禮部侍郎中，且權直學士矣。會南風不競，御舟漂散。友人倉卒蹈海者再，為北軍所鉤致，遂不獲死，以至於今。凡十數年間，可驚、可愕、可悲、可憤、可痛、可悶之事，友人備嘗，無所不至。其慘戚感慨之氣，結而不信，皆於詩乎發之。蓋至是動乎情性，自不能不詩。杜子美夔州，柳子厚柳州，以後文字也。

余與友人年相若，又同里閈，以斯文相好，然平生落落不相及。及居楚囚中，而友人在行，同患難者數月。其自五羊至金陵所賦，皆予目擊，或相唱和。時余坐金陵驛，無所作為。乃取友人諸詩，筆之於書，與相關者並附焉。後之覽者，因詩以見吾二人之志。其必有感慨於斯！己卯七月壬申文天祥敘。〔註208〕

《集杜詩‧詠鄧禮部》曰：南宮無〔註209〕故人，才名三十年。江城秋日落，此別意蒼然。〔註210〕

王昭儀一作婉儀，名清惠，字沖華，後為女道士者，度宗後宮。與謝太后同孝恭帝北行，賦《滿江紅》。先生和其韻，蓋取後山姜簿命之意，又代作一篇。

《王夫人詞》曰：太液芙蓉，全不是舊時顏色。嘗記得恩承雨露，

〔註206〕參見《文天祥全集》卷十四，《指南後錄》卷一下《和》，第549頁。
〔註207〕參見《文天祥全集》卷十四，《指南後錄》卷一下《懷中甫　時中甫以病留金陵天慶觀》，第548頁。
〔註208〕參見《文天祥全集》卷十四，《指南後錄》卷一下《東海集序》，第552～553頁。
〔註209〕《文天祥全集》卷十六《集杜詩‧鄧禮部第一百三十七》，「無」字作「吾」。
〔註210〕參見《文天祥全集》卷十六《集杜詩‧鄧禮部第一百三十七》，第662頁。

玉階金闕，名播蘭簪妃後裏，暈潮蓮臉君王側。忽一朝鼙鼓揭天來，繁華歇。龍虎散，風雲滅；今古恨，憑誰說！顧山河百二，淚流襟血。驛館夜驚塵土夢，宮車曉轉關山月。若嫦娥於我肯相容，從圓缺。此篇中原傳誦，先生讀至末句歎曰：「惜也，夫人於此少商量矣。」〔註211〕

先生和詩曰：燕子樓中，又捱過幾番秋色。相思處青年如夢，乘鸞仙闕。肌玉暗銷衣帶緩，淚珠斜透花鈿側。最無端蕉影上窗紗，青燈歇。曲池合，高臺滅；人間事，何堪說！向南陽阡上，滿襟清血。世態便如翻覆雨，妾身元是分明月。笑樂昌一段好風流，菱花缺。〔註212〕

《代王夫人作》曰：試問琵琶，湖沙外怎生風色？最苦是姚黃一朵，移根仙闕。王母懽闌橘宴罷，仙人淚滿金盤側。聽行宮半夜雨淋鈴，聲聲歇。彩雲散，香塵滅；銅駝恨，那堪說！想男兒慷慨，嚼穿齦血。回首昭陽離落日，傷心銅雀迎新月。算妾身不願似天家，金甌缺。〔註213〕

八月二十四日發建康。石嵩等以先生自東陽渡江淮，士有謀奪先生江岸者，不果，以弘範命兵衛夾舟陸至揚州故也。先生《紀年錄》曰：北行頗有事，會不濟云。二十五日江行，二十六日至揚州，二十七日過真州驛，二十九日宿高郵。九月初一日過淮河，初七日哭母小祥於邳門，過燕子樓。初九日至徐州，弔項羽故宮地，登黃樓臺，讀子由賦。十二日至沛縣，縣有歌風臺，是日作《六歌》。十八日過平原。二十日至河間，在道有《感憤》諸作。

《發建康》詩曰：賞心亭下路，拍手唱吾歌。樓外梁時塔，城中秦氏河。江山如夢耳，天地奈愁何！回首清溪曲，長江一雁過。〔註214〕

《江行》曰：蒲萄肥汗馬，荊棘冷銅駝。巫峽朝雲濕，洞庭秋水波。窮愁空突兀，暗淚自滂沱。莫恨吾生悞，江東材俊多。〔註215〕

〔註211〕參見《文天祥全集》卷十四，《指南後錄》卷一下《王夫人詞》，第550～551頁。

〔註212〕參見《文天祥全集》卷十四，《指南後錄》卷一下《和王夫人滿江紅韻，以庶幾後山妾薄命之意》，第550頁。

〔註213〕參見《文天祥全集》卷十四，《指南後錄》卷一下《代王夫人作》，第551頁。

〔註214〕參見《文天祥全集》卷十四，《指南後錄》卷二《發健康 八月二十四日》，第553頁。

〔註215〕參見《文天祥全集》卷十四，《指南後錄》卷二《江行有感 二十五日》，第553頁。

《真州驛》詩曰：山川如識我，故舊更無人。俯仰干戈跡，往來車馬塵。英雄遺算晚，天地暗愁新。北首燕山路，淒涼夜向晨。〔註216〕

《望揚州》詩曰：阮籍臨廣武，杜甫登吹臺。高情發慷慨，前人後人哀。江左遷陽運，銅駝化飛灰。二十四橋月，楚囚今日來。〔註217〕

《維揚驛》詩曰：三年別淮水，一夕宿揚州。南極山川古，北風江梅〔註218〕秋。昭君愁出塞，王粲怕登樓。千載英雄淚，如今況楚囚！〔註219〕

《高郵懷舊》詩曰：借問曾遊處，高沙第幾山？潛行鷹攫道，直上虎當關。一命虛空裏，三年瞬息間。自憐今死晚，何復望生還！〔註220〕

《發高郵》詩曰：初出高沙門，輕船〔註221〕繞城樓。一水何曲折，百年此綢繆。北望渺無際，飛鳥翔平疇。寒蕪入荒落，日薄行入愁。行行行湖曲，萬頃涵清秋。大風吹檣倒，如盪彭蠡舟。欲寄故鄉淚，使入長江流。篙人為我言，此水通淮頭。前與黃河合，同作滄海漚。踟躕忽失意，拭淚淚不收。吳會日已遠，回首重悠悠。馳驅梁趙郊，壯士何離憂！吾道久矣東，陸沉古神州。我今戴南冠，何異有北投？不能裂肝腦，直氣摩斗牛。但願光嶽合，休明復商周。不使殊方魄，終為異物羞。〔註222〕

《過淮河宿闕石有感》詩曰：北征垂半年，依依只南土。今晨渡淮河，始覺非故宇。江鄉已無家，三年一羈旅。龍翔在何方？乃我妻子所。昔也無奈何，忽已置念慮。今行日已近，使我淚如雨。我為綱常謀，為身不得顧。妻兮莫望夫，子兮莫望父。天長與地久，

〔註216〕 參見《文天祥全集》卷十四，《指南後錄》卷二《真州驛　二十七日》，第554頁。

〔註217〕 參見《文天祥全集》卷十四，《指南後錄》卷二《望揚州》，第554頁。

〔註218〕 《文天祥全集》卷十四，《指南後錄》卷二《維楊驛》，「梅」字作「海」字。

〔註219〕 參見《文天祥全集》卷十四，《指南後錄》卷二《維楊驛》，第554頁。

〔註220〕 參見《文天祥全集》卷十四，《指南後錄》卷二《高郵懷舊　二十九日》，第554頁。

〔註221〕 《文天祥全集》卷十四，《指南後錄》卷二《發高郵　三十日》，「船」字作「舫」。

〔註222〕 參見《文天祥全集》卷十四，《指南後錄》卷二《發高郵　三十日》，第555頁。

此恨極千古！來生業緣在，骨肉當如故。〔註223〕

《哭母小祥》詩曰：我有母聖善，鶯飛星一周。去年哭海上，今年哭邳州。遙想仲季間，木主布筵几。我躬已不閱，祀事付支子。使我早淪落，如此終天何！及今畢親喪，於分亦已多。母嘗教我忠，我不違母志。及泉會相見，鬼神共歡喜。〔註224〕

《燕子樓》詩曰：自別張公子，嬋娟不下樓。遂令樓上燕，百歲稱風流。我遊彭城門，來弔楚王闕。問樓在何處？城東草如雪。蛾眉代不乏，埋沒安足論？因何張家妾，名與山川存？自古皆有死，忠義長不沒。但傳美人心，不說美人色。〔註225〕

《六歌》，其一曰：有妻有妻出糟糠，自少結髮不下堂，亂離中道逢虎狼。鳳飛翩翩失其凰，將雛一二去何方？豈料國破家亦亡，不忍舍君羅襦裳。天長地久終茫茫，牛女夜夜遙相望。嗚呼一歌兮歌正長，悲風北來起彷徨。」

其二曰：有妹有妹家流離，良人去後攜諸兒，北風吹沙塞草淒。窮猿慘淡將安歸？去年哭母南海湄。三男一女同歔欷，惟汝不在割我肌。汝家零落母不知，母知豈有瞑目時？嗚呼再歌兮歌孔悲，鶺鴒在原我何為？

其三曰：有女有女婉清揚，大者學帖臨鍾王，小者讀字聲琅琅。朔風吹衣白日黃，一雙白璧委道傍。雁兒啄啄秋無梁，隨母北首誰人將。嗚呼三歌兮歌愈傷，非為兒女淚淋浪！

其四曰：有子有子風骨殊，釋氏抱送徐卿雛，四月八日摩尼珠。榴花犀錢絡繡襦，蘭湯百沸香似酥。欻隨飛電飄泥塗，汝兄三十騎鯨魚。汝今知在三歲無？嗚呼四歌兮歌以籲，燈前老我明月孤。

其五曰：有妾有妾今何如？大者手將玉蟾蜍，次者新抱汗血駒。晨粧靚服臨西湖，英英鵰落飄瓃琚。風花飛墜鳥鳴呼，金莖沆瀣浮汗渠。天摧地裂龍鳳殂，美人塵土何代無！嗚呼五歌兮歌鬱紆，為甫遹風立斯須。

其六曰：我生我生何不辰！孤根不識桃李春，天寒日短重愁人。

〔註223〕 參見《文天祥全集》卷十四，《指南後錄》卷二《過淮河宿闕石有感》，第556頁。

〔註224〕 參見《文天祥全集》卷十四，《指南後錄》卷二《邳州哭母小祥》，第558頁。

〔註225〕 參見《文天祥全集》卷十四，《指南後錄》卷二《燕子樓》，第559頁。

北風隨我鐵馬塵。初憐骨肉種奇禍，而今骨肉相憐我。汝在北方嬰我懷，我死誰當收我骸。人生百年何醜好？黃粱得喪俱草草。嗚呼六歌兮勿復道，出門一笑天地老。〔註226〕

《平原》詩曰：平原太守顏真卿，長安天子不知名。一朝漁陽動鼙鼓，大河以北無堅城。公家兄弟奮戈起，一十七郡連夏盟。賊聞失色分兵還，不敢長驅入咸京。明皇父子將西狩，由是靈武起義兵。唐家再造李郭力，若論牽制公威靈。哀哉常山鉤舌，心歸朝廷氣不懾。崎嶇坎坷不得志，出入四朝老忠節。當年幸脫安祿山，白首竟陷李希烈。希烈安能遽殺公，宰相盧杞欺日月。亂臣賊子歸何處？茫茫煙草中原土。公死於今六百年，忠精赫赫雷行天。〔註227〕

《獻州道中》詩曰：三年戎服行，五嶺文玉會。躋攀上崖磴，屬揭涉瀟瀨。十步九崎嶇，山水何破碎！坐令管仲小，自覺伯夷隘。乃今來中州，萬里如一槩。四望登原隰，桑麻黳䍃䍃。驊騮出清廟，過都真歷塊。歷歷古戰場，俯仰生感慨。吾常涉重湖，東海際南海。茲遊冠平生，天宇更宏大。心與太虛際，目空九圍內。男兒不出居，婦人坐帷蓋。反身以自觀，須彌納一芥。以此處死生，超然萬形外。」〔註228〕《滹沱河二首》。其一曰：「過了長江與大河，橫流數仞絕滹沱。蕭王麥飯曾倉卒，回首中天感慨多。

其二曰：風沙睢水終亡楚，草木公山竟蹙秦。始信滹沱水合事，世間興廢不由人。〔註229〕

宿河間家則翁寓，因成三絕。其一曰：空有丹心貫碧霄，泮冰亡國不崇朝。小臣萬死無遺憾，曾見天家十八朝。

其二曰：南歸鴈蕩報郎君，老子精神健十分。不為瀛洲復相見，阿戎翻隔萬山云。

其三曰：江南車蓋走燕山，老子旁觀袖手閒。見說新詩題甲子，桃源元只在人間。〔註230〕

〔註226〕參見《文天祥全集》卷十四，《指南後錄》卷二《六歌》，第562～563頁。
〔註227〕參見《文天祥全集》卷十四，《指南後錄》卷二《平原 十八日》，第566～567頁。
〔註228〕參見《文天祥全集》卷十四，《指南後錄》卷二《獻州道中》，第567頁。
〔註229〕參見《文天祥全集》卷十四，《指南後錄》卷二《滹沱河二首》，第568頁。
〔註230〕參見《文天祥全集》卷十四，《指南後錄》卷二《河間三首》，第568頁。

《樓桑》詩曰：我過梁門城，樓桑在其北。玄德已千年，青煙繞故宅。道傍為揮淚，徘徊秋風客。天下臥龍人，多少空抱膝。昭烈故宅近涿縣三十里。〔註231〕

《白溝河》詩曰：昔時張叔夜，統兵赴勤王。東都一不守，羸馬遷龍荒。適過白溝河，裂眥鬚欲張。絕粒不遄死，仰天扼其吭。羣臣總奄奄，一士垂天光。讀史識其地，撫卷為淒涼。我生何不辰，異世忽相望。黃〔註232〕圖遘陽九，天霽滿飛蝗。引兵詣闕下，捧土障瀾狂。出使義不屈，持節還中郎。六飛獨南海，金鉞將煌煌。武侯空感心，出狩驚四方。吾屬竟為虜，世事籲彼蒼。思公有奇節，一死何慨慷！江淮我分地，我欲投滄浪。滄浪卻不受，中原行路長。初登項籍宮，次覽劉季邦。涉足河與濟，回首崞與恆。下車撫梁門，上馬指樓桑。戴星渡一水，慘淡天微茫。行人為我言，宋邊此分疆。懸知公死處，為公出涕滂。恨不持束芻，徘徊官道傍。我死還在燕，烈烈同肝腸。今我為我〔註233〕哀，後來誰我傷？天地垂日月，斯人未云亡。文武道不墜，我輩終堂堂。〔註234〕

《懷孔明》詩曰：斜穀事不濟，將星隕營中。至今《出師表》，讀之淚沾胸。漢賊明大義，赤心貫蒼穹。世以成敗論，操懿真英雄。〔註235〕

《詠劉琨》曰：中原蕩分崩，壯哉劉越石！連蹤起幽并，隻手扶晉室。福華天意乖，匹磾生鬼蜮。公死百世名，天下分南北。〔註236〕

《詠祖逖》曰：平生祖豫州，白首起大事。東門長嘯兒，為遜一頭地。何哉戴若思，中道奮螳臂。豪傑事垂成，今古為短氣。〔註237〕

《詠顏杲卿》曰：常山義旗奮，范陽哽喉咽。胡雛一狼狽，六飛入西川。哥舒降且拜，公舌膏戈鋌。人世誰不死，公死千萬年。〔註238〕

《詠許遠》曰：起師哭玄元，義氣震天地。百戰奮雄姿，變妾士

〔註231〕參見《文天祥全集》卷十四，《指南後錄》卷二《樓桑》，第569頁。
〔註232〕《文天祥全集》卷十四，《指南後錄》卷二《白溝河》，「黃」字作「皇」字。
〔註233〕《文天祥全集》卷十四，《指南後錄》卷二《白溝河》，「我」字作「公」字。
〔註234〕參見《文天祥全集》卷十四，《指南後錄》卷二《白溝河》，第570頁。
〔註235〕參見《文天祥全集》卷十四，《指南後錄》卷二《懷孔明》，第570頁。
〔註236〕參見《文天祥全集》卷十四，《指南後錄》卷二《劉琨》，第570～571頁。
〔註237〕參見《文天祥全集》卷十四，《指南後錄》卷二《祖逖》，第571頁。
〔註238〕參見《文天祥全集》卷十四，《指南後錄》卷二《顏杲卿》，第571頁。

揮淚。睢陽水束流，雙廟垂百世。當時令狐潮，乃為賊遊說。〔註239〕

十月初一日，先生至燕。初至，立馬會同館，前館人不受，蓋謂館以受投拜人，不受罪人也。久之，引去一小館，置先生於偏室，館人不之顧。次日晚，供帳飲食如上賓。館人云：「博一作字羅丞相命也。」先生義不寢處，乃坐達朝，雖示以骨肉而不顧。南冠而囚坐，未嘗面北。留夢炎往說，先生唾罵。瀛國公北人封孝恭帝為瀛國公往說之，先生一見北面拜號，乞回聖駕。平章阿合馬入館驛坐，召先生。先生至則長揖，就坐，馬云以「我為誰」，先生曰：「適聞人云宰相來。」馬云：「知為宰相，何以不跪？」先生曰：「南朝宰相見北朝宰相，何跪？」馬云：「爾何以至此？」先生曰：「南朝早用我為相，北可不至南，南可不至北。」馬顧左右曰：「此人生死尚由我。」先生曰：「亡國之人，要殺便殺，道甚由爾不由爾！」馬默然去。初四日，張元帥者始至。初五日，見其用事大臣具言先生不屈狀。至午，送先生於兵馬司。枷項縛手，坐一空室，衛防甚嚴。所攜衣物錢銀，官為封識，日給鈔一錢，五分為飲食。先生既罹狴犴，有感，賦詩十七首。

其一曰：直絃不似曲如鈎，自古聖賢多被囚。命有死時名不死，身無憂處道還憂。可憐杜宇空流血，惟願嚴顏便斫頭。結束長編猶在此，竈間婢子見人羞。

其二曰：落落南冠自結纓，桁揚臥起影縱橫。坐移白日知何世，夢斷青燈問幾更。國破家亡雙淚暗，天荒地老一身輕。黃粱得失俱成幻，五十年前元未生。自註云：范曄在獄中為上題扇云：「去白日之皎皎，即長夜之悠悠。」

其三曰：心期耿耿浮雲上，身事悠悠落日西。千古興亡何限錯，百年生事本來齊。沙邊莫待哀黃鵠，雪裏何須問牧羖。此處曾埋雙寶劍，虹光夜指楚天低。

其四曰：寥陽殿上步黃金，一落顛崖地獄深。蘇武窖中偏喜臥，劉琨囚裏不妨吟。生前已見夜叉面，死去只因菩薩心。萬里風沙知已盡，誰人會得廣陵音！

其五曰：亦知戞戞楚囚難，無奈天生一寸丹。鐵馬行鏖天地熱，赭衣坐擁北庭寒。朝餐淡薄神逾爽，夜睡崎嶇夢自安。亡國大夫誰為傳？祇饒野史與人看。

〔註239〕 參見《文天祥全集》卷十四，《指南後錄》卷二《許遠》，第571頁。

其六曰：風雪重門老楚囚，夢回長夜意悠悠。熊魚自古無雙得，鵁雀如何可共謀？萬里山河真墮甑，一家妻子枉填溝。兒時愛讀忠臣傳，不謂身當百六秋。

其七曰：聽著鵑啼淚滿巾，國亡家破見忠臣。關河歷落三生夢，風雪飄零萬身死。丞相豈能堪獄吏，故侯安得作園人。神農虞夏吾誰適？回首西山繼絕塵。

其八曰：風前泣燈影，日下泣霜花。鐘信忽然動，屋陰俄又斜。悶中聊度歲，夢裏尚還家。地獄何須問，人間見夜叉！

其九曰：風霜陰忽忽，天地澹悠悠。我自操吳語，誰來問楚囚？寂中惟滅想，達處盡忘〔註240〕憂。手有韋編在，朝聞夕死休。

其十曰：環堵塵如屋，纍然一故吾。解衣烘稚虱，勻鎖救殘鬚。坐處心如忘，吟餘眼已枯。不應流滯久，何日裏篷篍。自註云：「吳殺諸葛恪〔註241〕，以篷篍裏而棄之。」

其十一曰：浩劫風塵暗，衣冠痛百罹。靜傳方外學，晴寫獄中詩。烈士惟名殉，真人與物違。世間忙會錯，認取去來時。

其十二曰：儼然楚君子，一日造王庭。議論探堅白，精神入汗青。無書求出獄，有舌到臨刑。宋故忠臣墓，真吾五字銘。

其十三曰：兩月縲囚裏，一年憂患餘。疏因隨事直，忠故有時愚。道在身何拙，心安體自舒。近來都勘破，人世只篷廬！

其十四曰：袞衣坐縲絏，世事亦堪哀。枕外親炊黍，爐邊細畫灰。無人淚垂血，何地骨生苔？風雪江南路，夢中行探梅。

其十五曰：我自憐人醜，人方笑我愚。身生豫讓癩，背發范增疽。已愧功臣傳，猶堪烈士書。衣冠事至此，命也欲何如？

其十六曰：久矣忘榮辱，今茲一死生。理明心自裕，神定氣還清。欲了男兒事，幾無妻子情。出問天宇濶，一笑暮雲橫。

其十七曰：拱璧衣冠十六傳，更無一士死君前。自慙重趙非九鼎，猶幸延韓更數年。孟博囊頭真自愛，杲卿鈎舌要誰憐？人間信有綱常在，萬古西山皎月懸。〔註242〕

〔註240〕《文天祥全集》卷十四，《指南後錄》卷二，此處「忘」字作「忠」字。
〔註241〕《文天祥全集》卷十四，《指南後錄》卷二，此處「恪」字作「謹」字。
〔註242〕參見《文天祥全集》卷十四，《指南後錄》卷二《己卯十月一日至燕，越五日，罹陞狂，有感而賦　一十七首》，第572～575頁。

又《和夷齊西山歌》。

《夷齊歌》曰：登彼西山兮，採其薇矣。以暴〔註243〕易暴兮，不知其非矣。神農虞夏忽焉沒兮，我安適歸矣？籲嗟徂兮，命之衰矣！後二千餘年，某人乃倚歌而和之曰：

小雅盡廢兮，出車采薇矣。戎有中國兮，人類非〔註244〕矣。明王不興兮，吾誰與歸矣？抱《春秋》以沒世兮，甚矣吾衰矣！〔註245〕

《又從而歌之》曰：彼美人兮，西山之薇矣。北方之人兮，為吾是非矣！異域長絕兮，不復歸矣。鳳不至兮，德之衰矣！〔註246〕

《集杜詩·入獄六首》。其一曰：陰房鬼火青，白日亦寂寞。自非曠士懷，居人莽牢落。〔註247〕

其二曰：天黑閉春院，今如置中兔。人間夜寥闃，永日不可暮。〔註248〕

其三曰：行行見羈束，斯人獨憔悴。欲覺聞晨鐘，青燈死分翳。〔註249〕

其四曰：勞生共乾坤，何時有終極。燈影照無睡，今夕復何夕。〔註250〕

其五曰：眼前列杻械，熊掛玄蛇吼。夜看豐城氣，朝光入甕牖。〔註251〕

其六曰：徘徊虎穴上，吾道正羈束。落日將何如？清文動哀玉。〔註252〕

坐十餘日，然後解手縛。又坐十餘日，得疾。先生有書與弟且寄詩。

書曰：廣州不死者，意江西可以去之。及出南安，繫吾頸，縶吾足，於是不食，將謂及吉州，則死，首丘之義也。乃五日過吉，

〔註243〕《文天祥全集》卷十四，此處「暴」作「仁」。

〔註244〕《文天祥全集》卷十四，「非」之作「熄」。

〔註245〕參見《文天祥全集》卷十四，《指南後錄》卷二《和夷齊西山歌》，第575頁。

〔註246〕參見《文天祥全集》卷十四，《指南後錄》卷二《又從而歌之曰》，第575頁。

〔註247〕參見《文天祥全集》卷十六《集杜詩·入獄第九十九》，第650頁。

〔註248〕參見《文天祥全集》卷十六《集杜詩·入獄第一百》，第650頁。

〔註249〕參見（《文天祥全集》卷十六《集杜詩·入獄第一百一》，第650～651頁。

〔註250〕參見《文天祥全集》卷十六《集杜詩·入獄第一百二》，第651頁。

〔註251〕參見《文天祥全集》卷十六《集杜詩·入獄第一百三》，第651頁。

〔註252〕參見《文天祥全集》卷十六《集杜詩·入獄第一百四》，第651頁。

又三日過豐城，無飯八日，不知飢。既過吉，思之無義，且尚在江南，或尚有生意，遂入建康。居七十餘日，果有忠義人，約奪我於江上，蓋真州境也。及期失約，惘然北行。道中求死，無其間矣。入幽州，下之狴犴；枷頸鎖手，節其飲食，今已二十日。吾舍生取義，無可言者，今千萬寄此及詩達吾弟，蓋絕筆也。〔註253〕

　　詩曰：五十年兄弟，一朝生別離。雁行長已矣，馬足遠何之。葬骨知無地，論心更有誰。親喪君自盡，猶子是吾兒。

十一月初二日，疏，枷惟繫頸，以索得出戶負暄。初五日，赴樞密院，院官不及見，自是日赴院，輒空歸。初九日，院官始引問。院官者，博羅丞相張平章，有所謂院判簽院等，不能識也。倨坐召見，先生入長揖，通事曰：「跪！」先生曰：「南之揖，即北之跪。吾南人，行南禮畢，可贅跪乎？」博羅叱，左右曳先生於地，先生坐不起。數人者或牽頸，或挈手，或按足，或以膝倚先生背，強先生作跪狀。先生動不自由，通事曰：「汝有何言？」先生曰：「天下事有興有廢，自古帝王以及將相滅亡誅戮，何代無之！天祥今日忠於宋氏社稷，以至於此，幸早施行！」通事曰：「更有何語？止此乎？」先生曰：「我為宋宰相，國亡，職當死！今日挈來，法當死！復何言！」博羅曰：「你道有興有廢，且道盤古主到今日是幾帝幾王？我不理會，得為我逐一說來。」先生怒甚曰：「一部十七史，從何處說起！我今日非赴博學宏詞科，不暇泛言！」博羅愧，乃云：「我因興廢，故言及古今帝王，你既不肯說，且道古時曾有人臣將宗廟、城郭、土地分付與別國人了，又逃走去，有此人否？」先生曰：「謂予前日為宰相，奉國與人，而後去之耶？奉國與人，是賣國之臣也。賣國者有所利而為之，必不去；去者，非賣國者也。我前日除宰相不拜，奉使伯顏軍前，尋被拘執而已。有賊臣者，獻國；國亡，我本當死，所以不死者，以度帝皇帝二子在浙東，老母在廣，故為去之之圖耳！」悖羅曰：「德祐嗣君非爾君耶？」曰：「吾君也。」曰：「棄嗣君，別立二子，如何是忠臣？」先生曰：「德祐吾君也，不幸而失國，當此之時，社稷為重，君為輕。吾別立君，為宗廟社稷計，所以為忠臣也。從懷湣而北者非忠，從元帝為忠；從徽欽而北者非忠，從高宗為忠。」博羅語塞，平章皆笑。一人忽出來曰：「晉元帝、宋高宗皆有來歷，二王何所受命？」張平章曰：「二王是逃走底人，立得不正，是篡也。」先生曰：「景炎皇帝乃度宗皇帝長子，德祐皇帝之親兄，如何是不正？登極於德祐已去天位之

後，如何是篡？陳丞相奉二王出宮，具有太皇太后分付言語，如何是無所受命？」諸人無辭，堅以無受命為解。先生曰：「天與之，人與之，雖無傳授之命，推戴擁立，亦何不可？」諸人但支離不伏。先生曰：「仁者見之謂之仁，智者見之謂之智。各是其是，可也。」博羅云：「你既為丞相，若將三宮走，方是忠臣。不然，引兵出城，與伯顏丞相決勝負，方是忠臣。」先生曰：「此說可以責陳丞相，不可以責我。我不曾當國故也。」又曰：「你立二王，做得甚功勞？」先生曰：「國家不幸喪亡，予立君以存宗廟。存一日，則臣子盡一日之責，何功勞之有？」曰：「既知做不得，何必做？」曰：「人臣事君，如子事父，父不幸有疾，雖明知不可為，豈有不下藥之理？盡吾心焉。不可救，則天命也。今日文天祥至此，有死而已，何必多言！」丞相所言多不是，博羅怒曰：「汝欲死，得快死耶？汝死必不可得快。」先生曰：「得死即快，何不快為？」博羅呼獄令史云：「將下去！別聽言語！」〔註254〕

先生自記《入獄本末》曰：「予死矣，庶幾有知予心者。」又書其後曰：「自古中興之君，如少康，以遺腹子起於一旅；一成宣王，承厲王之難，匿於召公之家，周、召二相，立以為王。幽王廢宜臼，立伯服為太子。犬戎之亂，諸侯迎立宜臼，是為平王。漢光武起南陽為帝，蜀先主帝巴蜀，皆是出於推戴，何論有無傳授之命？如唐肅宗即位，靈武不稟命於明皇，卻類於篡，然功在社稷，天下後世，猶無甚貶焉。禹傳益，不傳啟，天下之人曰：『啟，吾君之子。』謳歌朝覲。訟獄者，歸之焉。漢文帝只是平勃諸臣所立，豈有高祖惠帝呂后之命耶？春秋亡，公子入為君者何限！齊桓、晉文其大者也。何謂逃走不當？立羿之於夏，莽、丕之於漢，方是篡。德祐亡，而景炎立，謂之篡，何居？可惜當時不曾將此一段言語敷陳，頗有餘憾耳。」

盧陵人張千載，字毅甫者，先生友也。先生貴顯，屢以官辟，皆不就。先生自廣至吉州時，千載來見曰：「丞相赴燕，某亦往。」遂寓於先生囚所側，近日以美食奉先生。

初十日冬至入假，先生意，假滿即見殺，乃因在獄中，久無消息。十二月

〔註254〕此段綜合各家文天祥傳而成，參見鄭思肖《文丞相敘》、劉岳申《文丞相傳》、胡廣《丞相傳》，《文天祥全集》卷二十附錄二，第 753～754 頁、第 768～769 頁、第 780～781 頁。

半後，一令史報云：「丞相語獄官宣差烏馬兒云：『文丞相性猶硬不硬。』」又二日，令史報云：「博羅語烏馬兒，遲數日，更與文丞相說話會。」歲終釋放諸囚，烏馬兒語博羅獄囚皆已寬放，惟文丞相一人在獄。博羅云：「我奏卻來喚爾。」博羅之重於一喚者，憂先生之硬也。先生自謂：「予誓死決矣。此行決死在於再說話之頃。昔人云『薑桂之性，至老愈辣』，予亦云『金石之性，要終愈硬』。性可改耶？」博羅欲殺先生，而虜主意及諸大臣不可。張弘範病中亦表奏：「某忠於所事，願釋，勿殺。」故因之。是月二十日，先生作一詩。

　　詩曰：家國哀千古，星霜忽一周。黃沙漫故道，白骨委荒丘。

　　許遠死何晚？李陵生自羞！南來冠不改，吾且任吾囚。〔註255〕

二十四日，俗云少年夜，有詩。

　　詩曰：壯心負光岳，病質落幽燕。春節前三日，江鄉正少〔註256〕

年。歲時有如水，風俗不同天。家廟荒苔滑，誰人燒紙錢。〔註257〕

二十六日立春，有詩。

　　詩曰：無限斜陽故國愁，朔風吹馬上幽州。天翻地覆三生劫，

歲晚江空萬里囚。烈士喪元端不惜，達人知命復何憂！秪應四十三

年死，兩度無端見土牛。〔註258〕

先生在獄中遇異人靈陽子，談道指示大光明正法。

先生自謂於死生之際，脫然若遺，自是，詩文時有超灑忘世之意，遂有詩。

　　詩曰：昔我愛泉石，長揖離公卿。結屋青山下，咫尺蓬與瀛。

至人不可見，世塵忽相嬰。業風吹浩劫，蝸角爭浮名。偶逢大呂翁，

如有宿世盟。相從語寥廓，俯仰萬念輕。天地不知老，日月交其精。

人一陰陽性，本來自長生。指點虛無間，引我歸圓明。一針透頂門，

道骨由天成。我如一逆旅，久欲躡履行。聞師此妙訣，籧廬復何情。

　　又詩曰：誰知真患難，忽悟大光明。日出雲俱靜，風消水自平。

功名幾滅性，忠孝大勞生。天下惟豪傑，神仙立地成。

歲除日有詩。

　　詩曰：歲除破衣裳，夜半刺針線。遊子長夜思，佳人不可見。

〔註255〕參見《文天祥全集》卷十四，《指南後錄》卷二《十二月二十日作》，第575頁。
〔註256〕《文天祥全集》卷十四，《指南後錄》卷二《二十四日》，「少」字作「小」。
〔註257〕參見《文天祥全集》卷十四，《指南後錄》卷二《二十四日》，第575頁。
〔註258〕參見《文天祥全集》卷十四，《指南後錄》卷二《立春》，第576頁。

草枯稚驢吼，燈暗飢鼠現。深室閉星斗，輕裘臥風霰。大化忽流斡，
浩劫蕩回轉。冠屨失其位，侯王化畸賤。弓戈叱奇字，刀鋸摧頹弁。
至性詎可遷，微軀不足戀。真人坐沖溢，死生一乘傳。日月行萬古，
神光索九縣。〔註259〕

庚辰四十五歲元日，先生有詩。諸詩並附見

詩曰：鐵馬風塵暗，金龍日月新。衣冠懷故國，鼓角泣離人。
自分流年晚，不妨吾道春。方來有千載，兒女枉悲辛。〔註260〕

十三日，憶去年厓山覆師詩曰：去年今日逅厓山，望見龍舟咫
尺間。海上樓臺俄已變，河陽車駕不須還。可憐羘乳煙橫塞，空想
鵑啼月掩關。人世流光忽如此，東風吹雪鬢毛斑。〔註261〕

《上元懷舊》詩曰；禁門三五金吾夜，回首青春忽二毛。池上
昔陪王母宴，斗中今直貴人牢。風生江海龍遊遠，月滿關山鶴唳高。
蘿到鈞天燈火鬧，依然彩筆照宮袍。〔註262〕

《偶成》詩曰：昨朝門前地尺裂，今朝床下泥尺深。人生世間
一蒲柳，豈堪日炙復雨淋。起來高歌離騷賦，睡去細和梁父吟。已
矣已矣尚何道？猶有天地知吾心。

《有感》詩曰：石郎草草割山川，一落人手三百年。八州風雨
暗連天，三皇五帝如飛煙。人人夜祭伊水邊，春秋斷爛不復傳。白
頭潦倒今魯連，夜深危坐日晏眠。

二月《序集杜詩》。

《序》曰：余坐幽燕獄中，無所為，誦杜詩，稍習諸所感興，
因其五言，集為絕句，久之，得二百首。凡吾意所欲言者，子美先
為代言之。日玩之不置，但覺為吾詩，忘其為子美詩也。乃知子美
非能自為詩，詩句自是人情性中語，煩子美道耳。子美於吾隔數百
年，而其言語為吾用，非情性同哉！昔人評杜詩為詩史，蓋其以詠
歌之辭，寓紀載之實，而抑揚褒貶之意，燦然於其中，雖謂之史，
可也。

予所集杜詩，自余顛沛以來，世變人事，概見於此矣，是非有

〔註259〕參見《文天祥全集》卷十四，《指南後錄》卷二《己卯歲除》，第576頁。
〔註260〕參見《文天祥全集》卷十四，《指南後錄》卷三《元日　庚辰歲》，第577頁。
〔註261〕參見《文天祥全集》卷十四，《指南後錄》卷三《正月十三日》，第577頁。
〔註262〕參見《文天祥全集》卷十四，《指南後錄》卷三《上元懷舊》，第577頁。

意於為詩者也。後之良史，尚庶幾有孜焉。〔註263〕

五月，先生弟璧自惠州入覲，虜主右丞相帖木兒不花奏曰：「此人是文天祥弟。」虜主曰：「那箇是文天祥？」博羅對曰：「即文丞相。」虜主嘆嗟久之曰：「是好人也！」次問璧右丞相奏，是將惠州城子歸附底。虜主曰：「是孝順我底。」時人有詩云：「江南見說好溪山，兄也難時弟也難。可惜樗花各心事，南枝向暖北枝寒。」曰溪山者，璧號文溪故也。先生聞季至，作詩。

> 詩曰：去年別我旋出嶺，今年汝來亦至燕。弟兄一囚一乘馬，同父同母不同天。可憐骨肉相聚散，人間不滿五十年。三仁生死各有意，悠悠白日橫蒼煙。

八月十七日，憶丁丑是日，家人見陷，今恰三周。在行十閱月，有感賦詩。

> 詩曰：平生心事付悠悠，風雨燕南老楚囚。故舊相思空萬里，妻孥不見滿三秋。絕憐諸葛隆中意，贏得子長天下遊。一死皎然無復恨，忠魂多少暗荒丘！〔註264〕

二十四日，憶去年是日發金陵，《感懷》作詩。

> 詩曰：去歲趨燕路，今晨發楚津。浪名千里客，剩作一年人。鏡裏秋容別，燈前暮影親。魯連疑未死，聊用托芳塵。〔註265〕

九月七日，哭母大祥，嗚咽作詩。

> 詩曰：前年惠州哭母歛，去年邳州哭母葬。今年漂泊在何處？燕山獄裏菊花時。哀哀黃花如昨日，雨度星周俄箭疾。人間送死一大事，生兒富貴不得力。秖今誰人守墳墓，零落瘴鄉一堆土。大兒狼狽勿復道，下有二兒並二女。一兒一女亦在燕，佛廬設供捐金錢。一兒一女家下祭，病脫麻衣日晏眠。夜來好夢歸故國，忽然海上見顏色。一聲雞叫淚滿牀，化為清血濕衣裳。當年嫠緯意謂何？親曾撫我夜枕戈。古來全忠不全孝，世事至此堪滂沱。夫人開國分齊魏，生榮死哀送天地。悠悠國破與家亡，平生無憾惟此事。二郎已作門戶謀，江南葬母麥滿舟。不知何日歸兄骨，狐死猶應正首丘。〔註266〕

十月初一日，先生憶去年是日入燕，歎曰：「歲月冉冉忽復周星，而猶未

〔註263〕 參見《文天祥全集》卷十六，《集杜詩·自序》，第621頁。
〔註264〕 參見《文天祥全集》卷十四，《指南後錄》卷三《有感》，第579～580頁。
〔註265〕 參見《文天祥全集》卷十四，《指南後錄》卷三《感懷》，第580頁。
〔註266〕 參見《文天祥全集》卷十四，《指南後錄》卷三《哭母大祥》，第580頁。

得死也。」因賦詩。初九日詩附見。

詩曰：去冬陽月朔，吾始至幽燕。浩劫真千載，浮生又一年。天南照天北，山後接山前。夢裏乾坤老，孤臣雪咽氈。〔註267〕

初九日詩曰：君不見常山太守罵羯奴，天津橋上舌盡劓。又不見睢陽將軍怒切齒，三十六人同日死。去冬長至前一日，朔庭呼我弗為屈。丈夫開口即見膽，意謂生死在頃刻。赭衣冉冉生蒼苔，書云時節忽復來。鬼影青燈照孤坐，夢啼死血丹心破。只今便作渭水囚，食粟已是西山羞。悔不當年跳東海，空有魯連心獨在。〔註268〕

先生與內舅方伯書。

書曰：天祥百拜覆梅溪尊舅舅：天祥為子不孝，老母已矣。每誦如母存焉之詩，今惟此一舅矣。每一南望，未嘗不為之潸然也。天祥自國難以來，間關兵革，鞠躬盡力，百折而不悔，以致家國俱斃，為之何哉？當倉皇時，仰藥不濟，以致身落人手，死生竟不自由。及至朔廷抗辭奉，皆留連幽囚，曠閱年歲。孟氏云：「夭壽不貳，修身以俟之。」如此而已矣。老母年方望七，賓殯餘憾，然生榮死哀，粗慰人子之情。以此故應刀鋸在前，亦含笑入地矣。不肖固無能躬畢大事，天地鬼神諒昭鑑之。母喪歸葬，已戒仲氏八哥來復審，尊候萬福，仰惟德人動，履神物護持，憂遊餘年，萬萬珍重。兒子道生，不幸夭折，今立陞姪為子，凡百惟舅公教之悔之是望。區區折骨，已分溝壑，當具衣冠，藏文山之陽，疇昔舅所指之處也。並哀而窆之，謹奉書永訣，萬古！萬古！

十二月二十日，憶戊寅是日，空阬被執，感懷作詩。諸詩並附見

詩曰：橫磨十里坐無謀，回首蹉跎海上州。太傅只圖和藥了，將軍偏謂斫頭休。乾坤顛倒真千劫，身世留連復一周。一死到今如送佛，空膓淡月夜悠悠。〔註269〕

《得兒女消息》詩曰：故國斜陽草自春，爭元作相總成塵。孔明已負金刀志，元亮猶憐典午身。骯髒到頭方是漢，娉婷更欲向何

〔註267〕參見《文天祥全集》卷十四，《指南後錄》卷三《己卯十月一日，予入燕城。歲月冉冉，忽復周星。而予猶未得死也，因賦八句》，第581頁。
〔註268〕參見《文天祥全集》卷十四，《指南後錄》卷三，第582頁。
〔註269〕參見《文天祥全集》卷十四，《指南後錄》卷三《戊寅臘月二十日，空坑敗被執，於今二週年矣。感懷八句》，第583頁。

人？癡兒莫問今生計，還種來生未了因。〔註270〕

《自述》詩曰：赤烏登黃道，朱旗上紫垣。有心扶日月，無力報乾坤。往事飛鴻渺，新愁落照昏。千年滄海上，精衛是吾魂。

《不睡》詩曰：終夕起推枕，五更聞打鐘。精神入朱鳥，形影落盧龍。彌節蓬萊島，揚旗大華峰。奔馳竟何事，回首謝喬松。

《除夕》詩二首，其一曰：門挿千山黑，孤燈伴不眠。故鄉在何處？今夕是窮年。住世真無繫，為囚已自然。勞勞空歲月，得死似登仙。

其二曰：歲暮難為客，天涯況是囚。乾坤還許大，歲月忽如流。夢過元無夢，憂多更不憂。屠蘇兒女態，肯作百年謀！〔註271〕

辛巳四十六歲正月初一日，先生為書付男陞。

書曰：父少保樞密使都督信國公批付男陞子。汝祖革齋先生以詩禮起門戶，吾與汝生父及汝叔同產三人。前輩云：「兄弟其初，一人之身也。」吾與汝生父俱以科第通顯，汝叔亦致簪纓，使家門無虞，骨肉相保。皆奉先人遺體，以終於牖下，人生之常道也。不幸宋遭陽九，廟社淪亡。吾以備位將相，義不得不殉國；汝生父與汝叔姑全身以全宗祀。惟忠惟孝，各行其志矣。吾二子，長道生，次佛生。佛生失之於亂離，尋聞已矣；道生汝兄也，以病沒於惠之郡治，汝所見也。嗚呼痛哉！吾在潮陽聞道生之禍，哭於庭，復哭於廟，即作家書報汝生父，以汝為吾嗣。兄弟之子曰猶子，吾子必汝，義之所出，心之所安，祖宗之所享，鬼神之所依也。及吾陷敗，居北營中，汝生父書自惠州來曰：「陞子宜為嗣，謹奉潮陽之命，及來廣州為死別，復申斯言。」《傳》云：「不孝，無後為大。」吾雖孤子於世，然吾革齋之子，汝革齋之孫，吾得汝為嗣，不為無後矣。吾委身社稷，而復逭不孝之責，賴有此耳。汝性質闓爽，志氣不暴，必能以學問世吾家。吾為汝父，不得面日訓汝晦汝，汝于六經，其專治《春秋》，觀聖人筆削褒貶，輕重內外，而得其說，以為立身行已之本。識聖人之志，則能繼吾志矣。吾網中之人，引決無路，今

〔註270〕參見《文天祥全集》卷十四，《指南後錄》卷三《得兒女消息》，第583頁。
〔註271〕參見《文天祥全集》卷十四，《指南後錄》卷三《除夜二首　庚辰》，第583頁。

不知死何日耳。《禮》「狐死正丘首」。吾雖死萬里之外，豈頃刻而忘南向哉？吾一念已注於汝，死有神明，厥惟汝歆。仁人之事親也。事死如事生，事亡如事存，汝念之哉！〔註272〕

是日有詩二首。諸詩並附見

其一曰：金虯銜日出，鐵騎勒春回。天上青門隔，人間白髮催。霜寒欺舊草，山晚放新梅。環堵甘牢落，東風枉郤來。

其二曰：憖愧雲臺客，飄零雪滿氈。不圖朱鳥影，猶見白蛇年。宮殿荒煙隔，門庭宿草連。乾坤自春色，回首一潸然。〔註273〕

《初六日即事》詩曰：車馬燕山鬧，誰家早管絃？開門忽見雪，擁被不知年。篋破書猶在，爐殘火復燃。偷桃昨日事，回首哭堯天。〔註274〕

《人日》詩曰：今年為蛇年，此日是人日。江右一龍鍾，山中舊佔畢。獨坐守太玄，一笑發狂疾。悠悠王正意，衰涕感麟筆。〔註275〕

《自歎》詩曰：功業羞前輩，形骸感故吾。屢判嵇紹血，幾無慶公鬚。落落惟心在，蒼蒼有意無。江流總遺淚，何止失吞吳。〔註276〕

《元夕》詩二首，其一曰：燈火喧三市，衣冠宴九宸。金吾不禁夜，公子早行春。夢斷青山遠，愁侵白髮新。燕山今夕月，清影伴孤臣。

其二曰：飄零竟如此，元夕幾堪憐。南國張燈火，燕山沸管絃。相思云萬里，剩看月三年。笑與東風道，浮生信偶然。〔註277〕

上巳日，先生憶丙子上巳在真州，屏之城門外，於今憂患通六年。俯仰時節，慨然作詩。

詩曰：昔自長淮樹去帆，今從燕薊眺東南。泥沙一命九分九，風雨六年三月三。地下故人那可作，天涯遊子竟何堪。便從餓死傷

〔註272〕參見《文天祥全集》卷十八《拾遺‧獄中家書》之《信國公批付男陞子》，第718頁。

〔註273〕參見《文天祥全集》卷十四，《指南後錄》卷三《元日二首　辛巳》，第583～584頁。

〔註274〕參見《文天祥全集》卷十四，《指南後錄》卷三《初六日即事》，第584頁。

〔註275〕參見《文天祥全集》卷十四，《指南後錄》卷三《人日》，第584頁。

〔註276〕參見《文天祥全集》卷十四，《指南後錄》卷三《自歎》，第584頁。

〔註277〕參見《文天祥全集》卷十四，《指南後錄》卷三《元夕二首》，第584頁。

遲暮，面對西山已發慇。〔註278〕

寒食日和上巳韻寫懷。

　　《小序》曰：「不登丘隴拜清明寒食八年矣。癸酉，湖南；甲戌、
乙亥，章貢；丙子，淮東；丁丑，梅州；戊寅，麗江浦；庚辰，燕山
獄中。今辛巳，猶未得死。」詩曰：「苦海周遭斷去帆，東風吹淚向
天南。龍蛇澤裡清明五，燕雀籠中寒食三。撲面風沙驚我在，滿襟
霜露痛誰堪。何當歸骨先人墓，千古不為丘首慇。」〔註279〕

　　《集杜詩·詠墳墓宗族》，《小序》曰：「予甲戌春，自衡陽憲節
歸，赴贛州省拜墳墓。乙亥五月，奔祖毋喪。至門，以起復。六月
望日，出從戎事，與宗族鄉黨永訣云。」

　　《墳墓》詩曰：別離已五年，不及祖父塋。霜露晚淒淒，痛哭
松風迴。〔註280〕

　　《宗族》詩曰：西江接錦城，山陰一茅宇。宗族忍相遺，乾坤
此深阻。〔註281〕

《覽鏡見鬚髯消落，為之流涕》，有詩。

　　詩曰：萬里飄零等一毫，滿前風景恨滔滔。淚如杜宇喉中血，
鬚似蘇郎節上旄。今日形骸遲一死，向來事業竟徒勞。青山是我安
魂處，清夢時時賦大刀。〔註282〕

五月初二日，賦詩二首。

　　其一曰：死所初何怨，生朝只自知。頗懷常狀意，忍誦蓼莪詩。
浮世百年夢，高人千載期。楚囚一杯水，勝似九霞卮。

　　其二曰：向來松下鶴，今日傍誰門？夢見瑤池沸，愁看玉壘昏。
所思多死別，焉用獨生存。可惜菖蒲老，風煙滿故園。〔註283〕

先生在獄中作《正氣歌》一篇。

　　《小序》曰：予囚北庭，坐一土室。室廣八尺，深可四尋。單

〔註278〕參見《文天祥全集》卷十四，《指南後錄》卷三《上巳》，第585頁。
〔註279〕參見《文天祥全集》卷十四，《指南後錄》卷三《寒食》，第585頁。
〔註280〕參見《文天祥全集》卷十六，《集杜詩·墳墓第一百三十九》，第663頁。
〔註281〕參見《文天祥全集》卷十六，《集杜詩·宗族第一百四十》，第663頁。
〔註282〕參見《文天祥全集》卷十四，《指南後錄》卷三《覽鏡見鬚髯消落，為之流涕》，
　　　　第586頁。
〔註283〕參見《文天祥全集》卷十四，《指南後錄》卷三《端午初度二首》，第586頁。

扉低小,白間短窄,汙下而幽暗。當此夏日,諸氣萃然;雨潦四集,
浮動床几,時則為水氣;塗泥半朝,蒸漚歷瀾,時則為土氣;乍晴
暴熱,風道四塞,時則為日氣;簷陰薪爨,助長炎虐,時則為火氣;
倉腐寄頓,陳陳逼人,時則為米氣;駢肩雜遝,腥臊汗垢,時則為
人氣;或圂溷,或毀屍,或腐鼠,惡氣雜出,時為穢氣。疊是數氣,
當之者鮮不為厲,而予以孱弱俯仰其間,於茲二年無恙,是殆有養
致然。然爾亦安知所養何哉?孟子曰:「我善養吾浩然之氣。」彼氣
有七,吾氣有一。以一敵七,吾何患焉!況浩然者,乃天地之正氣
也。作《正氣歌》。歌曰:

天地有正氣,雜然賦流形。下則為河嶽,上則為日星。於人曰
浩然,沛乎塞蒼冥。皇路當清夷,含和吐明廷。時窮節乃見,一一
垂丹青。在齊太史簡,在晉董狐筆。在秦張良椎,在漢蘇武節。為
嚴將軍頭,為嵇侍中血。為張睢陽齒,為顏常山舌。或為遼東帽,
清操厲冰雪。或為《出師表》,鬼神泣壯烈。或為渡江楫,慷慨吞胡
羯。或為擊賊笏,逆豎頭破裂。是氣所磅礴,凜烈萬古存。當其貫
日月,生死安足論!地維賴以立,天柱賴以尊。三綱實係命,道義
為之根。嗟予遭陽九,隸也實不力。楚囚纓其冠,傳車送窮北。鼎
鑊甘如飴,求之不可得。陰房闐鬼火,春院閟天黑。牛驥同一皂,
雞棲鳳凰食。一朝蒙霧露,分作溝中瘠。如此再寒暑,百沴自辟易。
嗟哉沮洳場,為我安樂國。豈有他繆巧,陰陽不能賊。顧此耿耿在,
仰視浮雲白。悠悠我心悲,蒼天曷有極。哲人日已遠,典型[註284]
在夙昔。風簷展書讀,古道照顏色。」《吟嘯集》起此篇,止《胡笳十八
拍》。《吟嘯集》與《指南錄》、《指南後錄》、《集杜詩》皆先生忠憤所寓,天下誦
之。[註285]

十七日,夜大雨,先生作《大雨歌》。《築房子歌》附見

《歌》曰:去年五月望,流水滿一房。今年後三夕,大雨復沒
床。我辭江海來,中原路茫茫。舟楫不復見,車馬馳康莊。芻居圜
土中,得水猶得漿。忽如避巨浸[註286],倉卒殊彷徨。明星尚未

〔註284〕《文天祥全集》卷十五《吟嘯集・正氣歌》,「型」字作「刑」字。第602頁。

〔註285〕參見《文天祥全集》卷十五《吟嘯集・正氣歌》,第601～602頁。

〔註286〕《文天祥全集》卷十四,《指南後錄》卷三《五月十七夜大雨歌》,「避巨浸」
作「巨石浸」,第587頁。

啟，大風方發狂。叫呼人不應，宛轉水中央。壁下有水穴，羣鼠走踉蹡。或如魚潑剌，墊溺無所藏。周身莫如物，患至不得防。業為世間人，何處逃禍殃？朝來闢溝道，宛如決陂塘。盡室泥濘塗，化為糜爛場。炎蒸迫其上，臭腐薰其傍。惡氣所侵薄，疫癘何可當！楚囚欲何之？寢食此一方。羈棲無復望，坐待僕且僵。乾坤莽空闊，何為此涼涼？達人識義命，此事關綱常。萬物方焦枯，皇皇禱穹蒼。上帝實好生，夜半下龍章。但願天下人，家家足踏梁。我命渾小事，我死庸何傷！〔註287〕

《築房子歌》曰：自予居狴犴，一室以自治。二年二大雨，地汙實成池。囹人為我惻，畚土以築之。築之可二尺，宛然水中坻。初運朽壤來，臭穢恨莫追。掩鼻不可近，牛皂難於埘。須臾傳黑墳，千杵鳴參差。但見如坻平，糞土不復疑。乃知天下事，不在論鎡基。苟可掩耳目，臭腐誇神奇。世人所不辨，羊質而虎皮。大者莫不然，小者又何知？深居守我玄，默觀道推移。何時蟬蛻去？忽與濁世違。〔註288〕

二十八日，先太師忌日，有詩。諸詩並附見

詩曰：萬里先人忌，呼號痛不天。遺孤餘二紀，曠祀忽三年。永恨丘園隔，遙憐弟妹圓。義方如昨日，地下想欣然。〔註289〕

《自歎》詩曰：門掩牢愁白日過，不應老子坐婆娑。雖生得似無生好，欲死其如不死何！王蠋高風真可把，魯連大節豈容磨。東流不盡銅駝恨，四海悠悠總一波。〔註290〕

《感傷》詩曰：家國傷冰泮，妻孥歎陸沉。半生遭萬劫，一落下千尋。各任爾曹命，那知吾輩心。人誰無骨肉，恨與海俱深。〔註291〕

《自歎》詩曰：可憐大流落，白髮魯連翁。每夜瞻南斗，連年坐北風。三生遭際處，一死笑談中。贏得千年在，丹心射碧空。〔註292〕

《自述》詩二首，其一曰：當年爵血灑銅駝，風氣悠悠奈若何！

〔註287〕參見《文天祥全集》卷十四，《指南後錄》卷三《五月十七夜大雨歌》，第587頁。
〔註288〕參見《文天祥全集》卷十四，《指南後錄》卷三《築房子歌》，第587～588頁。
〔註289〕參見《文天祥全集》卷十四，《指南後錄》卷三《先太師忌日　二月二十八日》，第585頁。
〔註290〕參見《文天祥全集》卷十四，《指南後錄》卷三《自歎》，第586頁。
〔註291〕參見《文天祥全集》卷十四，《指南後錄》卷三《感傷》，第587頁。
〔註292〕參見《文天祥全集》卷十五《吟嘯集・自歎》，第605頁。

漢賊已成千古恨，楚囚不覺二年過。古今咸道天驕子，老去忽如春夢婆。試把睢陽雙廟看，只今事業愧蹉跎。

其二曰：江南啼血送殘春，漂泊風沙萬里身。漢末固應多死士，周餘乃止一遺民。乍看鬚少疑非我，只要心存尚是人。坐擁牢愁書眼倦，土床伸腳任吾真。〔註293〕

《不睡》詩曰：頻搔白首強憂煎，細雨青燈思欲顛。南北東西三萬里，古今上下幾千年。只因知事翻成惱，未到放心那得眠。眼不識丁馬前卒，隔床鼾鼻正陶然。〔註294〕

《讀杜詩》，詩曰：平生蹤跡只奔波，偏是文章被折磨。耳想杜鵑心事苦，眼看胡馬淚痕多。千年夔峽有詩在，一夜耒江如酒何！黃土一丘隨處是，故鄉歸骨任蹉跎。〔註295〕

《有感》詩曰：已矣勿復道，安之如自然。閑陪黃妳〔註296〕坐，倦退白衣眠。一死知何地，此生休問天！怪哉茨野客，宿果墮幽燕。〔註297〕

《為或人賦》詩曰：悠悠成敗百年中，笑看柯山局未中。金馬勝遊成舊雨，銅駝遺恨付西風。黑頭爾自誇江總，冷齒人能說褚公。龍首黃扉真一夢，夢回何面見江東。〔註298〕

《斷鴈》詩曰：斷鴈西江遠，無家寄萬金。乾坤風月老，沙漠歲月〔註299〕深。白日去如夢，青天知此心。素琴弦已絕，不絕是南音。〔註300〕

《有感》詩曰：心在六虛外，不知身網羅。病中長日過，夢裡好時多。夜夜頻能坐，時時亦自歌。平生此光景，回首笑呵呵。〔註301〕

《感懷》詩二首，其一曰：交遊兵後似蓬飛，流落天涯鵲繞枝。唐室老臣惟我在，柳州先友託誰碑？泥塗猶幸瞻佳士，甘雨如何遇

〔註293〕參見《文天祥全集》卷十五《吟嘯集・自述二首》，第606頁。
〔註294〕參見《文天祥全集》卷十五《吟嘯集・不睡》，第606頁。
〔註295〕參見《文天祥全集》卷十五《吟嘯集・讀杜詩》，第608頁。
〔註296〕《文天祥全集》卷十五《吟嘯集・有感》，「妳」字作「奶」，第609頁。
〔註297〕參見《文天祥全集》卷十五《吟嘯集・有感》，第609～610頁。
〔註298〕參見《文天祥全集》卷十五《吟嘯集・為或人賦》，第610頁。
〔註299〕《文天祥全集》卷十五《吟嘯集・斷雁》，「月」字作「年」，第610頁。
〔註300〕參見《文天祥全集》卷十五《吟嘯集・斷雁》，第610頁。
〔註301〕參見《文天祥全集》卷十五《吟嘯集・有感首》，第610頁。

故知？一死一生情義重，莫嫌收拾老牛屍。

其二曰：伏龍欲俠太陽飛，獨柱擎天力弗支。北海風沙漫寒〔註302〕節，浯溪煙雨暗唐碑。書空已恨天時誤〔註303〕，惜往徒懷國士知。抱膝對人復何語，紛紛坐塚臥為屍。〔註304〕

七月初二日，大雨，先生又作《大雨歌》，《詠懷》詩附見。

歌曰：燕山五六月，氣候苦不常。積陰綿五旬，畏景淡無光。天漏比西極，地濕等南方。今何苦常雨，昔何苦常暘。七月二日夜，天工為誰忙？浮雲黑如墨，飄風怒如狂。滂沱至夜半，天地為低昂。勢如蛟龍出，平陸俄懷襄。初疑倒巫峽，又似翻瀟湘。千門各已閉，仰視天茫茫。但聞屋側聲，人力無支當。嗟哉此圜土，占勝非高岡。赭衣無容足，南房並北房。北房水二尺，聚立唯東廂。桎梏猶自可，凜然覆穹墻。嘈嘈復雜雜，蒸汗流成漿。張目以待旦，沉沉漏何長！南冠者為誰？獨居沮洳場。此夕水彌滿，浮動八尺床。壁老如欲壓，守者殊皇皇。我方鼾鼻睡，逍遙遊帝鄉。百年一大夢，所歷皆黃粱。死生已勘破，身世如遺忘。雄雞叫東白，漸聞語聲揚。論言若飄蕩〔註305〕，形勢猶倉皇。起來立泥塗，一笑褰衣裳。遺書宛在架，吾道終未亡。〔註306〕

《詠懷》詩曰：陰陽相烹煎，天地一釜鬻。人生居其間，便同肉在砧。熱猶以火燎，濕猶以湯燖。一歲一煆煉，老形忽駸駸。吾生四十六，弱質本不任。翅當五六年，患難長侵尋。子卿羝羊節，少陵杜鵑心。酷罰毒我膚，深憂煩我襟。嗟嗟夏涉秋，天道何其淫！或時日杲杲，或時雨淋淋。方如坐蒸甑，又似立烘煁。水火交相禪，益熱與益深。宛轉兒戲中，日夜空呻吟。何如真鼎鑊，殊我一寸金。

脫此寒暑殼，誰能復嶇嶔！〔註307〕

初五日，移官籍監。蓋以大雨後，兵馬司墻壁頹，落地皆沮洳，不可居也。

〔註302〕《文天祥全集》卷十五《吟嘯集·感懷二首》，「寒」字作「漢」字，第611頁。
〔註303〕《文天祥全集》卷十五《吟嘯集·感懷二首》，「誤」字作「雨」，第611頁。
〔註304〕參見《文天祥全集》卷十五《吟嘯集·感懷二首》，第611頁。
〔註305〕《文天祥全集》卷十四，《指南後錄·七月二日大雨歌》，「蕩」字作「揚」字，第588頁。
〔註306〕參見《文天祥全集》卷十四，《指南後錄·七月二日大雨歌》，第588頁。
〔註307〕參見《文天祥全集》卷十四，《指南後錄·詠懷》，第588～589頁。

先生賦《即事》詩以記之。既移寓官籍監，以一室處，先生頗蕭灑，明窗淨壁，樹影可愛也。先生賦《官籍監五絕》。

《即事》詩曰：燕山積雨泥塞道，大屋欹傾小屋倒。赭衣棘下無容[註308]色，倉卒移司避流潦。行行枉梏如貫魚，憐我龍鍾遲明早。我來二十有一月，若書下下幾二[註309]考。夢回恍憶入新銜，不知傳舍何時了。幸有癡兒了家事，九牛一毛亦云小。天門皇皇虎豹立，下土孤臣泣云表。莫令赤子盡為魚，早願當空日杲杲。[註310]

《官[註311]籍監五絕》，其一曰：塵滿南冠歲月深，暫移一室倚旃林。天憐元是青山客，分與窗根兩樹陰。

其二曰：壁間頗自有龍蛇，元是主人小住家。不似為囚似為客，倚窗望斷暮天涯。

其三曰：曾過盧溝望塔尖，今朝塔影接虛簷。道人心事真方丈，靜坐日長雲滿簾。

其四曰：軍銜馬足起黃埃，門掩西風夢正回。自入燕關人世隔，隔墻忽送市聲來。

其五曰：新來窗壁頗玲瓏，盡把前時臭腐空。好醜原來都是幻，籧廬一付夢魂中。[註312]

十一日，還兵馬司。兵馬司苦於地窄，官買東偏大宅，以廣治所。舊廳事，遂為空閒。以舊廳事之西一室，處先生。其地高燥而空涼，蕭然獨往，寂無來人，又一境界也。先生賦《還司》詩。八月初七日，獄戶葺訖，乃使先生還舊所。先生曰：「復返故處，向所謂臭腐濕蒸，依然故在。而回視吾所挾，亦浩然而獨存也。」遂作《還獄》詩。

《還司》詩二首，其一曰：慞燕方如寄，屠羊忽復旋。霜枝空獨立，雪窖已三遷。漂泊知何所？逍遙付自然。庭空誰共語？拄頰

〔註308〕《文天祥全集》卷十四，《指南後錄‧移司即事》，「容」字作「顏」字，第589頁。

〔註309〕《文天祥全集》卷十四，《指南後錄‧移司即事》，「二」字作「一」字，第589頁。

〔註310〕參見《文天祥全集》卷十四，《指南後錄》卷三《移司即事》，第589頁。

〔註311〕《文天祥全集》卷十四，《指南後錄‧宮籍監五首》，「官」字作「宮」字，第589頁。

〔註312〕參見《文天祥全集》卷十四，《指南後錄》卷三《宮籍監五首》，第589～590頁。

望青天。

其二曰：秋聲滿南國，一夜自飄蓬。墻外千門迥，庭桌四壁空。誰家驢吼月，隔巷犬嘷風。燈暗人無寐，沉沉夜正中。〔註313〕

《還獄》詩曰：人情感舊〔註314〕物，百年多離憂。桑下往三宿，應者愈遲留。矧茲方丈室，屏居二春秋。夜眠與晝坐，隤乎安夢囚。自罹大雨水，圜土俱盪舟。此身委傳舍，遷徙無定謀。去之已旬月，宮室重綢繆。今夕果何夕？復此搔白頭。怳如流浪人，一旦歸舊遊。故家不可復，故國已成丘。對此重回首，汪然涕泗流。人生如空花，隨風任飄浮。哲人貴知命，樂天復何求！〔註315〕

九月初七日，先兩國初忌，有詩。

詩曰：北風吹黃花，落木寒蕭颼。哀哀我辭母，玉化炎海秋。日月水東流，音容隔悠悠。小祥哭下邳，大祥哭幽州。今此復何夕？荏苒三星周。嗟哉不肖孤，宗祧曠不修。昔母肉未寒，委身墮寇讎。仰藥早云遂，庶從地下遊。太阿落人手，死生不自由。南冠坐絕域，大期落掩留。白華下玄髮，碧蘚生緇裘。心口自相語，形影傍無儔。空庭鬼火闌，天黑對牢愁。魚軒在何處？魂魄今安不〔註316〕？兒女各北歸，墳墓委南陬。寒食雨淒淒，盂飯誰與投？荊棘纏蔓草，狐兔緣荒丘。長夜良寂寞，與我同幽幽。我心亦勞止，我命實不猶。昨夕夢堂上，樂昔歡綢繆。覺來尚恍惚，血涕連裳裯。晨興一瓣香，痛如螫在頭。吾家白雲下，萬里同關憂。遙憐弟與妹，几筵羅庶羞。既傷母在殯，又念兄在囚。兄囚不足念，母亦為母謀。三聖去已遠，窮垠莾洪流。緬懷百世慮，白骨甘填溝。冥冥先大夫，欝欝蒼松楸。

防山迄合葬，瞑目復何求！〔註317〕

初九日有《重陽》詩。《又三絕》附見。

詩曰：萬里飄零兩鬢蓬，故鄉秋色老梧桐。鴈棲新月江湖滿，

〔註313〕參見《文天祥全集》卷十四，《指南後錄·還司即事二首》，第590頁。
〔註314〕《文天祥全集》卷十四，《指南後錄·還獄》，「舊」字作「故」字，第590頁。
〔註315〕參見《文天祥全集》卷十四，《指南後錄·還獄》，第590頁。
〔註316〕《文天祥全集》卷十四，《指南後錄·先兩國初忌》，「不」字作「否」字，第591頁。
〔註317〕《文天祥全集》卷十四，《指南後錄》卷三《先兩國初忌　九月初七日》，第591頁。

燕別斜陽巷陌空。落葉何心定流水，黃花無主更西風。乾坤遺恨知多少，前日龍山如夢中。〔註318〕

《三絕》其一曰：世事濛濛醉不知，南山秋意滿東籬。黃花何故無顏色？應為元嘉以後詩。

其二曰：人間萬事轉頭空，皂帽飄蕭一病翁。不學孟嘉狂落魄，故將白髮向西風。

其三曰：老來憂患易淒涼，說到悲秋更斷腸。世事不堪逢九九，休言今日是重陽。〔註319〕

先生既編辛巳以前詩為《指南前後錄》，自譜其平生行事為《紀年錄》，並《吟嘯集》、《集杜詩》以付弟璧。璧與氏妹歸，先生剪髮以寄永訣，又以書與弟。

書曰：渾廬之西坑有一地，已印元渭陽所獻，月形下角穴，第淺露，非其正。其右山上有穴，可買以藏我。如骨不得歸，招魂以封之。陞子嗣續，吾死奚憾！女弟一家，流落在此，可為悲痛！吾弟同氣，取之，名正言順，宜極力出之。自廣達建康，日與中甫鄧先生居，具知吾心事，吾銘當以屬之。若時未可出，則姑藏之將來。文山宜作一寺，我廟於其中。〔註320〕

錢塘人汪元量，字大有，號水雲。以善琴，事謝后王昭儀。宋亡，隨三宮留燕。庚辰中秋日，水雲慰先生囚所，援琴作《胡笳十八拍》。琴罷，索先生賦胡笳詩。倉卒未就，水雲別去。是歲十月，復來。先生因《集老杜句》，成十八拍。仍曰：「囹圄中，不能得死，聊自遣耳，亦不必一一學琰語也。」水雲欲藏於家，請先生書之。末書「浮修道人文山」。

《一拍》曰：風塵澒洞昏王室，天地慘慘無顏色。而今西北自反胡，西望千山萬山赤。歎息人間萬事非，被驅不異犬與雞。不知明月為誰好，來歲如今歸未歸？

《二拍》曰：獨立縹緲之飛樓，高視乾坤又何愁！江風蕭蕭雲拂地，笛聲憤怒哀中流。隣雞野哭如昨日，昨日晚晴今日黑。倉皇已就長途往，欲往城南忘南北。

〔註318〕《文天祥全集》卷十四，《指南後錄》卷三《重陽》，第591頁。
〔註319〕《文天祥全集》卷十四，《指南後錄》卷三《又三絕》，第591～592頁。
〔註320〕《文天祥全集》卷十七《紀年錄》，第710頁。

《三拍》曰：三年奔走空皮骨，三年笛裏關山月。中天月色好誰看？豺狼塞路人煙絕！寒刮肌膚北風利，牛馬毛零縮如蝟。塞上風雲接地陰，咫尺但愁雷雨至。

《四拍》曰：黃河北岸海西軍，翻身向天仰射雲。胡馬長鳴不知數，衣冠南渡多崩奔。山木慘慘天欲雨，前有毒蛇後猛虎。欲問長安無來使，終日戚戚忍羈旅。

《五拍》曰：北庭數有關中使，飄飄遠自流沙至。胡人高鼻動成群，仍唱胡歌飲都市。中原無書歸不得，道路至今多擁隔。身欲奮飛病在床，獨著看雲淚沾臆。

《六拍》曰：胡人歸來血滿箭，白馬將軍若雷電。蠻夷雜種錯相干，洛陽宮殿燒焚盡。干戈兵革鬥未已，魑魅魍魎徒為爾。慟哭秋原何處村？千村萬落生荊杞。

《七拍》曰：憶昔十五心尚孩，莫怪頻頻勸酒盃。孤城此日腸堪斷，如何不飲令人哀！一去紫臺連朔漠，月出雲通雪山白。九度附書歸洛陽，故國三年一消息。

《八拍》曰：只今年纔十六七，風塵荏苒音書絕。胡騎長驅五六年，弊裘何啻連百結。愁對寒雲雪滿山，愁看冀北是長安。此身未知歸定處，漂泊西南天地間。

《九拍》曰：午夜漏聲催曉箭，寒盡春生洛陽殿。漢陽山河錦繡中，可惜春光不相見。自胡之反持干戈，一生抱恨空諮嗟。我已無家尋弟妹，此身那得更無家！南極一星朝北斗，每依南斗望京華。

《十拍》曰：今年臘月凍全消，天涯涕淚一身遙。諸將亦自軍中至，行人弓箭各在腰。白馬嚼嚙黃金勒，三尺角弓兩斛力。胡鷹翅濕高飛難，一箭正墜雙飛翼。

《十一拍》曰：冬至陽生春又來，口雖吟詠心中哀。長笛誰能亂愁思，呼兒且覆掌中盃。雲白山青萬餘里，壁立石城橫塞起。元戎小隊出郊坰，天寒日暮山谷裡。

《十二拍》曰：洛城〔註321〕一別四千里，邊庭流血成海水。自經喪亂少睡眠，手腳凍皴皮肉死。反鎖衡門守環堵，稚子無憂走風雨。此時與子空歸來，喜得與子長夜語。

〔註321〕《文天祥全集》卷十五《吟嘯集·胡笳曲》，「城」字作「陽」字，第616頁。

《十三拍》曰：大兒九齡色清澈，驊騮作駒已汗血。小兒五歲氣食牛，冰壺玉鑑懸清秋。罷琴惆悵月照席，人生有情淚沾臆。離別不堪無限意，更為後會知何地。酒肉如山又一時，只今未絕已先悲。

《十四拍》曰：北歸秦川多鼓鼙，禾生隴畝無東西。三步回首五步坐，誰家搗練風淒淒！已近苦寒月，慘慘中腸悲。自恐二男兒，不得相追隨。去留俱失意，徘徊感生離。十年蹴鞠將雛遠，目極傷神誰為攜？此別還須各努力，無使霜露沾人衣。

《十五拍》曰：寒雨颯颯枯樹濕，坐臥只多少行立。青春欲暮急還鄉，非關使者徵求急。欲別上馬身無力，去住彼此無消息。關塞蕭條行路難，行路難行澀如棘。男兒性命絕可憐，十日不一見顏色。

《十六拍》曰：乃知貧賤別更苦，況我飄轉無定所。心懷百憂復千慮，世人那得知其故。嬌兒不離膝，哀哉兩決絕！也復可憐人，里巷盡嗚咽。斷腸分手各風煙，中間消息兩茫然。自斷此生休問天，看射猛虎終殘年。

《十七拍》曰：江頭宮殿鎖千門，千家今有百家存。面粧首飾雜啼痕，教我歎恨傷精魂。自有兩兒郎，忽在天一方。胡塵暗天道路長，安得送我置汝傍！

《十八拍》曰：事殊興極憂思集，足繭荒山轉愁疾。漢家山東二百州，青是烽煙白人骨。入門依舊四壁空，一斛舊水藏蛟龍。年過半百不稱意，此曲哀怨何時終！〔註322〕

十二月晦日有《除夜》詩。

詩曰：乾坤空落落，歲月去堂堂。末路驚風雨，窮邊飽雪霜。命隨年欲盡，身與世俱忘。無復屠蘇夢，挑燈夜未央。〔註323〕

壬午四十七歲是歲，先生作自贊，擬終時書之衣帶間。

其《敘》曰：吾位居將相，不能救社稷。正天下軍敗，國辱為囚虜，其當死久矣。頃被執以來，欲引決而無間。今天與之機，謹南向再拜以死。」其贊曰：「孔曰成仁，孟云取義；惟其義盡，所以

〔註322〕 參見《文天祥全集》卷十五《吟嘯集‧胡笳曲（十八拍）》，第 614～618 頁。
〔註323〕 參見《文天祥全集》卷十四，《指南後錄》卷三《除夜》，第 592 頁。

仁至。讀聖賢書，所學何事？而今以後，庶幾無愧。宋丞相文天祥
絕筆。

正月二十日後，先生臥病發熱，右臀穀道傍患癬。

二月四日流膿。平生痛苦未嘗有此。是時，南人仕於元者謝昌元、王積翁、
程飛卿，青陽留夢炎等十人謀合奏，請以先生為黃冠師，冀其自便。留夢炎私
語王積翁曰：「文公贛州移檄之志，鎮江脫身之心固在也。忽有妄作，我輩何
以自解？」遂不果。

> 《稗史》曰：因夢炎一言，使文公有柴市之殉。孔天胤嘗以為
> 兩浙有夢炎，兩浙之羞也。蓋以夢炎衢州人，與文公俱宋壯元故也。
> 明朝數百年，凡留氏子孫赴試，責令書一呈結曰「非夢炎子孫」，方
> 許入試。

虜主自開平還燕，問南北宰相孰賢。羣臣皆曰：「北人無如耶律楚材，南
人無如文某。」虜主將付以大任，積翁、昌元以書諭意，先生復書曰：「諸公
義同鮑叔，天祥事異管仲。管仲不死，而功名顯於天下；天祥不死，而盡棄其
平生，遺臭於萬年，將焉用之？」積翁知不可屈，猶奏請釋，曰：「文天祥，
宋壯元宰相，忠於所事。若釋不殺，因以禮待之，亦可為人臣好樣子。」虜主
默然久之，曰：「且令千戶所好好與茶飯。」先生聞之，使人語積翁曰：「吾義
不食官廩數年矣。今一朝飯於官，果然，吾且不食。」積翁乃不敢言。先生死
後，有以危言撼積翁者，積翁曰：「得從龍逄比干遊地下，足矣！」言者遂止。
積翁累以銀物餉先生，福王與芮度宗之父聞先生不屈，歎曰：「我家有此人耶？」
餉以銀百兩，屬積翁轉致之。有勳書西域人欲保，任歸其家，事之。先生回繫
久，翰墨滿燕市。時與吏士講前史忠義傳，無不傾聽感動。其長李指揮、魏千
戶奉事之尤至。

上巳前一日，憶丙子在真州事，作一詩。諸詩並附見

> 《小序》曰：丙子上巳前一日，予至真州。今俯仰六周星矣。
> 撫時念事，為之流涕。聊寫我心，質之鬼神。詩曰：

> 憶昔三月朔，歲在火鼠鄉。朝登迎鑾鎮，夜宿清邊堂。於時坌
> 飆霧，陽精黯無芒。胡羯犯彤宮，犬戎升御床。慘憺銅駝泣，威垂
> 朱鳥翔。我將疏河嶽，借助金與湯。吾道率曠野，繞樹空彷徨。慷
> 慨撫鰲背，艱關出羊腸。扶日上天門，隨雲拜東皇。祖逖誓興晉，

鄭畋義扶唐。人謀豈云及，天命不于常。泗水沉洛鼎，薊〔註324〕丘植汶湟。瑤宮可敦后，玉陛單于王。革命曠千古，被髮綿八荒。海流忽西注，天旋俄右方。嗟予俘為馘，萬里勞梯航。秋風上甌脫，夜雪臥桁楊。南冠鄭大夫，北窖蘇中郎。龍蛇共窟穴，蟻虱連衣裳。周旋溲渤間，宛轉沮洳場。漠漠蒼天黑，悠悠白日黃。風埃滿沙漠，歲月稔星霜。地下雙氣烈，獄中孤墳長。唯存葵藿心，不改鐵石腸。斷舌奮常山，抉齒屬睢陽。此志已溝壑，餘命終巖墻。夷吾不可作，仲〔註325〕連久云亡。王衍勸石勒，馮道朝德光。末俗正靡靡，橫流已湯湯。餘子不足言，丈夫何可當。出門仰天笑，雲山浩蒼蒼。〔註326〕

《生日》詩曰：憶昔閒居日，端二逢始生。升堂拜親壽，摳衣接賓榮。載酒出郊去，江花相送迎。詩歌和盈軸，鏗戛金石聲。於時果何時？朝野方休明。人生足自樂，帝力無能名。譬如江海魚，與水俱忘情。詎知君父恩，天地同生成。旌頭忽墮地，氛霧迷三精。黃屋朔風捲，園林殺氣平。四海靡所騁，三年老於行。賓僚羊瘟瘡，妻子同飄零。無幾哭慈母，有頃遭潰兵。束兵獻穹帳，囚首送空圖。痛甚衣冠烈，甘於鼎鑊烹。死生久已定，寵辱安足驚！不圖坐羅網，四見槐雲青。朱顏日復少，玄髮益以星。往事真蕉鹿，浮名一草螢。牢愁寫玄語，初度感騷經。朝登蓬萊門，暮涉芙蓉城。忽復臨故國，搖搖我心旌。想見家下人，念我涕為傾。交朋說疇昔，惆悵雞豚盟。空花從何來？為吾舞娉婷。莫道無人歌，時鳥不可聽。達人貴知命，俗士空勞形。吾生復安適？拄頰觀蒼冥。〔註327〕

《端午》詩曰：五月五日午，薰風自南至。試為問大鈞，舉杯三酹地。田文當日生，屈原當日死。生為薛城君，死作汨羅鬼。高唐〔註328〕狐兔遊，雍門發悲涕。人命草頭露，榮華風過爾。唯有烈士心，不隨水俱逝。至今荊楚人，江上年年祭。不知生者榮，但知

〔註324〕《文天祥全集》卷十四，《指南後錄》卷三《壬午》，「薊」字作「蘇」字，第593頁。

〔註325〕《文天祥全集》卷十四，《指南後錄》卷三《壬午》，「仲」字作「佗」字，第593頁。

〔註326〕參見《文天祥全集》卷十四，《指南後錄》卷三《壬午》，第592～593頁。

〔註327〕參見《文天祥全集》卷十四，《指南後錄》卷三《生日》，第593頁。

〔註328〕《文天祥全集》卷十四，《指南後錄》卷三《端午》，「唐」字作「堂」字，第594頁。

死者貴。勿謂死可憎，勿謂生可喜。萬物皆有盡，不滅唯天理。百年如一日，一日或千歲，秋風《汾水辭》，春暮《蘭亭記》。莫作留連悲，高歌舞槐翠。〔註329〕

《自歎詩三首》，其一曰：猛思身世事，四十七年無。鶴髮俄然在，鶯飛久已徂。二兒化成土，六女掠為奴。只有南冠在，何妨是丈夫。

其二曰：北轍更寒暑，南冠幾晦冥。家山時入夢，妻子亦關情。惆悵心如失，崎嶇命復輕。遭時命如此，薄分笑三生。

其三曰：疾病連三次，形容落九分。幾成白宰相，誰識故將軍？暗坐羞紅日，閒眠想白雲。蒼蒼竟何意，未肯喪斯文。〔註330〕

麥述丁參政，嘗開省江西，見先生出師震動，每倡言不如殺之便。又以先生罪人下千戶所，收其棋弈筆墨書冊。會閩僧妙曦言：「十一月，土星犯帝座，疑有變。」未幾，中山人薛寶住聚數千人，聲言是真宋幼主，要來取文丞相。又有書於檗者曰：「兩衛軍儘足辦事，丞相可以無慮。」又曰：「先焚城上葦子，城外舉火為應。」大臣議所謂丞相，疑為先生。虜太子得檗以奏。京師戒嚴，命撤城圍葦，驅瀛國公及宋宗室於開平北。十二月初七日，司天台奏「三台拆」。初八日，虜主召先生入殿中，長揖不拜。左右強之拜跪，或金撾摘其膝，先生堅立不為動。極言：「宋無不道之君，無可弔之民，不幸母老子弱，權臣誤國，用舍失宜，北朝用其叛將叛臣入其國都，毀其宗社，天祥相宋於再造之時，宋亡矣，天祥當速死，不當久生。」虜主使諭之曰：「汝以事宋者事我，當以為中書宰相。」先生曰：「天祥受宋朝三帝厚恩，號稱狀元宰相。宋亡，惟可死，不可生。一死之外，無可為者。」遂麾之退。是夜，回宿千戶所。初九日，宰執奏：「文其既不願附，不若如其請，賜之死。」麥述丁力勸之，虜主可其奏。是日，宣使以金鼓迎詣市，先生欣然曰：「吾事了矣！」及行，顏色揚揚自若，觀者如堵。先生且行且歌，成一章。〔註331〕

歌曰：昔年獫狁侵荊吳，恃其戎馬恣攻屠。忠臣義士有何事，舉家骨肉遭芟鋤。我宋堂堂大典謨，可憐零落蒙塵汙。不君之海不復都，天潢失散知有無。詩書禮義聖賢徒，竭心罄志盡匡扶。驅馳

〔註329〕參見《文天祥全集》卷十四，《指南後錄》卷三《端午》，第594頁。
〔註330〕參見《文天祥全集》卷十四，《指南後錄》卷三《自歎三首》，第594頁。
〔註331〕參見《文天祥全集》卷十七《紀年錄》所附之鄧光薦《文丞相督府忠義傳》，第711～712頁。

嶺表萬里途，如何天假此強胡？宗廟不輔丹心孤，英雄喪敗氣莫蘇。痛哀故主雙眸枯，今朝此地喪元顱。英魄直上升天衢，神光皎赫明金烏。遺骸不惜棄草燕，誰人酹奠致青芻。仰天長恨伸嗚呼！

至柴市，悠然自得，問左右孰為南北。於是南向再拜曰：「臣報國至此矣！宋家列聖在天之靈，俾天祥復生，中原當勦此胡，以伸今日之恨。」又索筆書詩二首。

其一曰：昔年單舸走維揚，萬死逃生輔宋皇。天地不容興社稷，邦家無主失忠良。神歸崧嶽風雷變，氣吐煙霞草樹荒。南望九原何處是，塵沙黯淡路茫茫。

其二曰：衣冠七載混氈裘，顦顇形容似楚囚。龍馭兩宮崖嶺月，貔貅萬竈海門秋。天荒地老英雄喪，國破家亡事業休。惟有一腔忠烈氣，碧空長共暮雲愁。

書訖就死，得年四十七。見間者，無不流涕。南人留燕者，悲歌慷慨相應和，更置酒酹先生，更相慰賀。時翰林趙與槀以宋宗室被監閉一室，諸衛士弓刀環，席地坐間門外，弓馬馳驟聲者久之。人競穴窗窺，乃是出。先生頃之又間，驅騎過者及回，乃間有旨令，再聽旨至，則已受刑。云是日大風揚沙石，晝晦，咫尺不見人，城門晝閉，甲卒登城街對，鄰不得往來，行不得偶語。如是者累日籍兵馬司，得先生所為詩文，觀者咸嗚咽感動，有得其絲履，寶藏之。先生自始第，誓不倚勢近利，自錄賜所入，盡散族姻賓友之貧者。至是，官籍其家，蕭然，虜主嘗臨朝歎曰：「文丞相真男子，本朝將相皆不能及，可惜也。」

吳郡王世貞曰：元人趙弼作《文山傳》云：其日大風揚沙，天地盡晦，咫尺不辨，城門晝閉。自此連日陰晦，宮中皆秉燭而行，羣臣入朝亦爇炬前導。世祖問張真人而悔之，贈先生特進金紫光祿大夫太保中書平章政事，廬陵郡公，諡忠武。命王積翁書神主，灑掃柴市，設壇以祀之。丞相字羅行初奠禮，忽狂飆旋地而起，吹沙袞石不能啟目。俄捲其神主於雲霄中，空空隱隱雷鳴，如怨之聲，天色愈暗。乃改書「前宋少保、右丞相、信國公」，天果開霽。按：正史、文集不載此事，傳疑可也。信公至我朝景泰中，賜諡忠烈，人不能知，故附記之。

明日，歐陽夫人從虜太子得旨收屍。面如生，江南十義士奉柩葬於都城外

道傍，為他日歸骨便路。先是，張千載留燕三年，潛造一櫝，先生就義後，即
藏其首。仍訪歐陽夫人，俾收其屍，千載拾骨置囊並櫝南歸，付其家，葬之。
次日，子陞夢先生怒曰：「繩鉅未斷。」子心動，毅然啟視之，果有繩束其髮。
眾謂先生精爽可畏。劉西溪紀其事於先生像贊曰：「同時之人，能不顙泚？昔
忌其生，今妬其死。」

　　癸未，先生之柩歸至故里。時弟璧任臨江路摠管兼府尹，辦喪葬。男陞
祗奉几筵。舊歲，璧遣家人至廣，遷奉母贈夫人靈柩。是日，適與先生柩舟
會於江滸。史言：會林某亦自惠州舁母夫人之柩，同日而至。人咸驚歎以為孝，念所
感不期而會云。甲申，葬先生富田東南二十里木湖之原，陞廬墓三年。歐陽
夫人在燕都，服道冠裳，日誦道經。戊戌，男陞迎養，遇時節，夫人輒嗟歎
舊家典故。陞辦南食品，邀鄰嫗伴坐，諸士大夫謁拜。甲辰，歸故里，臨終
問浣婢，索衣上舊香囊，浣婢見損汙甚已，棄之矣，急拾至。夫人曰：「此伴
吾，未嘗須臾離也。落齒時，得之父母。」祭文云：「烈女不更二夫，忠臣不
事二主。天上地下，惟吾與爾得之丞相，吾死，必仍懸吾心前，將以見吾父
母，見吾夫於地下，為無媿也。」遂終，乙巳二月十九日也。葬富田南二十
里洞源。

　　世傳吉水太和縣贛江濱黃土潭，有神物棲其間。歲亢旱，邑民禱雨澤焉。
自公之生，潭沙清淺；先生沒之歲，潭民夢神物歸，騶從甚盛。即而賭之，乃
先生也。既而聞其歿，諸老驚相語曰：「先生兩任贛州，提刑去住，輒江水氾
溢；其勤王召募，江泛溢尤甚。師行，而水同去。」又先生家居，當暑日，喜
溪浴，與弈者周子善於水面，以意為枰，行弈決勝負。他人久浸不自堪，皆走，
先生愈久愈樂，忘日早暮。或取酒炙，就飲啖，是應神物出世，沒而為神，自
其常也。潭是後又深黑不可測矣。

　　先生平生嗜象弈，以其危險制勝奇絕者命名。自玉層金鼎，至單騎見虜，
為四十局勢圖，悉識其出處始末。玉層，蓋公所居山名也。癸亥，吉安郡庠奉
先生貂蟬冠法服像，與歐陽文忠修、楊忠襄邦乂、胡忠簡銓、周文忠必大、楊文
節萬里、胡剛簡夢昱序祠於先賢堂，士民復於城南忠節祠增設先生像，以肯齋
李芾配卒，如先生平日之願。盧陵舊有「四忠一節」之稱，今為「五忠一節」
云。先生既沒，汪水云作《浮丘道人招魂歌九篇》。

　　　其一曰：有客有客浮丘翁，一生能事今日終。嚙氈雪窖身不容，
　　寸心耿耿摩蒼穹。睢陽臨難氣塞充，大呼南八男兒忠。我公就義何

從容，名垂竹帛生英雄。嗚呼！一歌兮歌無窮，魂招不來何所從。

其二曰：有母有母死南國，天氣黯淡殺氣黑。忍埋玉骨崖山側，蓼莪劬勞淚沾臆。孤兒以忠報罔極，拔舌剖心命何惜。地結萇弘血成碧，九泉見母無言責。嗚呼二歌兮歌復憶，魂招不來長歎息。

其三曰：有弟有弟隔風雪，音息不通雁飛絕。獨處空廬坐縈紵，短衣凍指不能結。天生男兒硬如鐵，白刃飛空肢體裂。此時與汝成永訣，汝於何地收兄骨？嗚呼三歌兮歌聲咽，魂招不來淚流血。

其四曰：有妹有妹天一方，良人去後逢此殃。黃塵暗天道路長，男呻女吟不得將。汝母已死埋炎荒，汝兄跣足行雪霜。萬里相逢淚滂滂，驚定拭淚還悲傷。嗚呼四歌兮歌欲狂，魂招不來歸故鄉。

其五曰：有妻有妻不得顧，飢走荒山汗如雨。一朝中道逢狼虎，不肯偷生作人婦。左挾虞姬右陵母，一劍捐身剛自許。天上地下吾與汝，夫為忠臣妻烈女。嗚呼五歌兮歌聲苦，魂招不來在何所。

其六曰：有子有子衣裳單，皮肉凍死傷其寒。蓬空煨爐不得安，叫怒索飯饑無餐。亂離走竄千里山，荊棘蹲坐膚不完。失身被擊淚不乾，父聞此語摧肺肝。嗚呼六歌兮歌欲殘，魂招不來心鼻酸。

其七曰：有女有女清且淑，學母曉粧顏如玉。憶昔狼狽走空谷，不得還家收骨肉。關河喪亂多殺戮，白日驅人夜燒屋。一雙白璧委溝瀆，日暮潛行向天哭。嗚呼七歌兮歌不足，魂招不來淚盈掬。

其八曰：有詩有詩《吟嘯集》，紙上飛蛇噴香汁。杜陵寶唾手親拾，滄海月明老珠泣。天地長留國風什，鬼神呵護六丁立。我公筆勢人莫及，每一呻吟淚痕濕。嗚呼八歌兮歌轉急，魂招不來風習習。

其九曰：有官有官位卿相，一代儒宗一敬讓。家亡國破身漂蕩，鐵漢生擒今北向。忠肝義膽不可狀，要與人間留好樣。惜哉斯文天已喪，我作哀章淚悽愴。嗚呼九歌兮歌始放，魂招不來默惆悵。〔註332〕

謝翱，字皋羽，福州人，以布衣為先生開府諮議參軍。先生沒亡，匿山澤間，所至輒感哭。嚴州有子陵釣臺，孤絕千尺。時天涼風急，挾酒登之，設先生主亭隅，再拜號哭。以竹如意擊石作楚歌，歌畢，竹石俱碎，仍作《（登）

〔註332〕參見《文天祥全集》卷二十《拾遺》之汪元量《浮丘道人招魂歌九首》，第800～801頁。

西臺痛哭記》。

其歌曰：魂來兮何極，魂去兮江水黑，化為朱鳥兮有味焉食。

〔註333〕

王炎午聞先生沒，復為文望祭。

其文曰：相國文公再被執時，予嘗為文生祭之。已而廬陵張千載（心弘）毅甫，自燕山持丞相髮與齒歸，丞相既得死矣。嗚呼，痛哉！謹痛望奠，再致一言。

嗚呼！扶顛持危，文山、諸葛；相國雖同，而公死節。倡義舉勇，文山、張巡；殺身不異，而公秉鈞。名相烈士，合為一傳。三千年間，人不兩見。事繆身執，義當勇決。祭公速公，童子易簀。何知天意，佑忠憐才。留公一死，易水金臺。乘氣捐軀，壯士其或。久而不易，雪霜松柏。嗟哉文山，山高水深。難回者天，不負者心。常山之髮，侍中之血。日月韜光，山河改色。生為名臣，死為列星。不然勁氣，為風為霆。幹將莫邪，或寄良冶。出世則神，入土不化。今夕何夕？斗轉河斜。中有光芒，非公也耶！〔註334〕

鄧光薦以詩三首哭先生王磐等十一人詩亦附見

其一曰：哭公無處哭，忽忽但神傷。一死三年忍，孤忠百世芳。觸山天永〔註335〕折，掘玉斗無光。收骨誰燕市，猶堪託晉陽。

其二曰：所欠死分明，何心更苟生。錯疑囚管仲，快見害真卿。魂寒青楓塞，天全汗竹名。北人傳好句，太半獄中成。

其三曰：怒罵都堪史，須眉更若神。風霜欺遠客，天地負純臣。囚〔註336〕鳳文猶蔚，屠龍性肯馴。淒涼李翰老，無力傳張巡。〔註337〕

王磐一作東平徐世隆詩曰：大元不殺文丞相，君義臣忠兩得之。義

〔註333〕《文天祥全集》卷二十《拾遺》之謝翱《登西台慟哭記》，原文如此：「魂朝往兮何及其？莫歸來兮關水黑。化為朱鳥兮有喝焉食？」，第 799 頁。參見《文天祥全集》卷二十《拾遺》之謝翱《登西台慟哭記》，第 798～799 頁。

〔註334〕參見《文天祥全集》卷二十《拾遺》之王炎午《又望祭文丞相文》，第 798 頁。

〔註335〕劉文源編《文天祥研究資料集》之鄧光薦《哭文丞相》，「永」字作「不」字，第 419 頁。

〔註336〕劉文源編《文天祥研究資料集》之鄧光薦《哭文丞相》，「囚」字作「因」字，第 419 頁。

〔註337〕參見劉文源編《文天祥研究資料集》之鄧光薦《哭文丞相》，第 419 頁，《文氏通譜·贊悼丞相詩文》。

似漢王封齒日,忠如蜀將斫顏〔註338〕時。精神貫日一作乾坤日月華夷
見,氣節陵霜天地一作海嶺風霜草木知。卻恐史書一作官編不到,老夫
和淚寫新詩。〔註339〕

朱袞詩曰:春朝出東門,急雨注郊牧。殷勤祀文山,快步螺岡
麓。翼翼祠宇嚴,凜凜忠節獨。再拜問平生,英靈此邦毓。生為男
子奇,死得天下哭。壯哉衣帶言,暝矣柴市目。趙家三百年,得此
一士足。正氣作雷霆,長振宇羅域。〔註340〕

虞集詩曰:徒把金戈挽落暉,南冠無奈北風吹。子房本為韓仇
出,諸葛寧知漢祚移?雲暗鼎湖龍去遠,月明華表鶴歸遲。不須更
上新亭望,大不如前灑淚時。〔註341〕

楊溥先生祠詩曰:丞相名何重,遺祠世共尊。乾坤柴市遠,日
月蕙樓存。一死消胡運,孤忠報漢〔註342〕恩。中原還正統,辛苦向
誰論?〔註343〕

朱衡詩曰:數掾祠宇禁城東,孤栢亭亭想像中。柴市一腔酬主
血,宋家十葉養賢功。冠裳畫影中原日,甲馬宵鳴薊北風。一自皇
朝還正統,忠魂常傍大明宮。〔註344〕

趙錦詩曰:萬折猶聞水必東,精靈疑在列星中。未論恢復當時
事,須信綱常百代功。俎豆年年來帝遣,驂螭夜夜駕天風。日月自
移祠不改,黍離何處故元宮。

熊汝達詩曰:國步艱難周已東,萇弘碧血滿腔中。恥為索駿千

〔註338〕劉文源編《文天祥研究資料集》之徐世隆《挽文丞相》,「顏」字作「頭字」第428頁。

〔註339〕參見劉文源編《文天祥研究資料集》之徐世隆《挽文丞相》,第428頁;《元文類》卷六。

〔註340〕參見朱袞:《哭文丞相》,(清)文有煥:《廬陵宋丞相信國公文忠烈先生全集》卷16,日本內閣文庫藏清雍正三年(1725)刊本(番號:316-0040)。

〔註341〕參見劉文源編《文天祥研究資料集》之虞集《挽文文山丞相》,第430頁。《道園續稿》卷三。

〔註342〕劉文源編《文天祥研究資料集》之楊溥《過文文山祠》,「漢」字作「宋」字,第437頁。

〔註343〕參見劉文源編《文天祥研究資料集》之楊溥《過文文山祠》,第437頁。《帝京景物略》卷一。

〔註344〕參見劉文源編《文天祥研究資料集》之朱衡《謁文文山先生祠》,第446頁。《帝京景物略》卷一。

金骨，擬樹支傾一木功。耿耿乾坤存正氣，森森檜栢動秋風。褒賢祀典崇昭代，丞相祠堂傍學宮。

邊貢詩曰：丞相英靈消〔註345〕未消，絳帷燈火颯寒飆。乾坤浩蕩身難繫〔註346〕，道路間關夢且遙。花外子規燕市月，水邊精衛浙江潮。祠堂亦有西湖樹，不遣南枝向北朝。〔註347〕

曾棨詩曰：國事艱危屬秉鈞，平生慷慨竟捐身。百年社稷歸元主，萬古祠堂表宋臣。已見高名垂宇宙，還瞻遺像肅冠紳。猶疑碧血生芳草，留得清芬歲歲春。〔註348〕

胡廣詩曰：丞相生異質，挺特真天人。勁氣薄霄漢，國亡以軀殉。方當橫犇日，盡瘁任艱辛。上書抗直言，屢欲斬賊臣。回翔沮菹蠹，素抱欝難伸。大事已云徂，乃付秉軸鈞。降表彼竊出，六宮竟蒙塵。嗟彼賣國者，致公何狡獪。萬死出虎口，努力支蒼旻。崎嶇走嶺海，顛沛念君親。鞠旅以勤王，臨危焉顧身。要俾將墜緒，再蘇垂絕晨。徒手格猛獸，胡馬正駪駪。勢窮猝被執，誓死以成仁。甚貴景輿勝，豈憚洪範嚬。悵望零丁洋，欲濟述遠津。天高憐戢翼，水涸悲縱鱗。羈縲詎遑恤，犴獄經數春。采薇恥食粟，詠歌傷獲麟。從容以就義，慷慨怒目瞋。辨論詞不屈，厲聲若霆震。聞者皆吐舌，為公卻逡巡。宋無不道君，而無可弔民。大命屬更革，皇路哀沉湮。速死乃甘分，苟生鄙胡蝥。所學希聖賢，臨死載書紳。使公死仰藥，雖公徒荊榛。使公死絕粒，雖義徒江濱。天以公報宋，亦以全公純。良金堅百鍊，美玉燦璘霦。光明暴天下，萬古終寡隣。道增名教重，志競日月新。煌煌忠節傳，每讀必霑巾。公胡歸帝鄉，箕尾騎公神。在地為河嶽，在天為星辰。陟降在帝傍，為雨為風雲。豐年生百穀，室家咸溱溱。聖明啟隆運，褒典昭儀文。祠廟學宮傍，歲時肅嘗禋。重為事君勸，永以敦彝倫。

〔註345〕劉文源編《文天祥研究資料集》之邊貢《謁文山祠》，「消」字作「猶」字，第443頁。
〔註346〕劉文源編《文天祥研究資料集》之邊貢《謁文山祠》，「繫」字作「寄」字，第443頁。
〔註347〕參見劉文源編《文天祥研究資料集》之（明）邊貢《謁文山祠》，第443頁。《華泉集》卷六。
〔註348〕參見劉文源編《文天祥研究資料集》之（明）曾棨《謁文丞相廟》，第437頁。《西墅集》卷四。

薛瑄讀先生傳，詩曰：氛祲冥冥暗海波，英雄無地用干戈。精忠在我當如此，成敗由天奈若何。渺渺蒼梧西日淡，蕭蕭天地北風多。睢陽錦裡皆祠廟，丞相勳名共不磨。〔註349〕

《宋史》成於元臣脫脫，其為先生傳頗失實；先生之友鄧光薦所為傳採入於《紀年錄》註，而全文不傳；廬陵劉岳甲、吉州胡廣繼有所述，並見《文集·附錄》。淮陰龔開字聖予，陸秀夫幕客所作傳作文陸二傳則不著，今取史傳後論、劉胡贊識錄之。許有任所作先生傳序附見

《宋史·傳論》曰：自古志士欲信大義於天下者，不以成敗利鈍動其心，君子命之曰「仁」，以其合天理之正，即人心之安爾。商之衰，周有代德，孟津之師不期而會者八百國。伯夷、叔齊以兩男子欲扣馬而止之，三尺童子知其不可。他日，孔子賢之，則曰：「求仁而得仁。」宋至德祐亡矣，文天祥往來兵間，初欲以口舌存之，事既無成，奉兩屭王，崎嶇嶺海，以圖興復，兵敗身執。我世祖皇帝以天地有容之量，既壯其節，又惜其才，留之數年，如虎兕在柙，百計馴之，終不可得。觀其從容伏質，就死如歸，是其所欲有甚於生者，可不謂之「仁」哉！宋三百餘年，取士之科，莫盛於進士，進士莫盛於倫魁。自天祥死，世之好為高論者，謂科目不足以得偉人，豈其然乎！〔註350〕

劉岳申《贊》曰：文丞相以廬陵年少，穆陵親擢進士第一，即上書乞斬董宋臣者至再。宋垂亡，猶乞斬呂師孟釁鼓。此豈希合苟生者？賈似道沮之，留夢炎嫉之，宜也。陳宜中、張世傑亦忌之，何也？黃萬石嫉之，何也？李庭芝疑之，至欲殺之，又何也？或謂：使庭芝不疑，夏貴可合，事未可知。豈所謂天之所廢，不可興者耶？方其脫京口，走真、揚，脫真、楊，走三山，出萬死，與潮陽仰樂不死，南安絕粒不死，燕獄不死，何異若將以有為者！及得死所，卒以光明俊偉，暴之天下後世。殆天以丞相，報宋三百年待士之厚，且以昌世教也。而或者咎其疏濶，議其無成，謬矣。夫非諸葛公所謂「鞠躬盡瘁，死而後已」者乎！死之日，宋亡七年，崖山亡又五

〔註349〕參見劉文源編《文天祥研究資料集》之薛瑄《讀〈文山傳〉三首》，第437~438頁。《敬軒文集》卷七。原來有三首，此處摘錄一首。

〔註350〕參見《宋史》卷四百一十八《文天祥傳》。

年矣。〔註351〕

　胡廣附識曰：廣集盧陵先賢傳，恆病《宋史・文丞相傳》簡略
失實。蓋後來史臣為當時忌諱，多所刪削，又事間有牴牾。鄉先生、
前遼陽儒學副提舉劉岳申為《丞相傳》，比國史為詳。大要其去丞相
未遠，鄉邦遺老猶有存者，得於見聞為多。又必參諸丞相年譜及《指
南錄》諸編，故事蹟覆實可徵。故元元統初，丞相之孫富既以刻梓，
後復刊見岳申《文集》，近年樂平文學郡人夏伯時亦以鋟版。於是，
岳申所撰《丞相傳》盛行於天下，而史傳人蓋少見。廣竊觀二傳，
詳略不同，不能無憾。因參互考訂，合而為一。中主岳申之說為多，
並取證於丞相文集，芟其繁複，正其訛舛，庶幾全備，使人無惑。
「論」、「贊」則並錄之。國史之「論」，揆諸人事而言；岳申之「贊」，
本乎天運而言。各有發揚，不可偏廢，亦以見夫取捨之公也。

　於乎！丞相之大忠大節，獨立萬古，直與日月爭光，天地悠久。
比之夷、齊，心則不殊，而為反有難者。昌黎韓子所謂特立獨行，
窮天地，亙萬古，而不顧者也。丞相之云，豈異於是？噫！丞相不
可尚矣。其相從興義之士，或出自小官，或奮跡庶民，雖當摧沮敗
衂之餘，皆甘心就死，不肯屈辱，殺之殆盡，無一人肯降。丞相忠
義至誠，感動固結於人心，牢不可解。有如此者，使人皆爾，則宋
豈有亡理？彼臨難苟生，以就富貴，其視丞相廝卒，尤有愧焉。然
則丞相固無待於「贊」、「論」，誦其詩，讀其書，自有以見之。

　廣齠齔時，猶及聞先輩言丞相遺事，赫赫悚動人聽，雖小夫婦
人，皆習聞而能道之。比年以來，老成凋謝，而談者益稀。雖士夫
君子，鮮聞盛事，蓋漸遠漸疏，其勢然耳。更後百年，恐寖失實，
惟取信於列傳，眩瞀異同，莫適是非。故忘其淺陋，輒復編次第，
皆因其舊文，不敢妄加一筆，誠無能有所裨益，特盡區區之愚耳。
知之者，其必不以為僭也。〔註352〕

　許有任《序劉岳申所撰先生傳》曰：宋養士三百年，得人之盛，
軼唐漢而過之遠矣。盛時忠賢雜遝，人有餘力。及天命已去，人心

〔註351〕參見劉文源編《文天祥研究資料集》之（元）劉岳申《文丞相傳》，第95頁。
　　　　《申齋集》卷十三；又載各種版本《文山集》。
〔註352〕參見劉文源編《文天祥研究資料集》之（明）胡廣《丞相傳》，第 114～115
　　　　頁。散見於各種版本的《文山集》中。

已離，有挺然獨出於百萬億生民上，而欲舉其已墜、續其已絕，使一時天下之人，後乎百世之下，洞知君臣大義之不可廢，人心天理之未嘗泯。其有功於名教，為何如哉？

丞相文公，少年趨廁，有經濟之志。中為賈沮，徊翔外僚。其以兵入援也，大事去矣；其付以鈞軸也，降表具矣；其往而議和也，冀萬一有濟耳。平生定力，萬變不渝。「父母有疾，雖不可為，無不用藥之理。」公之語，公之心也。是以當死不死，可為即為。逸於淮，振於海，真不可為矣，則惟死爾；可死矣，而又不死，非有他也，等一死爾。昔則在己，今則在天，一旦就義，視如歸焉。光明俊偉，俯仰一世。顧膚敏裸將之士，不知為何如也。推此志也，雖與嵩、華爭高，可也。宋之亡，守節不屈者有之，而未有有為若公者。事固不可以成敗論也，然則收宋三百年養士之功者，公一人耳。〔註353〕

鄧光薦既為先生傳，復作《督府忠義傳》，凡先生幕府及聞風倡義者皆列焉。曰趙時賞，曰鞏信，曰鄒灃，曰張汴，曰陳龍，復林俞林元雨，曰呂武，曰繆朝宗，曰尹玉，曰劉子俊，曰劉洙，曰蕭明哲，曰杜滸，曰陳繼周、逢父集，曰林琦，曰謝杞、許由、李幼節，曰吳文炳、林棟，曰劉欽、鞠華叔、顏斯立、顏起崖，曰曾鳳，曰張雲，曰孫桌，曰彭震龍，曰蕭敬夫、燾夫，曰陳子敬，曰趙璠、趙漂、張唐、熊桂、劉斗元，曰吳希奭、陳子全、王夢應，曰陳莘，曰何時，曰羅開禮，曰劉伯文，曰李梓發、黃賢，曰張哲齋，曰劉士昭、王士敏、萬安僧，曰唐仁，曰鍾震，曰蕭興，曰胡文可，曰胡文靜，曰金應、蕭資，曰徐榛，共六十人事積散見諸條。又為之贊。

贊曰：文丞相僚將賓從，牽連可書者四十餘人。其他遙請號令，稱幕府文武士者，不可悉數。雖人品不齊，然一念向正，至死靡悔。蓋貪生畏死，人之常情，而能夷險一節，殺身成仁，君子所取焉。〔註354〕

一峯羅倫撰《先生祠堂記》。」楊士奇所撰《祠堂重修記》、羅洪先所撰《祠堂記》附見。

〔註353〕 參見劉文源編《文天祥研究資料集》之（元）許有壬《文丞相傳序》，第322頁。《至正集》卷三十。

〔註354〕 參見劉文源編《文天祥研究資料集》之（宋）鄧光薦《文丞相督府忠義傳》，第506頁。見於《文天祥全集》卷十六。

　　羅倫所撰《祠堂記略》曰：為臣死忠，為子死孝，〔註355〕一也。可以動天地，可以感鬼神，可以貫日月，可以孚木石，可以正萬世之人心，可以〔註356〕位萬世之天常。孟子曰：「我善養吾浩然之氣，以塞於天地之間。」夫殺身成仁、舍生取義，非浩然塞於天地之間者，能與於斯乎？若宋丞相信國文公是已。

　　公〔註357〕甫弱冠，奉廷對，陳君道之大本，經世之急務；文思神發，萬言立就；可謂天下之大材也。董宋臣主議遷幸，公上章乞斬之；賈似道誤國要君，公嘗〔註358〕以義裁之；呂師孟倡塞傲命，公又上章乞斬之。〔註359〕勤王詔下，重臣宿將縮頸駭汗，公提孤兵獨往當之。虜次皋亭，三軍震動，宰相遁荒，公挺身獨往說之。可謂天下之大勇也。

　　夫慷慨就義，決死生於一朝〔註360〕，中人猶或能也。若歷履萬死，其執彌堅，其志彌勵〔註361〕。非仁者其能然乎？方公之使虜，詆大酋，罵逆賊，當死；脫京口，走真州，如揚州，趨高郵，抵通州，苗再成逐之，李庭芝疑之。外迫於虜冦，內煎於飢餓，無日而不當死。然後遵海道、涉鯨波，歸立二王，開督南劍，敗績於空坑，當死；仰藥於潮陽，當死〔註362〕；絕粒於南安，當死。卒至〔註363〕

〔註355〕劉文源編《文天祥研究資料集》之（明）羅倫《宋文丞相祠堂記》，此處多出「死」字，第288頁。

〔註356〕劉文源編《文天祥研究資料集》之（明）羅倫《宋文丞相祠堂記》，此處少「可以」二字，第288頁。

〔註357〕劉文源編《文天祥研究資料集》之（明）羅倫《宋文丞相祠堂記》，此處多出「名天祥」三字，第288頁。

〔註358〕劉文源編《文天祥研究資料集》之（明）羅倫《宋文丞相祠堂記》，此處「嘗」字作「當製」，第288頁。

〔註359〕劉文源編《文天祥研究資料集》之（明）羅倫《宋文丞相祠堂記》，呂師孟一句與賈似道一句順序顛倒，第288頁。

〔註360〕劉文源編《文天祥研究資料集》之（明）羅倫《宋文丞相祠堂記》，此處「朝」字作「旦」字，第289頁。

〔註361〕劉文源編《文天祥研究資料集》之（明）羅倫《宋文丞相祠堂記》，此處「勵」字作「厲」字，第289頁。

〔註362〕劉文源編《文天祥研究資料集》之（明）羅倫《宋文丞相祠堂記》，此處和後面的「當死」二字皆無，第289頁。

〔註363〕劉文源編《文天祥研究資料集》之（明）羅倫《宋文丞相祠堂記》，此處「至」字作「之」字，第289頁。

就囚燕獄，從容南向再拜而死。震動天地，照耀萬世，可謂天下之大忠也。

夫公之〔註364〕誠，能墜空山之石，能通七里之神，能作廣陵之風雨，能起夷狄豺狼之敬悚；而不能免賈似道之沮，黃萬石之嫉，李庭芝之疑，張世傑、陳宜中之忌，何也？蘇子曰：「其所能者，天也；其不能者，人也。」其斯之謂歟！

宋之亡也，死國事者多矣。陸秀夫、張世傑死於海，李芾死於潭，趙昴發死於池，江萬里死於饒〔註365〕，姚訔死於常，趙時賞死於洪，先君武岡公羅開禮死於吉〔註366〕。督府、行朝死者不可勝數。雖然死矣，未有如公之出萬死而後死也。微子之去，箕子之囚，龍逢、比干之諫，伯夷、叔齊之餓，諸葛武侯之鞠躬盡瘁，備於公之一身矣。自古亡國之臣，未有如公之烈也。收宋三百年養士之功，立千萬載為臣之極，不在於公乎！公非仁者之勇，浩然塞於天地之間者乎！〔註367〕

楊士奇所撰《祠堂重修記》，略曰：孟子曰：「我知言，我善養吾浩然之氣。」知言者，盡心知性，而有以究極天下之理。浩然之氣，即天地之正氣，具於吾身，至大而不可屈撓者。知之至，養之充，而後足以任天下之大事。天下之大事，莫大於君父。文丞相甫冠奉庭對，即極口論國家大計。未幾，元兵渡江，又上書乞斬嬖近之主遷幸議者，以一人心安社稷。固已氣蓋天下矣。自是而斷斷焉。殫力竭謀，扶顛持危，以興復為己任。雖險阻艱難，百挫千折，有進而無退。不幸國亡身執，而大義愈明。蓋公志正而才廣，識遠而氣閎。浩然之氣，以為之主，而卒之其志不遂者，蓋以天命去宋也。雖天命去宋，而天理在公，必不可已。故宋亡，其臣之殺身成仁者

〔註364〕劉文源編《文天祥研究資料集》之（明）羅倫《宋文丞相祠堂記》，此處多出一個「忠」字，第289頁。

〔註365〕劉文源編《文天祥研究資料集》之（明）羅倫《宋文丞相祠堂記》，此處無「江萬里死於饒」數字，第289頁。

〔註366〕劉文源編《文天祥研究資料集》之（明）羅倫《宋文丞相祠堂記》，此處多出「安公制服哭祭之」數字，第289頁。

〔註367〕參見劉文源編《文天祥研究資料集》之（明）羅倫《宋文丞相祠堂記》，第289頁。《羅一峰先生集》卷三。

不少，論者必以公為稱首。〔註368〕

羅洪先所撰《祠堂記》，略曰：或言先生捐身死國，何有於家？炎社已屋，而故鄉乃享特祀，夫豈其所欲哉！嗚呼！是固先生之心，而非所以風也。宋室不綱，土宇崩裂，勢有緩急，此一時矣。滄桑變革〔註369〕，骨肉仳儷，善和之墟，若教之鬼，亦豈其所欲哉！「猶子吾兒」之句，先生固已計之，而未嘗大遠於人情，此亦一時也。

當其在國也，國為重而身為輕；及其不救，重其身者，亦所以重人之國，而豈悻悻於溝瀆之見哉！使元而果於不殺，則黃冠故里，出備顧問。彼固以箕子之事自待，而或推殘以畢朝夕之謀，引決以絕飲食之奉，取必於一死，而不免矯俗以立異，宜其甚不屑矣。惜也！言不卒驗，使萬世之下，徒仰其忠，而不見先生之大。比之取必於一死者之所為，而未有深知其心者，此非意及也。夫取必於一死者，大抵激發於意氣，蹙迫於利害，拚割於倉卒。而是三者，又多係其遭，謂非忠於事主固不可，槩之以大則未也。功名滅性，忠孝勞生，非悟後語乎？必至於是，而後深達夫死生之故。夫達乎死生之故者，生貴乎順，不以生自嫌；死貴乎安，不以死塞責。與人同情，而不為人情之所牽；人皆易從，而非示人以絕德。此先生之大，所以能風萬世，而所在祠之者也。

神遊八極，無乎不在。風馬雲車，亦或徘徊先世丘壟，而歆歠過其故鄉。歲時蒸嘗，隨感而至，有不望之洋洋者乎？夫忘家而家存，捐其身而身乃萬世。同其姓者，咸以不獲屬昭穆，效駿奔為深恥；而當時赴難之人，竊伏鄉園，首鼠喙息。敢於負國者，抑亦何限？卒之湮沉漸盡，迄無噍類，使人入其里，聞姓名，則唾詈之；即令子孫有遺，亦不敢直書為祖。故墅雖存，曾不得享麥盂之獻，其於得失何如哉？〔註370〕

陽明王守仁撰《先生別集序》。韓雍、鄢懋卿、羅洪先所撰先生文集序，

〔註368〕參見劉文源編《文天祥研究資料集》之（明）楊士奇《文丞相祠重修記》，第282頁。《東里文集》卷二。

〔註369〕劉文源編《文天祥研究資料集》之（明）羅洪先《重修富田祠堂記》，「革」字作「更」，第298頁。

〔註370〕參見劉文源編《文天祥研究資料集》之（明）羅洪先《重修富田祠堂記》，第298～299頁。《文山先生全集》卷二十《附錄》。

及錢謙益所撰桑海遺錄序附見

王守仁所撰《別集序》，略曰：「先生所值，險阻艱難，顛沛萬狀，非先生之自述，世固無從而盡知者。先生忠節蓋宇宙，皆於是為有據。後之人，因詞考跡，感先生之大義，油然興起，其忠君愛國之心，固有泫然涕下，裂眥扼腕，思喪元之無地者。是集之有益於臣道，豈小小哉！

古之君子之忠於其君也，蘄盡其心焉。以自慊而已，亦豈屑屑言之，以蘄知於世。然而仁人之心，忠於其君，亦欲夫人之忠於其君也。忠於其君，則盡心焉已。欲夫人忠於其君，而思以吾之忠於其君者，啟其良心，固有人不及知之者，非盡〔註371〕言之，何由以及乎人乎？斯先生之所為自述，將以教世之忠也。當其時，杖節死義之士，無不備載，亦因是有以傳，是又與人為善也。是集也，在先生之自盡，若嫌於蘄世之知；以先生之教人，則吾惟恐其知之不盡也。在先生之自盡，若可以無傳；以先生之與人為善，則吾惟恐其傳之不遠也。〔註372〕

韓雍所撰《文集序》，略曰：古今論文者，僉曰：「觀文可以知人。」夫文者，言之精華；而言，則心之聲也。心之所存有邪正，則發言為文有純駁，而人心之忠否見焉。故讀《出師》二表而知諸葛孔明之忠；讀《天門掉臂》一詩，而知丁謂之不忠，卒之皆如其言。信乎！人可以言而觀。然《校獵》《長楊》等作，雖工且美，而其為人，終不能無可議。又若難觀以言，蓋必心有定志，則言有定論，而後見諸行事有定守。觀於宋丞相文山先生，可徵矣。

先生負豪傑之才，蓄剛大之氣，而充之以正心之學。自其少時，游學宮，見先生忠節祠，慨然曰：「沒不俎豆其間，非夫也！」及舉進士，奉廷對，識者論其所對：「古誼若龜鑑，忠肝如鐵石。」已而，值時多艱，詔諸路勤王。先生捧詔涕泣，且曰：「樂人之樂者，憂人之憂；食人之食者，死人之事。」其心蓋已有定志矣。志發於言而為文。其詩、辭、序、記等作，或論理敘事，或寫懷詠物，或弔古而

〔註371〕劉文源編《文天祥研究資料集》之（明）王守仁《文山別集序　甲戌》，「盡」字作「自」，第330頁。

〔註372〕參見劉文源編《文天祥研究資料集》之（明）王守仁《文山別集序　甲戌》，第329～330頁。《文山先生全集》卷二十「附錄」。

傷今，大篇短章，宏衍鉅麗，嚴峻劌切，皆惓惓焉。愛君憂國之誠，
匡濟恢復之計，至其自誓盡忠死節之言，未嘗輟諸口。讀之，使人
流涕感奮，可以想見其為人。其言可謂有定論矣！惟其志定論定，
故以一身任天下之重，盡心力而為之，艱難險阻，千態萬狀，不憚
其勞，不易其心。既而國事已去，被執久繫，挾之以刀鉅而不屈，
誘之以大用而不從。卒之南向再拜，從容就義，以成光明俊偉之事
業。非其守之一定不易〔註373〕，能若是乎？

　　《傳》曰：「有志者，事竟成。」又曰：「言顧行，行顧言。」
先生有之，而視世之靜言庸違者，異矣。宜其文之足徵而傳世也。
雖然，文章傳世，以其關世教也。使無補於世教，雖工何益？今斯
集也，傳之天下後世之人，爭先快睹，皆知事君之大義，守身之大
節，不宜以成敗利鈍而少變。以扶天常，以植人紀，以沮亂臣賊子
之心，而增志士仁人之氣。其於世教，重有補焉。〔註374〕

　　鄢懋卿所撰《文集序》，略曰：武興而伯夷叩馬，漢亡而武侯討
賊，夫豈昧於時勢哉？蓋有見於君臣之義，不可解焉者也。《采薇》
一歌，萬世傳誦；《出師》二表，讀者流涕。亦其義之相感而然耳。
古之君子，必於天理民彝，大倫大法，而見之明、守之固、行之決。
然後大節不虧，而其文章勳業，愈遠而彌章，雖死而不朽也。

　　宋、元之際，乾綱絕紐，禽獸制人，姦者遯荒，懦者俛降，胥
天下以與夷狄，而以免死為幸。奉君後以臣妾於禽獸，而不以為恥。
皋亭之使，先生挺然獨往而無忌；京口之脫，崎嶇萬狀，思以一木
支大廈之傾，雖瀕萬死而無悔。死之日，宋亡已七年，崖山亡亦四
年，報宋一心，愈挫愈厲，而竟無渝於其初。故其發諸文詞，昭若
日星，轟若雷霆，而慷慨激烈，無非忠義所形。至今誦其言，想其
風旨，真足以寒奸邪之膽，而起吾人凌厲之氣。先生蓋後伯夷、武
侯而作者。而精忠峻節，貫日凌霜，天綱賴以立，民彝賴而正，萬
世之大防賴以植，其身雖死，其文固未喪也。視昔之賈餘慶、陳宜
中輩，直糞茸耳。語曰：「篤信好學，守死善道。」言守死，非篤信

〔註373〕劉文源編《文天祥研究資料集》之（明）韓雍《文山先生文集序》，「易」之
　　　　作「移」，第329頁。
〔註374〕參見劉文源編《文天祥研究資料集》之（明）韓雍《文山先生文集序》，第328
　　　　～329頁，《襄毅文集》卷十一。

不能也。篤信則誠，誠則明，明則自足以善道。孔子之所以不惑、不憂、不懼，孟子之所以不淫、不移、不屈，皆此道也。先生以弘毅之資，而充之以聖賢之學，故大廷之對，以「法天不息」為言；而帶留之贊，以仁至義盡終焉。匪誠積於中，何至死不變若是耶！人徒知先生之忠之文也，而不知其一本於誠，故特表而出之。〔註375〕

錢謙益所撰《桑海遺錄序》曰：吳萊立夫稱淮陰龔聖予所作文宋瑞、陸君實二傳類司馬遷、班固所為，陳壽以下不及也。餘因立夫之言求其所謂二傳而卒不得，意其不復傳矣。江陰李君家多藏書，有陶宗儀草莽私乘，餘從借得之，聖予所作二傳皆載焉。篝燈疾讀，若聞歎噫，鬚髯奮張，髮毛盡豎，手自繕寫，不敢以屬侍史，漬淚徹地不數行，輒掩卷罷去也。當似道專國，時宋瑞累為臺臣，劾罷中外，踐更席不暇煖，年僅三十有七，後援錢若水例致仕，而君實以乙科居廣陵幕府，凡十有六年，李制置祥甫始上其名於朝，當此時，舉朝之視二人者，猶輕塵之棲弱葉，惟不得掃而去也。殆北兵日迫，宋瑞由贛州勤王，而君實亦以奉朝請留中，朝廷之上始知有兩人。嘻！亦已晚矣。宋瑞守平江，陛辭始建分鎮用兵之策，朝議猶以其論濶遠書上不報，至景炎新造，陳宜中猶以議論不合，使言者劾罷君實，張世傑力爭，始召還。嗟乎！天下方胡馬渡江，翠華浮海，此誠中流遇風，胡越相濟之時，已而大臣猶用機械錯軋人言，官猶用畢牘抹搬人。首尾應和如承平時故事，一二勞臣志士奮身於滄海橫流之中，為國家任難，卒使之有項不得伸，有唾不得吐，駢首縮舌，與社稷俱燼。宋家三百年宗廟，一旦不食，其所繇來漸矣。蓋非獨似道一人之故也。夫勞臣志士既得死所，所以報國恩而酬人望者，無餘事矣。獨其志有所為而時事不可為，時事猶或可為而坐視，其必不可為。持忠入地，殺身無補，千載而下，攬其事者欷歔煩酲，天地改色，靈風怪雨，發作於弊紙渝墨之間。嗚呼！其可感歎也矣。

〔註375〕參見劉文源編《文天祥研究資料集》之（明）鄢懋卿《文山先生全集序》，第332～333頁。《文山先生全集》卷二十《附錄》。